应急安全技术与管理概论

主　编　王文利　路　明
副主编　姚　明　田坤英　乔彤瑜
参　编　田　凯　梁　冉　杨　婧
　　　　闫利双　许　永　张新宇
　　　　谷佳琦　王玉婷　李　波

中国商业出版社

图书在版编目(CIP)数据

应急安全技术与管理概论/ 王文利，路明主编.——北京：中国商业出版社，2023.8

ISBN 978—7—5208—2036—3

Ⅰ.①应… Ⅱ.①王… ②路… Ⅲ.①突发事件—公共管理—研究—中国 Ⅳ.①D63

中国版本图书馆 CIP 数据核字(2022)第 046529 号

责任编辑：李 飞

（策划编辑：蔡 凯）

中国商业出版社出版发行

（www.zgsycb.com 100053 北京广安门内报国寺 1 号）

总编室：010—63180647 编辑室：010—83114579

发行部：010—83120835/8286

新华书店经销

涿州市旭峰德源印刷有限公司印刷

*

787 毫米×1092 毫米 16 开 17 印张 360 千字

2023 年 8 月第 1 版 2023 年 8 月第 1 次印刷

定价：58.00 元

* * * *

前 言

经过长期努力，中国特色社会主义进入了新时代。树立安全发展理念，弘扬生命至上、安全第一的思想，健全公共安全体系，完善安全生产责任制，坚决遏制重特大安全事故，提升防灾减灾救灾能力，是新时代提高保障和改善民生水平、加强和创新社会治理的重要思想。

近年来，在党中央、国务院的正确领导下，在各地区、各部门的共同努力下，全国安全生产状况保持了总体稳定、持续好转的发展态势。党的二十大提出“坚持安全第一、预防为主，建立大安全大应急框架，完善公共安全体系，推动公共安全治理模式向事前预防转型”的新要求。21 世纪以来，全球范围内重大突发事件层出不穷，给人类造成了严重的伤害和损失。突发危机事件的发生具有随机性、不确定性，如果应对处置不当，有可能引发更大规模的社会危机，因此，在不断出现的不同类型、不同程度的突发事件面前，如何应对、处置突发事件，如何进行突发事件应急管理，成为当前迫切需要关注和研究的焦点。

新时代我国社会主要矛盾是人民日益增长的美好生活需要和不平衡不充分的发展之间的矛盾，必须坚持以人民为中心的发展思想，不断促进人的全面发展。安全生产是关系人民群众生命财产安全的大事，是经济社会协调健康发展的标志，是党和政府对人民利益高度负责的要求。确保人民群众生命财产安全，是以人民为中心的根本前提和重要保障。

新的历史起点，党中央深化党和国家机构改革，组建了中华人民共和国应急管理部，树起了全面强化应急管理的里程碑。这一重大改革，将有力推动统一指挥、专常兼备、反应灵敏、上下联动、平战结合的中国特色应急管理体制的形成，促进国家应急管理能力，包括安全生产在内的全面防灾减灾救灾能力的迅速提高，有效防范遏制重特大事故的发生，维护人民群众生命财产安全，提高人民群众获得感、幸福感、安全感。

本书在界定突发事件、应急管理等相关概念的基础上，梳理了应急管理的基础理论，阐述了突发事件应急管理体系的内涵与外延，以全过程管理等理论为指导，结合应急管理工作的实际情况，对突发事件的预防、准备、处置恢复进行了分阶段分析，并对突发事件的信息传播管理、应急管理的社会参与等内容进行了阐述。希望本书对应急管理理论与实践工作能提供有益的借鉴。

编者

目 录

第一章 突发事件概述

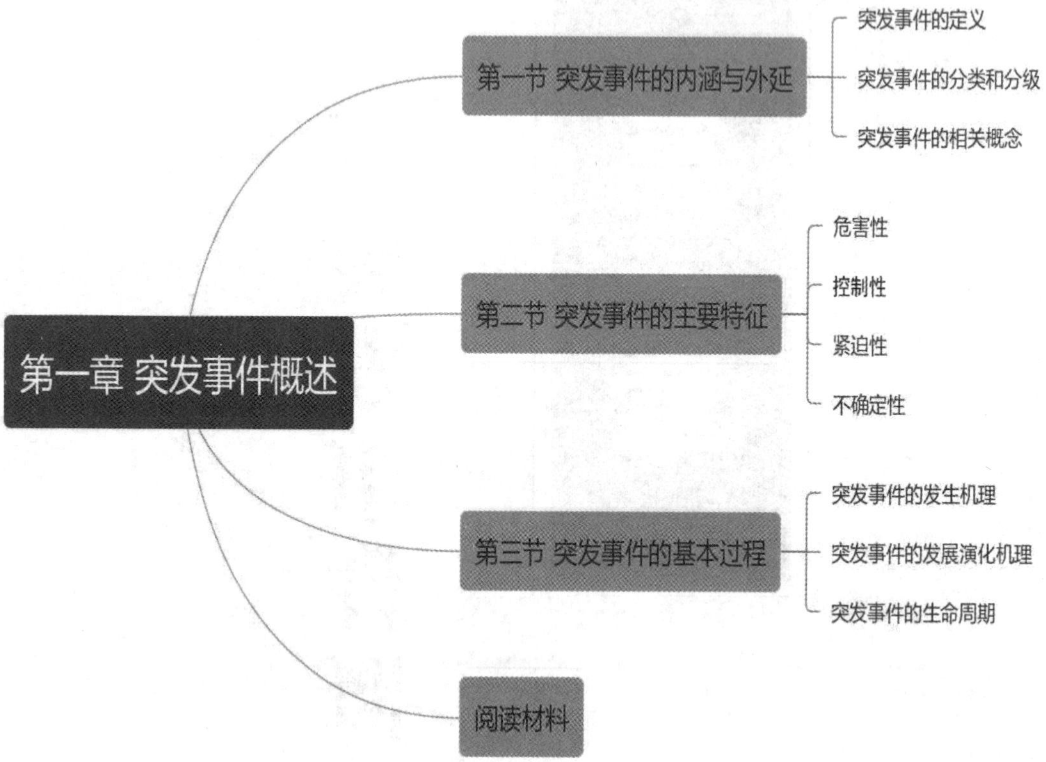
第一章 突发事件概述
第一节 突发事件的内涵与外延
突发事件的定义
突发事件的分类和分级
突发事件的相关概念
第二节 突发事件的主要特征
危害性
控制性
紧迫性
不确定性
第三节 突发事件的基本过程
突发事件的发生机理
突发事件的发展演化机理
突发事件的生命周期
阅读材料

第一节 突发事件的内涵与外延

一、突发事件的定义

突发事件一词在各国立法上名称不一，近似的提法有“紧急事件”“紧急情况”“非常状态”“特别状态”等，还包括一些狭义上的“戒严状态”“战争状态”等。比较有代表性的相关定义是欧洲人权法院对“公共紧急状态” 的解释：“一种特别的、迫在眉睫的危机或危险局势，影响全体公民，并对整个社会的正常生活构成威胁。”学者们对此也从不同角度进行界定、解释，基于学者不同的研究角度和出发点，其准确含义并不统一。该现象在相关法律规定中亦是如此，例如，“突发事件”在我国刑法第二百七十七条中的含义与“自然灾害”并列，而人民警察法第十七条第1款中规定：“……对严重危害社会治安秩序的突发事件，可以根据情况实行现场管制。”《国防交通条例》第五十三条规定：“……特殊情况，是指局部战争、武装冲突和其他突发事件……”直至2007年8月30日我国颁布突发事件应对法后，在应急管理领域，突发事件的概念得以统一和明晰，即指“突然发生，造成或者可能造成严重社会危害，需要采取应急处置措施予以应对的自然灾害、事故灾难、公共卫生事件和社会安全事件”。从学理层面深化对这一定义的认识，还要把握以下几个方面：

(一)关于突发事件的突然性

突发事件，顾名思义，是指“突然发生”的事件。需要注意的是：其一，大部分事件是突然发生的，但也不排除一些突发事件是渐进地发生的。例如，2008年发生的奶粉中含有三聚氰胺造成大批婴幼儿受伤害的三鹿事件，就并非从某一时刻突然爆发的。其二，突然性在一定程度上也意味着意外性，是与应急处置者的准备程度有关的。心理上和物质上有准备，事件发生时就不会觉得突然和意外。

(二)关于突发事件的类型

该定义界定了突发事件的类型，即包括自然灾害、事故灾难、公共卫生事件和社会安全事件四个类型。这四个类型的划分一目了然、便于理解，是对突发事件现象的直观分类。在此基础上，还应当注意突发事件类型的复杂性。其一，一些事件可能具有两种甚至多种事件的特征，可以被视为合型事件。例如，2015年6月1日发生了“东方之星”号客轮翻沉事件，造成442人遇难。官方将其定性为自然灾害，即由短时飑线风所引起；但与此同时，官方也参照生产安全事故的处理办法，对40余人进行了问责处分。其二，一些事件中可能会有其他事件嵌入其中，很难说是单纯的某种事件。例如，重大地震灾害发生后，可能会触发事故灾难、公共卫生事件和社会安全事件。

(三)关于应急处置措施

定义中"采取应急处置措施予以应对"的表述,顾名思义,是指在突发事件发生或将要发生时,需要立刻采取处置行动。这里还需要认识到:其一,突发事件应对措施不仅包括应急处置措施,还包括事前的预防和应急准措施。在相当意义上说,事前措施更为根本、更为重要。其二,处置措施是分级的。对于分级的标准,《国家突发公共事件总体应急预案》和有关专项预案都有规定。此外,"突发事件"在不同国家有不同的表述。英语中类似的对应词有 emergency (美国官方常用)、contingency (英国官方常用),其准确的含义是紧急事态。但是,在中文语境里,突发事件与紧急事态两者之间也有着细微差别:突发事件强调突然性,紧急事态强调紧迫性,各有侧重;紧急事态强调状态,突发事件强调事实,各有侧重。

二、突发事件的分类和分级

(一)突发事件的基本类型

突发事件类型的划分仁者见仁、智者见智。例如,有的国家把突发事件分为自然灾害、技术灾难、人为事件,有的则罗列多种具体类型的事件。我国突发事件应对法和《国家突发公共事件总体应急预案》对突发事件做了如下划分:

1.自然灾害

自然灾害即由自然因素引发的与地壳运动、天体运动、气候变化相关的灾害。主要包括水旱灾害、气象灾害、地震灾害、地质灾害、海洋灾害、生物灾害和森林、草原火灾等。

2.事故灾难

事故灾难即在生产、生活过程中意外发生的故障事故带来的灾难。主要包括企业生产事故、交通运输事故、公共设施和设备事故、环境污染事故和生态破坏事故等。

3.公共卫生事件

公共卫生事件即突然发生的造成或可能造成社会公众健康严重损害的传染病疫情、群体性不明原因疾病:食品安全、职业危害、动物疫情,以及其他严重影响公共健康的突发事件。

4.社会安全事件

社会安全事件即危及社会安全、社会发展的重大事件。主要包括恐怖袭击事件、民族宗教事件、经济安全事件、群体性事件以及其他重大刑事案件等。

表 1—1 突发事件类别

类别	表现	举例
自然灾害	主要包括水旱灾害、气象灾害、地震灾害、地质灾害、海洋灾害、生物灾害和森林、草原火灾等	台风、暴雨、海啸、地震、泥石流、火山爆发等
事故灾难	主要包括工矿等企业的各类安全事故、交通运输事故、公共设施和设备事故、环境污染事故和生态破坏事件等	化工企业毒气、毒液泄漏事故,桥梁垮塌事故,城市水源地污染事故等

续表

类别	表现	举例
公共卫生事件	主要包括传染病疫情、群体性不明原因疾病：食品安全和职业危害、动物疫情以及其他严重影响公众健康和生命安全的事件	集体食物中毒事件、恶性传染病突发事件、伪劣药品损害事件等
社会安全事件	主要包括恐怖袭击事件、民族宗教事件、经济安全事件、群体性事件以及其他重大刑事案件	公共场所的爆炸案件，大型群众性活动中的踩踏伤亡事件，聚众闹事、堵路事件等

(二)突发事件的分级

根据突发事件应对法的规定，按照社会危害程度、影响范围等因素，自然灾害、事故灾难、公共卫生事件分为特别重大、重大、较大和一般 4 级。

1.一般严重(Ⅳ级)突发事件，表示其影响局限在社区和基层范围内，可由县级政府控制。

2.较严重(Ⅲ级)突发事件，表示后果严重，影响范围大，发生在一个县以内或是波及两个县以上，超出县级政府应急能力，需要动用市级有关部门力量方可控制。

3.严重(Ⅱ级)突发事件，表示其规模大，后果特别严重，发生在一个市以内或是波及两个市以上，需要动用省级有关部门力量方可控制。

4.特别严重(Ⅰ级)突发事件，表示其规模极大，后果极其严重，其影响超出省级范围，需要动用全省的力量甚至请求中央政府增援和协助方可控制，其应急处置工作由发生地省级政府统一领导和协调，必要时(超出地方处置能力范围或者影响全国)由国务院统一领导和协调应急处置工作。

三、突发事件的相关概念

(一)风险的含义

在风险与突发事件的关系上，风险是一种尚未生成突发事件的可能性，风险一旦成为现实，就构成突发事件。因此，风险可以被视为突发事件的潜在存在形式。

风险的构成因素：梳理各种关于风险的定义和阐述，可以看到风险的构成因素主要由风险因素、风险事故和损失三个基本要素构成。

1.风险因素

风险因素是指引起或增加风险事故发生的机会或扩大损失幅度的原因和条件。一般根据风险因素的性质划分为实质风险因素、道德风险因素和心理风险因素三种类型。

2.风险事故

风险事故是指造成生命财产损失的偶发事件。

3.损失

损失是指非故意的、非预期的和非计划的经济价值的减少。

风险是由风险因素、风险事故和损失三者构成的统一体。

(二)灾害、灾难、事故——各种不同的突发事件

灾害(disaster)是能够对人类和人类赖以生存的环境造成破坏性影响的事物的总称。

事故(incident 或 accident)一般是指造成死亡、疾病、伤害、损坏或者其他损失的意外情况。在我国,事故通常指生产安全事故、交通事故、环境安全事故、食品安全事故等人为原因造成损失的事件。当这类事故达到危害公共安全的程度时,就成为突发事件应对法所规范的事故灾难。

灾难(catastrophe)是指自然的或人为的严重损害带来的对生命的重大伤害。灾难往往指严重的灾害或严重的事故。

(三)危机——严重的或非常态的突发事件

危机(crisis),指有危险、祸害的时刻,是测试决策和问题解决能力的一刻,是人生、团体、社会发展的转折点,生死攸关、利益转移,危机通常具有如下三个典型特征:危及基本价值,紧迫性/紧急性,高度的不确定。

就外延看,危机与突发事件有交叉关系。有些危机属于政治、军事和外交领域或非公共领域,不属于突发事件的范畴;有些突发事件属于常规突发事件,没有达到危机的程度。因此,作为突发事件各种形态的危机往往是影响较大、危害程度较高的某些重大突发事件或非常规突发事件。(见图 1—1)

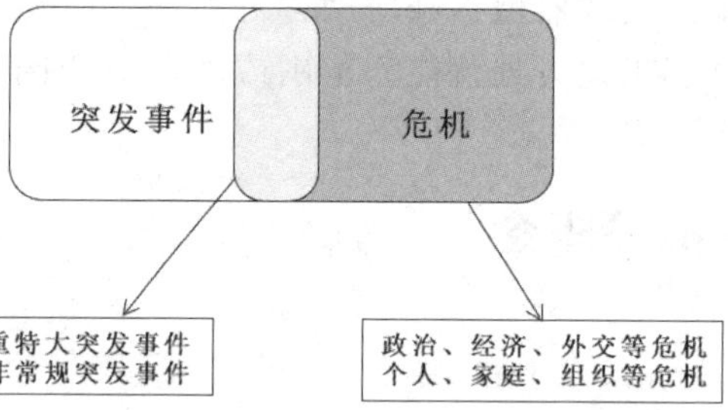

图 1—1　突发事件与危机关系示意图

为了更清晰地区分常规型突发事件和危机,还可以从时间和事件的严重性两个维度来分析不同类型的事件。美国学者里昂纳德(Herman Leonard)和休伊特(Arnold Howitt)对日常(不安全)事件、常规突发事件、突发型危机和突变型危机作了形象的描述(见图 1—2)。在他们看来,危机通常包括突发型危机和渐发型危机两类,即危机既可能如突发事件那样突如其来,出乎预料,也可能是在逐渐发展变化过程中由小变大、由局部演化为大范围的事件。

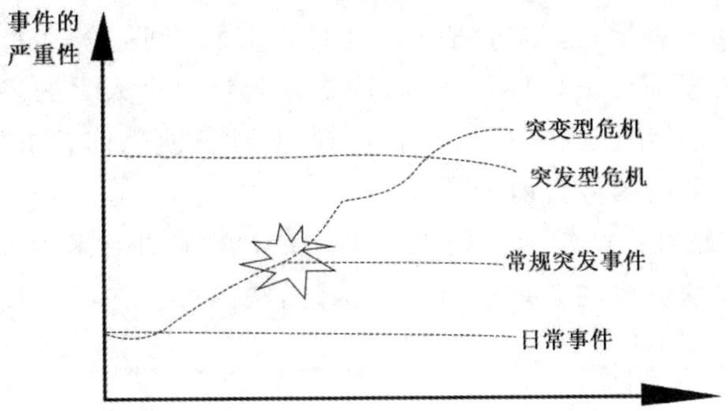

图 1—2　突发事件、危机及其他事件的关系

此外，在突发事件应对领域，突发事件往往是一种工作用语，而危机往往是学术界习惯使用的术语。

专栏　　11·13 巴黎恐怖袭击事件　危机及基本价值

2015 年 11 月 13 日晚，在法国巴黎市发生一系列恐怖袭击事件，造成至少 132 人死亡，300 多人受伤。此后，法国本土和科西嘉岛进入紧急状态，世界各国纷纷谴责恐怖袭击，向法国和法国人民表示支持和慰问。

巴黎共发生 5 次爆炸，5 次枪击；其中，法兰西体育场附近发生 3 次爆炸。恐怖袭击者已全部被击毙。遇难人数上升至 132 人，300 多人受伤。

7 个地点的恐怖袭击具体时间如下：21 时 20 分，法兰西体育场附近第一次爆炸；21 时 25 分，比夏街枪击；21 时 29 分，共和国大街枪击；21 时 30 分，法兰西体育场附近第二次爆炸；21 时 38 分，夏尔诺街枪击；21 时 43 分，伏尔泰街 253 号爆炸；21 时 49 分，巴塔克兰剧院枪击，接着爆炸；21 时 53 分，法兰西体育场附近第三次爆炸；22 时，博马歇街枪击。

巴黎市中心三处被袭击地点分别是由南往北的法兰西体育场、第 11 区的柬埔寨餐馆和巴塔克兰音乐厅。据巴黎 11 区枪击案目击者称，在开枪前枪手高喊了“杀人”，随后扣动扳机。目击者证实，剧场内一名恐怖分子高喊：“所有这一切都是你们总统的错。”目前埃菲尔铁塔已关闭景观灯以示哀悼。有 100 人在巴塔克兰音乐厅被劫为人质。巴塔克兰音乐厅内至少有 120 人死亡，为本次恐袭伤亡最惨重的地点。预计受伤人数为 200 人。

当时，能容纳 1500 人的剧院座无虚席，欢乐的人群正在欣赏来自 Die Eagles of Death Metal 乐队的精彩演出。剧院里遇难人数最多，超过 112 人。恐怖分子根本没想要谈判，赤裸裸地开始了一场针对平民的屠杀。据称，恐怖分子在进入剧院后，朝在场民众肆意开枪扫射，时长达 10 分钟至 15 分钟，整个剧院被“血洗”。

恐怖袭击发生 12 小时之后，巴黎郊区（Bagnolet，巴涅奥莱市）再次响起爆炸和枪声。警方称正在追捕三名恐怖分子嫌疑人。可以看到天空中有直升机在盘旋。袭击中有多人侥幸逃过大难，其中巴塔克兰剧院便有一男子沃纳不顾安危，哀求枪手放过自己的兄弟，枪手心软最终让他和其余 50 多名观众保住性命。

时任法国总统奥朗德表示，巴黎遭到史无前例的恐怖袭击，全国进入紧急状态。美国前总统奥巴马对此次巴黎恐怖袭击事件表态称，这是一起针对全人类的恐怖袭击。奥朗德发表全国讲话，谴责"伊斯兰国"组织策划了巴黎恐袭案，并称此次恐怖袭击是"战争行为"，系由境外 IS 组织策划实施，法国国内势力协助。

2018 年 2 月 5 日，嫌疑人萨拉赫·阿卜杜勒一萨拉姆将在比利时布鲁塞尔出庭受审。

此次事件对法国民众造成的心理影响极为深远，法国民众在经济及政治上的安全感均被严重削弱。

第二节 突发事件的主要特征

现实生活中，突发事件形态各异、变化诡谲。但综观各种突发事件，大都具有爆发突然、起因复杂、蔓延迅速、危害严重、影响广泛的特点。具体而言，突发事件有以下几方面的共同特征：

一、危害性

突发事件对人类及其生存环境的价值损害有人身危害、经济危害、环境危害、声誉危害四个方面。就各种危害的来源看，有的危害是突发事件爆发后必然出现的（无论是自然灾害还是人为事件都是如此），而有的危害是由于突发事件处置不当造成的（各种声誉危害尤其如此）。

（一）人身危害

人身危害是指对人的生命和健康安全的危害，包括对精神健康的损害。其中尤其强调对直接受事件影响的人群、对脆弱人群的危害。

（二）环境危害

环境危害是指对自然环境、自然景观、生物物种等的危害。

例如，火灾和病虫害会毁坏森林和草原，使生态环境恶化；干旱、风灾往往加速土地沙化；爆炸、化学品泄漏污染事故会直接损害人居环境；等等。

（三）声誉危害

声誉危害包括对官员声誉的危害、对企业和政府声誉的危害等。例如，三鹿奶粉因三聚氰胺事件严重影响社会声誉。

（四）经济危害

经济危害是指对个人财产和企业经济利益、行业经济、地方基础设施的直接损害，以及对地方经济发展、国家经济安全的威胁情况。有的突发事件甚至会威胁到企业的生存。例如，2006 年 10 月 15 日，美国夏威夷本岛发生的里氏 6.6 级的强烈地震给该岛造成的财产损失至少为 4600 万美元。

专栏　　秘鲁大雪崩

1970 年 5 月 31 日 20 时 23 分，秘鲁安第斯山脉的瓦斯卡兰山脚下的容加依城发生雪崩。这次让世界不能忘记的大雪崩是由地震引起的。由于强烈的地震作用，瓦斯卡兰山峰上的岩石或者被震裂，或者被震松，或者被震碎。与此同时，那些常年坚硬如岩石的冰雪也被震得粉碎，在短短的几秒钟内，山上的碎石和冰雪一起，从悬崖峭壁上滚落下去。而山下的结构类似于一个雪盆，并且主要是由冰川粒组成。山上的坠落物以强大的动能冲击着“雪盆”。连续的地震使上面的过程连续不断地发生，从而导致山下的雪盆结构不断地被填充，直至不能承受压力而开裂，于是冰雪和碎石便冲向并淹没了不远处的城镇。

与此同时，雪崩在行进过程中导致河流堵塞，河水积聚，大坝不堪重负开裂，引发水灾；沿途带动大量山石泥土，从而也引发了泥石流。

“地震了!”“地震了!”惊恐万状的人们呼喊着，奔跑着。有的手足无措，有的大声呼救，也有的拼命想去抢救被房屋掩埋的亲人。只是，还没等他们定下神来，又一阵惊雷似的响声由远至近，从瓦斯卡兰山的方向传来。不一会儿，伴随着撕心裂肺的狂风，漫天的雪花扑面而来。原来，由地震诱发的一次大规模的雪崩爆发了。在突如其来的变化中，山上的冰雪和碎石犹如山洪暴发后的瀑布一般，从悬崖峭壁上直落下来，一泻千里，转瞬间便冲到了山下。

这时候的山下，其实也是一个由冰川粒组成的巨大雪盆世界，当然这也是日积月累的结果。从山上猛冲下来的冰雪和碎石，以巨大的冲击力撞上这个雪盆，把盆内的冰川粒子打得腾空而起，顿时，雪花纷飞，遮天蔽日，好似下了一场特大的暴风雪。连续的地震，带来了山顶上冰雪和岩石连续不断的崩塌。而连续的崩塌，又持续冲击着山下的那个雪盆。于是，由飞雪组成的蘑菇云，一次又一次从盆内升起，又一次次落下，从而把这个大雪盆塞得满满当当。

终于，撑破了的大雪盆被扯开了一道口子，其中的冰雪如脱缰的野马，奔腾着，咆哮着，带着巨大的气浪，喷着白色的烟雾，向着不远处的城镇呼啸而去。

10 年前，也是在这个地方，一次 500 万立方米的雪崩不仅毁掉了山下的 6 个村庄，也毁掉了沿途的灌木丛林。如今，更强大的雪崩顺着这条由“先辈”开创出来的故道，以更高的速度疾驰而下，宛若一条冰雪巨龙，一路所向披靡、势不可当。

在巨龙的强势冲击下，不仅树木和房屋显得不堪一击，即便是坚硬的石块，也纷纷缴械投降。在那一刻，好像世界上没有什么东西是可以与之抗衡的。只要是被巨龙扫过的地方，无一不是一片狼藉：匍匐在地的树枝、找不到身体的树根、被洗过一样的山坡、根本不知道原形的房屋……

由上而下的冲击，使得这条冰雪巨龙的前进速度越来越快。在遇到瓦斯卡兰山峰下的一个山脊时，巨龙居然跳跃着翻了过去，仿佛是最现代化的雪龙坦克。终于，这条巨龙集聚起来的积雪量，达到了 3000 万立方米，是 10 年前那场雪崩的 6 倍。其中数以百万立方米计的岩石碎屑，形成了高达近百米的龙头，呼啸着冲向前方。而前方，正是容加依城。

当时被描述出来的是这样的景况：人们“有的张着大嘴，瞪着双目而死；有的抱着头，蜷缩着身子而亡。少数没有被冰雪完全吞噬的，也像被活埋了上半身，个个呼吸困难，张大了嘴拼命地喘息着……”。

巨龙扫过，容加依城已经成为一片废墟，只有那河谷之中的几根歪房梁、山坡之上的几扇破门窗、尘土之中的几片碎砖瓦，才能让人们依稀想起，原来这里曾经是一座熙熙攘攘的城市。

冰雪巨龙在扫荡了容加依城后，走过了14.5公里的路程，也完成了最后一个冲刺，停在了附近的一条河谷之中。巨大的冰雪体成为冰雪坝，堵住了一条河流，造成了河水蓄积，形成了一座“临时水库”。在“水库”里的水越积越多的同时，“水库”周围的冰雪坝开始融化，终于导致了冰雪坝的垮塌。“临时水库”里蓄积的大量河水，又一次汹涌而下，淹没了容加依城附近的大片农田。

在冰雪巨龙冲击容加依城的时候，另一路由碎石、泥土和冰雪碎块组成的大军形成了泥石流，也从山上奔腾而下。它们在毁坏了沿途大量的森林、植被、荆棘和灌木丛之后，又向秘鲁中部的阳盖镇和潘拉赫城冲去，近2/3的城镇在顷刻间被摧毁。

秘鲁安第斯山大雪崩，加上地震、泥石流，导致5.2万人死亡，经济损失达5亿美元，成为迄今世界上最悲惨的雪崩灾祸。

二、控制性

系统论告诉我们，控制是对系统进行调节以克服系统的不确定性，使之达到所需要状态的活动和过程。控制是我们认识自然、改造自然的成果，是我们社会进步的体现。虽然突发事件的爆发具有很大的突然性，但从其自身的发生、发展、衍生扩散到衰退、消失的过程来看，还是遵循一定客观规律的。例如，非典疫情，从刚开始出现，到在人群中蔓延扩散，再到全面暴发，以及最后的消减和消失，是一直按传染性疾病传播和消失的规律在发展着的。其中，救助主体依照医学治疗传染性疾病的规律应对，切断传染途径、寻找抗菌疫苗，就可以控制疾病传播范围，在最短的时间内消灭病毒，达到有效应对的目的。由于存在着主体的规律性，随着现代科技的发展，人类对自然性突发事件规律性的把握和控制能力不断提高，同等规模和破坏性的自然灾害给人类带来的损失越来越小。对于社会性突发事件，虽然不像自然界突发事件的规律性那么明显，但也是遵循一定的客观规律，也会有发生、发展、演化以及衰退等过程，这样就有助于我们在事件的起始和萌芽阶段，找到问题的症结，对症下药，把突发事件的影响降到最低。

三、紧迫性

由于前述种种危害可能性的存在，再加上突发事件自身的各种发展演化可能，突发事件处置往往具有极大的紧迫性。紧迫性体现在对事态的控制要及时、对人民生命财产保护要及时、对基础设施的恢复要及时、对形势发展的反应要及时等方面。以舟曲特大山洪泥石流抢险救灾为例，一夜之间200余万立方米的泥石流吞噬了上千人的生命、阻塞了白龙江、淹没了半个县城，数万灾民需要及时安置，大量的各类救灾资源和各路救援力量需要及时协调，悲伤的群众需要及时的精神引导，所有这些对于应急处置与救援的领导者来说都是极大的挑战。

突发事件发生后，需要有效控制危急事态。这里有两种紧迫情况。

(一)危急事态中的紧迫情境

情境1:需要迅速控制的初始危急情境。突发事件来临,往往需要迅速控制危险源;需要标明危险区域,封锁危险场所,划定警戒区,实施交通管制以及其他控制措施;需要立即抢修被损坏的交通、通信、供水、排水、供电、供气、供热等公共设施。

(二)政治经济方面的紧迫情境

不少突发事件还会造成政治经济方面的紧迫情境。

情境2:经济危害的情境。突发事件会造成正常经济运行的中断,这可能会造成紧急的经济危害情境。例如,当铁路运输事故发生后(如列车相撞事故),可能会使铁路运输被迫中断,这会每时每刻给铁路部门乃至国民经济带来不断增大的损失。

四、不确定性

突发事件在发生的时间、地点等方面具有不确定性的特征,同时其发展过程也是不确定的。突发事件爆发后会受到很多偶然因素的影响,很多后续的发展难以预测。由于突发事件这种瞬息万变的状态,使得应急管理的应对措施需要依靠非程序化决策。归纳起来,不确定性具体可以分为三类七种情况(见表1—2):

表1—2 突发事件不确定性的来源

序号	类别	具体情况
1	突发事件本身信息的不确定性	情况1:突发事件状况不明
		情况2:突发事件原因不明
2	突发事件前景的不确定性	情况3:事态发展的不确定
		情况4:事态影响的不确定
3	处置主体造成的不确定性	情况5:主体责任不清造成突发事件前景不确定
		情况6:经验不足造成处置效果不确定
		情况7:应急准备不足造成的不确定性

(一)突发事件本身信息的不确定性

突发事件发生时,由于时间紧迫或条件受限,应急决策者与处置者可能无从得知准确的信息。

情况1:突发事件状况不明。例如,很多突发事件发生后的第一时间,有多少人受灾、险情有多严重、危害范围有多大、损失的情况、出事地点的准确位置等信息都可能成为稀缺资源。

情况2:突发事件原因不明。经常有很多突发事件难以及时查明。

(二)突发事件前景的不确定性

突发事件的不确定性不仅表现为事件当前状态和原因的不确定性,还表现为未来发展的不确定性。

情况 3：事态发展的不确定。比方说，危害的持续时间是多久、是否会愈演愈烈、是否会有次生灾害发生等很多因素都是不确定的。例如，火灾会持续多久、群体性事件规模是否会继续扩大、堵在河流上的堰塞体是否会突然垮塌等都具有极大的不确定性。

情况 4：事态影响的不确定。突发事件，尤其是责任性事故，可能会造成负面社会影响。这种影响会有多大、会持续多久，受到多方面因素的影响和制约，往往是很难准确判断的。

（三）处置主体造成的不确定性

处置主体自身可能也会给突发事件的走向及未来处置带来不确定性。

情况 5：主体责任不清造成突发事件前景不确定。突发事件应对往往涉及跨界处理。当两个或多个相关机构之间无法尽快就责任分担达成一致时，就可能造成低效扯皮甚至矛盾冲突，从而影响处置进程。

情况 6：经验不足造成处置效果不确定。应急处置主体可能缺乏处置经验而造成处置的拖延或失误，从而给未来的处置带来困难和不确定性。例如，天津港"8 · 12"瑞海公司危险品仓库特别重大火灾爆炸事故的事例中，就是由于前期处置经验不足造成了事故的扩大，给后来的处置带来了不确定性。

情况 7：应急准备不足造成的不确定性。突发事件发生前，应急预案制定不科学，或者没有经过演练，或者应急物资准备不足等，都可能造成应急处置的低效甚至束手无策，从而给事件处置的进程带来不确定性。

专栏　　1918 年西班牙大流感

西班牙型流行性感冒是人类历史上最致命的传染病，在 1918—1919 年曾经造成全世界约 10 亿人感染，全世界死亡人数至少为 2500 万（当时世界人口约 17 亿人）。其全球平均致死率约为 2.5%—5%，和一般流感的 0.1%比较起来较为致命。西班牙型流行性感冒，这一名字的由来并不是因为此流感从西班牙暴发，而是因为当时西班牙有约 800 万人感染了此病，甚至连西班牙国王也感染了此病，所以被称为西班牙型流行性感冒。而在当时的西班牙，则称此病为法国型流行性感冒。

西班牙型流感可以简单分为三波。第一波发生于 1918 年春季，基本上只是普通的流行性感冒；第二波发生于 1918 年秋季，是死亡率最高的一波；第三波发生于 1919 年冬季至 1920 年春季，死亡率介于第一波和第二波之间。

关于第一波，第一波有记录的流感，发生于 1918 年 3 月 4 日一处位于美国堪萨斯州的军营（Camp Funston, Kansas），但当时的症状只有头痛、高烧、肌肉酸痛和食欲不振而已。在这一年的 4 月，正处于第一次世界大战的法国也传出流感，3 月中国、5 月西班牙、6 月英国，都相继发生病情，但都不严重。

关于第二波，1918 年 8 月，刚离开西非国家狮子山共和国的英国船上，发生了致命的流感，在该船抵达英国之前，75%的船员被感染，7%的船员死亡，另外多艘船只也发生了类似的情况。另一说法是，第二波的源头是当时阿什哈巴德[1918 年 8 月初波斯的麦什德（Meshed）便发生了高死亡率的流感，据说是由阿什哈巴德所传出，但因俄国内战而无法确认]。

8 月 27 日，流感传入美国，并在波士顿的码头工人间传播，而法国的布莱斯特(Brest)也在几乎同一时间暴发了流感；9 月开始在欧洲和美国普遍传播，并在数星期内传到世界各地。第二波流感和过去的流行性感冒不同，在 20－35 岁的青壮年族群中死亡率特别高，其症状除了高烧、头痛之外，还有脸色发青和咯血等；流感往往引发并发症而导致死亡，以肺炎最多。许多城市限制市民前往公共场所，电影院、舞厅、运动场所等都被关闭超过一年。西雅图的电车服务员拒绝没有戴口罩的乘客搭乘电车。同年 10 月是美国历史上最黑暗的一个月，20 万美国人在这个月死去，1918 年美国的平均寿命因此比平常减少了 12 年。

第三波流感大约在 1919 年冬季开始，在许多地方出现，而 1920 年春季起，便逐渐神秘地消失。在澳大利亚，流感延续到了 1919 年 8 月(南半球的冬季)；至于在夏威夷，则是延续到了 1920 年 3 月。此流感蔓延全球，从阿拉斯加的爱斯基摩部落到太平洋中央的萨摩亚岛，无一幸免；许多爱斯基摩部落一村一村地死绝，在萨摩亚死亡率更高达 25%。亚马孙河口的马拉若岛是当时世界上唯一没有感染报告的人类聚集地。这一波的大流感也传入中国台湾，在当时造成了约 4 万余人的死亡。

西班牙流感夺去 2500 万到 4000 万(一说 7000 万或 1 亿)人的生命，比第一次世界大战的死亡人数还多，成为第一次世界大战提早结束的原因之一，因为各国都已经没有额外的兵力作战。这次流感一个重要现象是青壮年死亡率较高。对此，有两种假说：一是老年人口已经经历过流感，因此已有抗体，所以对流感比较有抵抗力。二是青壮年免疫系统较好，在消灭外来病毒的过程中，其所产生的发热、发炎现象也较严重；免疫系统过度反应可能会导致细胞激素风暴(Cytokine storm)，造成人体组织或器官受损；如果发生在肺部，则可能造成患者呼吸困难而死亡。

西班牙型流感在 18 个月内便完全消失，而其病株从来都没有被真正地辨认。

1918 年西班牙大流感事件充分体现了突发事件的危害性、紧迫性和不确定性三个主要特征，为深刻认识突发事件的本质提供了典型的素材。

第三节　突发事件的基本过程

一、突发事件的发生机理

从潜在风险到突发事件的发生原理即发生机理。目前，还缺少有足够说服力的、能够深入解释致灾因子从量变到质变的一般理论。下面分事件类型对突发事件发生机理进行探讨。

(一)自然灾害的发生

自然灾害是社会与自然综合作用的产物，自然灾害系统是由孕灾环境、致灾因子、受灾体和灾情共同组成的地球表层异变系统(见图 1—3)。

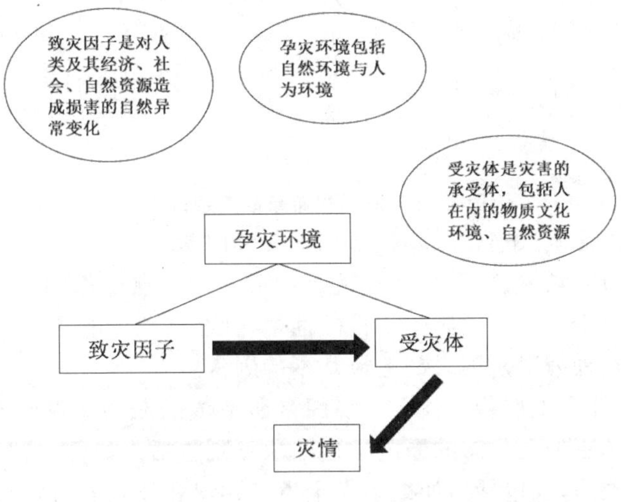

图 1—3　自然灾害系统图

孕灾环境包括自然环境与人为环境。自然环境可划分为大气圈、水圈、岩石圈、生物圈；人为环境则可划分为人类圈与技术圈。地球表层孕灾环境对灾害系统的复杂程度、强度、灾情起着决定性的作用。

自然灾害的致灾因子是可能造成财产损失、人员伤亡、资源与环境破坏、社会系统混乱的自然异变因子。孕灾环境中包含着致灾因子。

受灾体或承灾体是指包括人类本身在内的物质文化环境，包括人口、城乡生命线系统及生产线系统，以及各种自然资源。孕灾环境中包含着受灾体。

自然灾害的发生是自然灾害系统中各子系统相互作用并达到某种临界点的结果。

灾情是指因灾导致的人员伤亡及心理影响、直接经济损失和间接经济损失、建筑物破坏、生态环境及资源破坏等。

组成灾害系统的孕灾环境、致灾因子与受灾体这三个要素在灾情(害)的形成过程中缺一不可,只不过是在灾情的发生发展方面,各要素的特征变化对灾情程度的作用不同而已,不存在这三个要素谁是决定因素或谁是次要因素的问题。它们都是形成灾害的必要与充分的条件。

有人试图将上述解释拓展到包括四大类突发事件的一般意义上的灾害中去,也是有一定解释力的。

(二)事故灾难的发生

随着社会生产的发展,事故发生的本质规律在不断发生变化,人们对事故原因的认识也在不断深化,因此先后出现了十几种具有代表性的事故致因理论和事故模型。这里介绍两种典型的事故致因理论来展现事故发生的基本原因和复杂原因。

1.海因里希事故因果连锁理论

1936 年,美国人海因里希(W. H. Heinrich)提出了事故因果连锁理论。海因里希认为,伤害事故的发生是一连串的事件按一定因果关系依次发生的结果。他用五块多米诺骨牌来形象地说明这种因果关系,因此该理论也被称为“多米诺骨牌”理论(见图 1—4)。

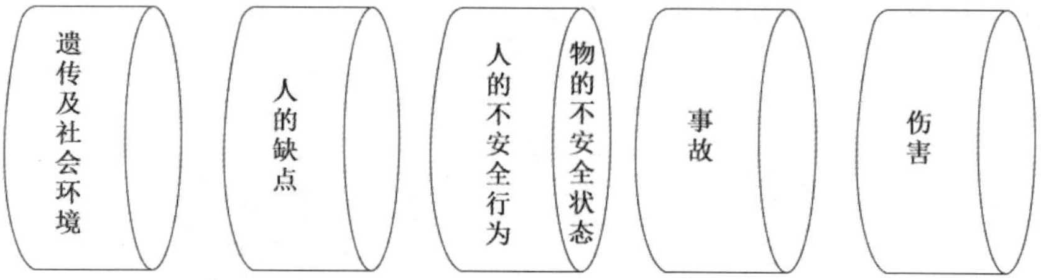

图 1—4　海因里希事故连锁过程

海因里希提出的事故因果连锁过程包括如下五种因素:

第一,遗传及社会环境。遗传及社会环境是造成人的缺点的原因。遗传因素可能使人具有鲁莽、固执、粗心等对于安全来说属于不良的性格;社会环境可能妨碍人的安全素质培养,助长不良性格的发展。这种因素是因果链上最基本的因素。

第二,人的缺点。即由于遗传和社会环境因素所造成的人的缺点。人的缺点是使人产生不安全行为或造成物的不安全状态的原因。这些缺点既包括诸如鲁莽、固执、易过激、神经质、轻率等性格上的先天缺陷,也包括诸如缺乏安全生产知识和技能等的后天不足。

第三,人的不安全行为或物的不安全状态。这二者是造成事故的直接原因。海因里希认为,人的不安全行为是造成事故的主要原因。

第四,事故。事故是一种由于物体、物质或放射线等对人体发生作用,使人员受到或可能受到伤害的、出乎意料的、失去控制的事件。

第五,伤害。即直接由事故产生的人身伤害。

多米诺骨牌理论建立了事故致因的事件链这一重要概念,为后来者研究事故机理提供了一种有价值的方法。但是,海因里希理论对事故致因连锁关系的描述也存在着绝对化、简单化的缺点。因此,后世又不断发展出更为综合全面的理论。

2.事故致因的综合原因理论

事故致因的综合原因理论认为：事故是社会因素、管理因素和生产中的危险因素被偶然事件触发造成的结果。偶然事件之所以触发，是由于事故直接原因的存在；直接原因又是由管理责任等间接原因所导致；而形成间接原因的因素包括社会经济、文化、教育、历史、法律等基础原因，统称为社会因素。

(三)公共卫生事件的发生

各类公共卫生事件的发生机理大多属于相关的公共卫生专业领域。这里以传染病发生机理为例做简要介绍。

传染病在人群中发生流行的过程，是病原体从感染者排出，经过一定的传播途径侵入易感者机体而形成新的感染，并不断发生、发展的过程。传染病在人群中发生流行需要三个基本条件，也称三个环节，即传染源、传播途径和易感群体。

这三个环节相互依赖、相互联系，缺少其中任何一个环节，传染病的流行就不会发生。传染病的流行强度可分为：

散发：某病发病率呈历年来一般水平，病例以散在形式出现，在发病时间及地点上没有明显联系的称为散发。散发是指该病在较大的地区(县、市、省或国家)发生的情况。要确定是否散发，应根据当地当年该病发病率与前三年发病率对比来判断，如未显著超过，则可确定为散发。

流行：在某一地区，某病发病率显著超过历年(散发发病)水平时(一般为前三年平均发病率的 3—10 倍)称为流行。

大流行：某病在短时间内迅速蔓延，其发病率显著超过该地区历年流行水平，且流行范围超过省界、国界甚至洲界时称为大流行。例如，霍乱、流行性感冒和艾滋病都发生过世界性大流行。

暴发：某地区某病在短时间内(一般以小时、日、星期或月计算)发病数突然增多时称为暴发。暴发常因人们共同接触同一致病因子所引起，常见有伤寒、痢疾、病毒性肝炎等急性传染病。

作为突发事件的传染病主要是指“暴发”级的传染病。类似于传染病的“暴发”过程，大规模食物中毒等。大规模动物疫情等公共卫生事件也需要传染源、传播途径和易感群体三个基本条件。

(四)社会安全事件的发生

社会安全事件往往由各种社会矛盾引起。在特定条件下，社会矛盾积累到某个触发点爆发，便形成社会安全事件。“社会燃烧理论”对这一过程做了详细描述。

自然界中的燃烧现象，既有物理过程，也有化学过程。燃烧所必须具备的三个基本条件，即燃烧材料、助燃剂和点火温度，缺少其中任何一个要素，燃烧都不可能发生。牛文元等人应用该项原理，将社会的无序、失稳及动乱，与燃烧现象进行了合理的类比：

1.引起社会无序的基本动因，即随时随地发生的“人与自然”关系的不协调和“人与人”关系的不和谐，可以视为提供了社会不稳定的“燃烧物质”；

2. 一些媒体的误导、过分的夸大、无中生有的挑动、谣言的传播、小道消息的流行、敌对势力的恶意攻击、非理性的推断、片面利益的刻意追逐、社会心理的随意放大等，相当于社会动乱中的燃烧“助燃剂”；

3. 具有一定规模和影响的突发性事件，通常可以作为社会动乱中的导火线或称“点火温度”。

根据社会燃烧理论基本原理，当“人与自然”之间的关系达到充分平衡、“人与人”之间的关系达到完全和谐时，整个社会处于“理论意义”上绝对稳定的极限状态。但只要发生任何打破上述两大平衡与和谐关系的事件，都会给社会稳定状态以不同程度的“负贡献”(形成社会动乱的“燃烧材料”)，当此类“负贡献的量与质”积累到一定程度，并有错误的舆论导向煽动时(相当于增加社会动乱的“助燃剂”)，将会形成一定的人口数量密度和地理空间规模。此时，在某一“突发导火线”(出现了社会动乱的“点火温度”)的激励下，即可发生社会失衡(不稳)、社会失序(动乱)或社会失控(暴乱)直至社会崩溃。在这个过程中，就会导致社会安全事件的发生。

二、突发事件的发展演化机理

突发事件的发展与演化是指在事件发生后，由于内部、外部条件之间的相互作用，使得事件进一步扩大的过程。

有学者将发生、发展、演化作为三个阶段来解释。其中后两个阶段的机理是：

发展是指突发事件在空间上的扩展和/或烈度上的增强。

演化是指一个事件触发其他事件的过程。进一步细分，演化可分为“转化”“蔓延”“衍生”“耦合”4 种不同的演化机理。

“转化”是指 B 事件的发生是由 A 事件引起的，例如，火灾引发建筑物门口的踩踏。

“蔓延”主要说明的是同类灾害不断发生，如航班的延误、火车的误点，往往一个误点带来一连串的误点。

“衍生”主要是指因为应对某个事件而采取的一些不当措施会造成另外的事件，很可能后一事件比前一事件还要严重。

“耦合”是指两个或两个以上的因素共同作用，导致突发事件进一步加剧。例如，火灾中，“火借风势，风助火威”，风通过对火的方向、大小的影响使火灾加剧。

三、突发事件的生命周期

突发事件的生命周期现象还很少有人论及。目前文献中常见的是危机生命周期理论。危机生命周期是指危机有如人的生命一般，有从潜伏到消亡的全过程。在这个生命周期里，危机随着时间的变化而变化。

危机生命周期理论中较为著名的是斯蒂文 · 芬克的危机四阶段模型。芬克在 1986 年提出的这一模型被称为危机传播四阶段模型，即危机传播要经历征兆期(prodromal)、发作期(breakout)、延续期(chronic)、痊愈期(resolution) 四个阶段。

目前，流行的危机传播四阶段模型通常用于表示危机生命周期，划分为潜伏期、爆发期、持续期和解决期(见图 1—5)。

第一阶段：危机潜伏期

潜伏期是危机处理最容易的阶段，却是最不为人所知的阶段。

第二阶段：危机爆发期

爆发期是四阶段中时间最短却感觉最长的阶段，它对人们心理造成的冲击也是最严重的。

第三阶段:危机持续期

持续期是四个阶段中危机持续发挥破坏力的阶段。如果危机管理运作恰当,将会极大地缩短这一阶段的时间。

第四阶段:危机解决期

解决期是从危机的影响中完全解脱出来的阶段。但是此阶段仍须保持警惕,因为危机可能会去而复返。

危机生命周期理论的价值在于通过对危机的症候学研究或过程学研究来寻求与各阶段相适应的应对策略。其含义是:危机(突发事件)是有迹可循的,但不一定是线性发展的;危机处理的时间起点越早越好,最好能够让危机永远无法形成,或一形成就被处理掉;不同的危机阶段有其不同的特征,能辨识端倪才能有效处理危机。

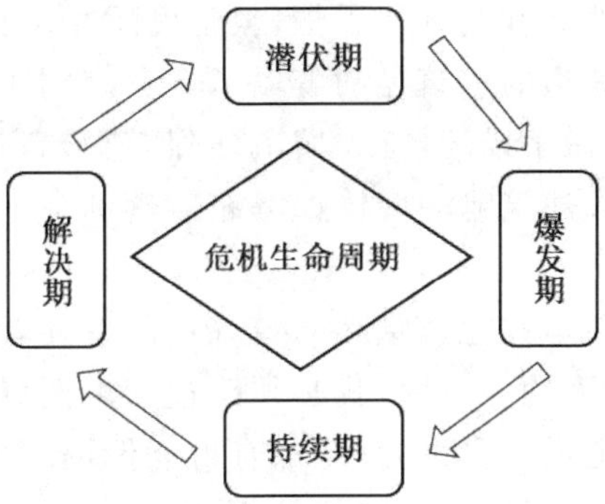

图1—5　危机生命周期模型

本章小结

1.所谓突发事件,是指造成或者可能造成严重社会危害,需要采取应急处置措施予以应对的各类公共事件。突发事件分为自然灾害、事故灾难、公共卫生事件和社会安全事件。突发事件的相关概念有风险、灾害、灾难、事故、危机等。

2.突发事件具有危害性、紧迫性和不确定性。这些特性有多种具体的表现形式。

3.各类突发事件有不同的发生机理。从整体上看,突发事件发展演化有各种不同的路径。危机事件的生命周期包括潜伏期、爆发期、持续期和解决期。

关键术语

突发事件　风险　灾害　灾难事故　危机

复习思考题

1.何谓突发事件?怎样理解突发事件与风险、灾害、灾难、事故、危机的关系?

2.根据你所熟悉的突发事件案例,阐述突发事件的危害性、紧迫性和不确定性的表现。

3.根据你所熟悉的突发事件案例,阐述突发事件发生、发展、演化的过程。

阅读材料

1755 年里斯本大地震

1755 年 11 月 1 日，万圣节。里斯本几乎所有的教堂和修道院里都被教徒挤得水泄不通，文森特大教堂更是座无虚席，因为，文森特是里斯本的保护神。在文森特教堂里密密麻麻地站满了人，门口的台阶上还有人在急切地排队等待入内。

9 点 20 分左右，主祭神父口中的问候词还未讲完，整个教堂就突然剧烈地晃动起来。教堂顶部的大钟摇摆不停，发出阵阵声响。随着一声巨响，那些放置在教堂中的神像纷纷掉落在地，彩色玻璃窗也被震碎，这一切来得太突然，人们措手不及，顿时乱作一团，有的人拼命地向外跑去，而有的人则跪下祈祷，以图平息震颤。一位正在教堂门口排队而幸免于难的英国商人对他的家人说："几分钟后，大地又开始剧烈震颤，教堂里面的人纷纷拼命地往外跑。就在那一瞬间，教堂大门的拱形支柱和旁边的建筑晃动着塌了下来，教堂里所有的人都被埋在下面。"

一位幸存者对当时的情形做了描述：首先城市强烈震颤，高耸的屋顶"像麦浪在微风中波动"；接着是较强的晃动，许多大建筑物的墙体如瀑布般落到街上，留下无情的碎石，成为被坠落瓦砾砸死者的坟墓。

地震的余波未息，那些里斯本其他教堂和修道院里的幸存者都在仓皇逃命。一位幸存者在信中描述道："我不得不停歇大约一百回，我必须跨过许多倒塌的墙壁、死尸、有些还是生命垂危者的躯体，必须穿越许多街道，两边的房屋都有可能倒塌下来，因此大概一千次我都差点失去我的生命。在一路上我看到了惨不忍睹的景象，男人、女人与孩子们，有的奄奄一息，有的断胳膊、断腿，浑身是血迹与灰尘，空中满是他们悲惨的叫声，这更增加了难以描述的恐怖。"

从教堂逃出来的人们本以为跑到港口这类宽阔的地方就可以保全性命，但由地震引发的大海啸正在等待着他们。到了港口，人们绝望地发现往常平静的海面异常躁动，掀起高达 15 米的巨浪。顷刻之间，汹涌的海水吞没了港湾里的上百支船队、许多被地震摧毁的房屋和数千绝望的灾民。一位幸存者曾回忆海啸发生的那一瞬间："我扭过头看着河口。虽然没有一点风，河水却以无法形容的方式呼啸着、膨胀着，而且越涨越高。刹那间，在远处出现了滔滔的洪水，就像平地上突然出现一座高山，这座水山不停地移动，而且以惊人的速度朝陆地上扑来，虽然我们都立即四处逃散，但很多人都被洪水卷走了。"

另一位幸存者，英国商人大卫在写给家人的信中描述道："突然，海边一片惊呼声：'海水上岸了，我们全完了！'我转向大海，看见海水以极快的速度上涨着。这种上涨速度，是任何狂风的力量也达不到的。一瞬间，一团巨大的浪涛像山峰一样带着响声冲上岸来，泡沫四溅。许多人被卷走，更多的人陷在齐腰深的水里，其余的人疯狂逃走……我是差一点儿丧命的。要不是及时抓住岸边的一棵大树，定会葬身大海。海水来得快，退得也快。我站在岸边，看见许多船在汹涌的大海里上下颠簸；许多船的锚链被折断，波涛把它们带到海的深处；有些船在海上飞快地旋转着，几条大船底朝天翻在水里。这时一丝风都没有，因而海水翻腾的景象使我感到格外害怕。看起来海边也不比城里安全，但我没有更好的地方躲藏。我突然决定返回城里我住的圣保罗地区；我跌跌撞撞地向前走着，身上湿透的衣服不住地向下滴水。"

真正让里斯本陷入万劫不复深渊的不是地震，也不是海啸，而是由地震引起的熊熊大火。地震发生当天正值一年一度的万圣节，为了表示对天主的尊重，所有教堂和修道院都点上了蜡烛和油灯。这数不尽的蜡烛和油灯在坍塌的教堂和修道院里开始慢慢地燃烧，着火地点至少有 100 多处，浓烟和火焰蔓延在里斯本的上空，整整一周难以退去。

地震中毁坏较轻的大厦最终也未能逃过大火的摧毁，里斯本两万多所民居被熊熊烈火化为灰烬。原本狭窄的街道已被倒塌的建筑物堵塞，许多人面对大火无路可逃，葬身火海。葡萄牙最大的医院——皇家万圣医院的 600 名病人全部被烧死。葡萄牙王后玛丽亚在给她母亲的信中曾提到地震后的大火："里斯本几乎完全被毁灭了……更糟糕的是接下来的一场大火把城里烧尽了，也没有人敢去救火。我们的宫殿在地震中只塌了一半，但是剩余的部分和里面所有的东西都被大火烧了。"

这一场突如其来的灾难给里斯本造成了巨大的损失。"汹涌的波涛扑进港口，打碎了所有停泊的船只。火焰和灰烬盖住了大街小巷，房屋倒塌了，屋顶被掀跑了，房基也毁坏了。男女老少共三万居民，被压死在这些废墟之下。"里斯本地震的惨烈程度，从伏尔泰的叙述中可见一斑。

在城市建设和财产方面，里斯本城内 85% 的建筑物被毁，其中 2 万幢房屋震后仅存 3000 幢，40 座教堂有二三十座坍塌，如里斯本大教堂和嘉模修院等。利庇喇宫和震前刚刚完工的皇家歌剧院，以及皇家造币厂、兵工厂、海关等建筑物均被夷为平地，宗教法庭、教会医院皆成废墟。正如戴维牧师所说："每个教区教堂、修女团会所、女修道院、宫殿和大型公共建筑，以及不计其数的私人住宅，不是直接坍塌，就是不幸地被其他建筑所砸垮。"

与市中心的损毁程度相比，阿尔法玛一带被破坏的程度较小，尚能保存社区原貌，但已不再是贵族居住地而是成了贫民区。此外，火灾还烧毁了葡萄牙皇室几百年来收藏的艺术珍品和 7 万多册善本书，以及皇家档案馆珍藏的重要资料，如十五六世纪葡萄牙最伟大的航海家达・伽马和其他航海家探险非洲、亚洲和美洲的过程中收集的地图、航海记录和书籍。葡萄牙正是凭借这些宝贵的资料建立了海上帝国，控制了从非洲西海岸到印度洋、从马来西亚到巴西的贸易通道。但在这场大火中，这些无价之宝均被付之一炬。

在人员伤亡方面，人口损失巨大，对于最终的死亡人数有多种说法，有人说死亡 1 万人，也有人说死亡 9 万人。死者中既包括葡萄牙的牧师和修女，也包括大量葡萄牙人和英格兰教团首领、西班牙大使、法国剧作家拉西纳的长孙等许多外国人。葡萄牙王室及其随员因在郊外度假而幸免于难。

除此之外，居住在里斯本的外国商人、投机家和冒险家的财产也遭受了严重的损失。他们的货物以及赖以谋生的账本、借贷和抵押证明都被付之一炬，多年来在里斯本辛苦经营的成果被一场突如其来的灾难摧毁。

地震之前，里斯本是葡萄牙全国的政治、经济、文化中心，还是全国第一大港口。里斯本大地震席卷了这一切，给葡萄牙经济带来无法承受的灾难。受里斯本大地震的冲击，葡萄牙在经济、军事等领域出现了衰败的迹象。到 18 世纪末，葡萄牙已经被英国、法国超越。

第二章

应急管理概念

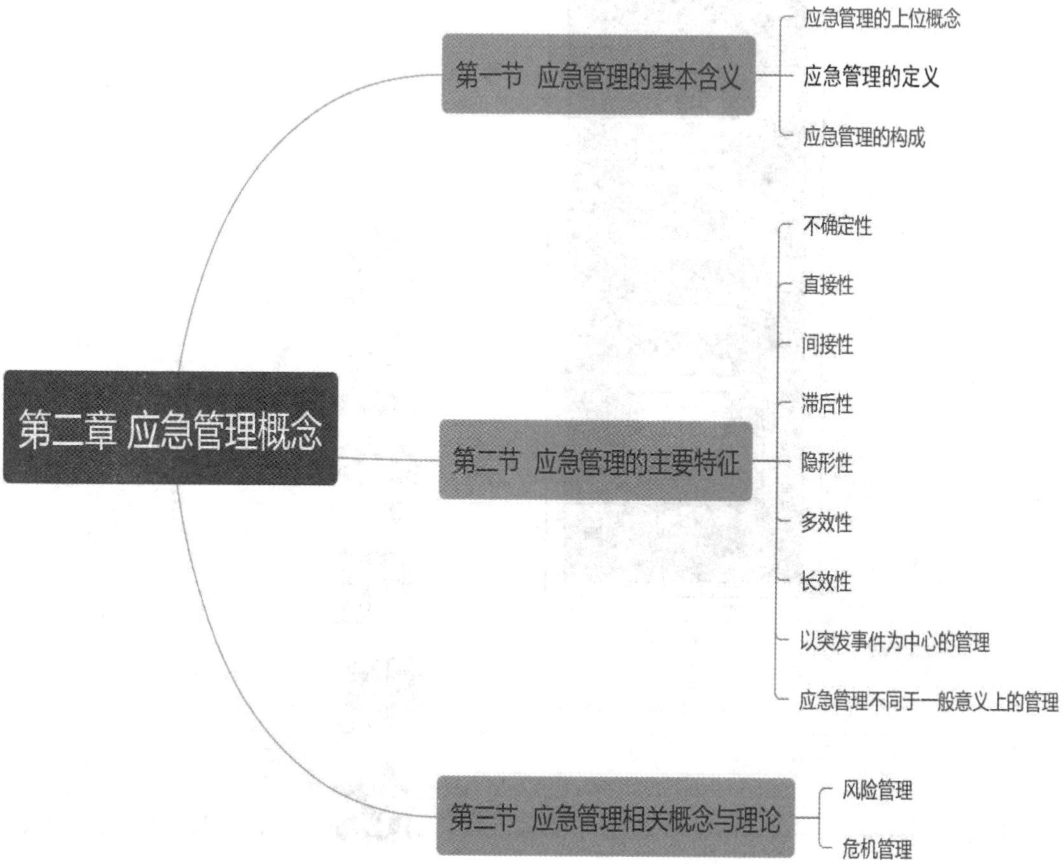
第二章 应急管理概念
第一节 应急管理的基本含义
应急管理的上位概念
应急管理的定义
应急管理的构成
第二节 应急管理的主要特征
不确定性
直接性
间接性
滞后性
隐形性
多效性
长效性
以突发事件为中心的管理
应急管理不同于一般意义上的管理
第三节 应急管理相关概念与理论
风险管理
危机管理

第一节　应急管理的基本含义

一、应急管理的上位概念

应急管理作为一门新兴的学科，目前还没有一个被普遍接受的定义。相关机构对应急管理的定义比较具代表性的有美国联邦紧急事态管理局的定义：紧急状态系指任何由总统确定，需要联邦政府帮助，加强州政府和地方政府的工作和能力，以拯救生命，保护财产，保护公共卫生和安全，或者，降低或转移美国国内任何一次灾难的威胁的事件或事故。相应地，应急管理是组织分析、规划、决策和对可用资源的分配以实施对灾难影响的减除、准备、应对和恢复。这里介绍应急管理的两个上位概念——突发事件应对和公共安全管理。

(一)突发事件应对

突发事件就是意外地突然发生的重大或敏感事件，简言之，就是天灾人祸。前者即自然灾害，后者如恐怖事件、社会冲突、丑闻包括大量谣言等，专家也称其为“危机”。国务院 2006 年 1 月 8 日发布的《国家突发公共事件总体应急预案》中，将“突发公共事件”定义为突然发生，造成或者可能造成重大人员伤亡、财产损失、生态环境破坏和严重社会危害，危及公共安全的紧急事件。突发公共事件主要分自然灾害、事故灾难、公共卫生事件、社会安全事件四类。经验告诉我们，在目前通信技术和媒体高度发达的信息化社会，正确妥善地做好突发事件中的媒体应对和舆论引导工作，是能否缓解或化解危机的一个重要的甚至决定性因素。处理不好就会加深危机或酿出新的危机。所以，媒体应对技巧已经成为政府机构或企事业单位领导越来越重要的基本功。

应急管理属于突发事件应对的系列活动中的一部分，而不是全部。当然，应急管理属于整个突发事件应对系统中的整合性要素，是整合各类突发事件应对活动的关键因素。

(二)公共安全管理

一般来说，安全是指不受威胁，没有危险、危害、损失。公共安全是指公众享有安全和谐的生活、工作环境以及良好的社会秩序，最大限度地避免各种灾害的伤害，其生命财产、身心健康、民主权利和自我发展有着安全保障。公共安全的问题有很多，生态环境安全、食品安全、生产安全、社会安全等方面的各种严重程度不同的问题都属于公共安全问题。其中，一些问题的危害性、紧迫性达到一定程度，便成了突发事件。

公共安全管理适用于举办大型群众性活动的安全管理。公共安全管理办法是为了维护社会秩序和保障公共安全，保护公民人身、财产安全和公共财产安全，促进经济和社会和谐发展。

公共安全管理是指国家行政机关为了维护社会的公共安全和秩序,保障公民的合法权益,以及社会各项活动的正常进行而做出的各种行政活动的总和。公共安全管理包含应急管理,其外延远大于应急管理。应急管理或应急治理同样也是构成公共安全治理的重要组成部分。

二、应急管理的定义

根据我国突发事件应对法,应急管理就是突发事件的预防与应急准备、监测与预警、应急处置与救援、事后恢复与重建等应对活动。其目的是预防和减少突发事件的发生,控制、减轻和消除突发事件引起的严重社会危害,规范突发事件的应对活动,保护人民生命财产安全,维护国家安全、公共安全、环境安全和社会秩序。

在理解应急管理概念的过程中,要注意以下几个方面。

(一)应急管理是一个持续的过程;

(二)应急管理应该通过对问题的前瞻并推测可能解决的方式,努力减少危机情境的不确定性;

(三)应急管理一直需要考虑的问题是未来可能发生什么;

(四)应急管理是一种教育活动,它意味着相关人士必须知晓应急程序的存在并理解程序;

(五)应急管理应该包括演练,特别是响应和恢复阶段的演练。应急管理的概念也可参见示意图(见图 2—1)。

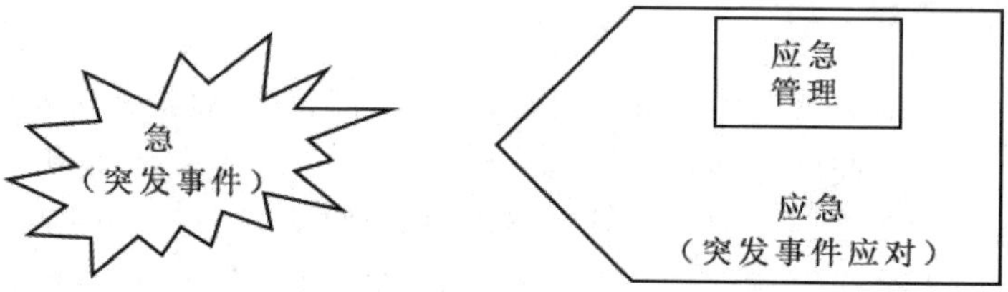

图 2—1　急、应急与应急管理概念关系示意图

需要指出的是,不少学者对应急管理都给出不同的定义。例如,《应急管理概论:理论与实践》一书给应急管理的定义是:“应急管理是为应对突发事件而开展的管理活动,旨在保障公共安全,避免或减少因突发事件所造成的生命、财产损失和社会失序。”这些不同的概念界定都有其合理性,只不过各自的侧重点不同。尽管不同时期的定义都会有其历史局限性,但学习和了解不同的定义都会有助于深化对应急管理的认识。

三、应急管理的构成

为进一步理解应急管理的概念,可以从三个维度剖析应急管理实践:精神思想维度,即应急管理理念;体系构成维度,即应急管理体系;管理行为维度,即应急管理职能。这三者之间,理念是应急管理的灵魂,体系是应急管理的框架,职能是应急管理的行为,三者一起构成了应急管理的有机整体。

(一)应急管理理念

应急管理理念是指应急管理机构和应急管理者所遵从的一系列管理突发事件应对工作的指导思想与工作原则。广义地说,应急管理理念既可能属于一个应急管理体系,也可能属于一个应急管理者个人或团队。

应急管理理念似乎是无形的,却是应急管理工作的精神内核与精神统领。应急管理理念统领着应急管理的主体行为、过程展开、规范制定和实施。一个优质高效的应急管理体系的首要因素是拥有普遍认同的完整而恰当的理念。

(二)应急管理体系

应急管理体系是指国家层面处理紧急事务或突发事件的行政职能及其载体系统,是政府应急管理的职能与机构之和。加强应急管理体系建设,就要根据突发事件或危机事务,把握并设定应急职能和机构,进而形成科学、完整的应急管理体制。具体包括应急管理的主体、过程、规范以及应急保障四个方面。这些要素解决了应急管理由谁做(主体)、做什么(过程)、依据什么做(规范)、使用什么资源做(保障)的问题。其中:

应急管理主体是指在应急管理过程中承担突发事件应对职责的组织机构和个人。其中,政府系统是应急管理的主导性主体。

应急管理过程是指应急管理活动的各工作环节所组成的有机整体,包括突发事件事前、事中、事后各环节的管理。突发事件应对法规定的突发事件应对包括“预防与应急准备、监测与预警、应急处置与救援、事后恢复与重建”,可以被视为我国官方对应急管理的四个主要过程的界定。

应急管理规范是以法律规范为统领的制度体系。其中包括了国家法律规范、技术规范,以及各类组织内部的各种应急管理制度。

应急保障是指对突发事件应对活动的各种保障性工作所构成的整体。应急保障包括人员保障、资金物资与场所保障、信息通信体系保障、应急产业保障等。这些内容既是总体突发事件应对的保障,也是应急管理发挥作用的重要物质基础与保障。

(三)应急管理职能

1.应急管理职能的含义

管理职能(management functions),是管理过程中各项管理行为内容的概括,是人们对管理工作应有的一般过程和基本内容所作的抽象概括。管理学历来重视对管理职能的研究。国际上,最早系统提出管理职能的是法国管理学家亨利·法约尔(Henri Fayol)。他提出管理的职能包括计划、组织、指挥、协调、控制五项。此后,随着管理实践的发展和研究的深入,关于管理职能的阐述不断丰富和深入,以管理职能为主线阐述管理学基础知识也成为主流管理学著作的基本规范。

应急管理的基本职能有应急计划、应急组织、应急领导、应急沟通、应急控制等职能。在应急管理领域,应急管理主体在应急管理过程中的任何环节都需要落实计划、组织、领导、沟通、控制等基本职能。当然,在这其中都离不开应急管理理念的统领、应急管理规范的遵循和应急保障条件的支撑。

以美国为例,“9·11”事件以来,美国政府高度重视应急管理能力建设,美国国土安全部就把计划、信息沟通与警报、行动协调等应急管理职能作为其国家突发事件应对的通用核心能力加以建设。

在我国,突出研究和落实应急管理的计划、组织、领导、沟通、控制等基本职能有助于提升应急管理专业化水平、提升应急管理能力。

需要指出的是，管理职能通常是指施行于一个组织内的若干工作职能。而本书将管理职能概念应用于应急管理领域，实际上是将管理职能学说创造性地转化到社会治理领域。因此，所阐述的应急管理各职能概念的内涵在与一般管理职能内涵相一致的同时，也根据具体情况进行了扩展和调整。

2.应急管理职能与过程的关系

对应急管理过程的描述通常体现为应急管理全部活动的阶段性划分，而应急管理职能是贯穿于应急管理全过程的不同类型的管理机制与行为方式。两者的关系可用图 2—2 表示。

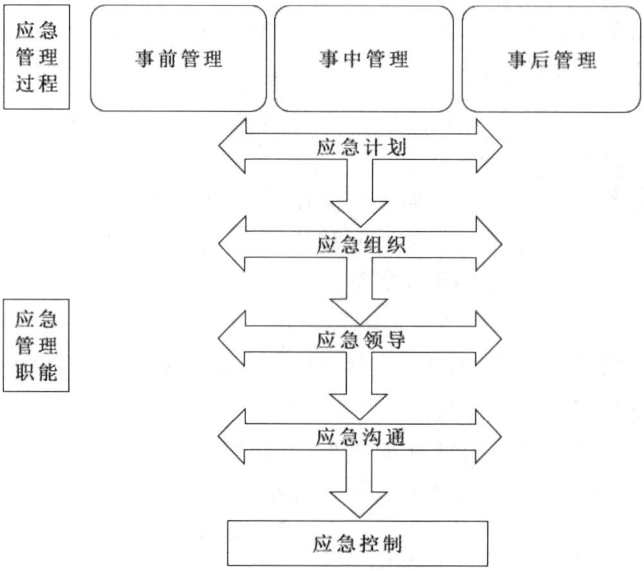

图 2—2　应急管理过程与应急管理职能的关系

多数应急管理概论著作以过程为主线，对应急管理相关工作分阶段进行描述，本书则以职能为主线进行论述。以应急管理职能为主线阐述应急管理，有利于揭示性质相同的工作原理与方法。例如，无论是事前的应急管理战略规划、应急预案，还是事中的应急行动方案，事后的恢复重建规划，都属于计划管理的范畴，有着共同的特征和相似的工作流程与方法框架。

3.主要应急管理职能

应急计划。应急计划是指应急管理机构针对突发事件的预防与应急准备、监测与预警、应急处置与救援、事后恢复与重建等应对活动制订并实施战略规划、应急预案、行动方案的机制与过程。应急计划既包括常态的战略规划与应急预案，也包括非常态下的应急行动方案。

应急组织。应急组织是指对突发事件应对各个环节的应急管理主体和人力资源进行有效整合的机制与过程。在各应急管理主体职责相对明确的基础上，应急组织职能主要探讨跨部门的应急组织机制与过程。其中的常态应急组织是指主要在预防与应急准备工作中发挥作用的组织机制与过程，非常态应急组织主要指在应急响应与恢复重建中发挥作用的组织机制与过程。

应急领导。应急领导是指在突发事件应对各个环节中，应急领导者把握自我、动员他人、完成突发事件应对任务的领导行为过程。为带领他人实现应急目标，应急领导者要有过硬的领导素质和高超的领导艺术。

应急沟通。应急沟通是指政府和其他应急管理主体与其体系内部，以及与媒体、公众等受众沟通信息、相互交流的机制与过程。沟通是突发事件应急管理的基础性工作，它贯穿于应急管理工作的始终，体现在预防与监测、应急准备、应急响应、恢复重建等各个环节。应急沟通既包括内部沟通，也包括外部沟通；既包括日常的风险沟通，也包括非常态下的危机沟通。

应急控制。应急控制是指在应急管理工作中，应急管理主体对相关单位、组织和人员的活动进行监督检查，从而能够全面妥善地应对和处置突发事件的机制与过程。应急控制包括"常态"下事前预防与应急准备的部门绩效管理和督查机制，"非常态"下的事中应急处置与救援、事后恢复与重建的督查机制。

第二节 应急管理的主要特征

一种管理实践的特征,可以从管理理念、体系、职能等多角度作出界定。对于应急管理实践,同样也可以从不同角度作出各种概括。为了便于深入理解应急管理实践的本质,这里对应急管理的若干基本特征加以阐述。

一、不确定性

事故的发生时间不可预定,所造成的后果也不可量化。同样的事故原因,可以造成轻微的损失,也可能造成巨大的伤亡。应急管理,通过避免、减少事故伤亡和经济损失所带来的效益明显存在,但其具体数值却是不确定的,可能巨大,也可能微小。

二、直接性

通过应急管理,避免了险情发展成为事故,避免了事故的恶化或扩大,从而避免、减少了人员伤亡和财产的损失,应急管理所创造的经济效益,可以直接通过避免事故的发生来予以体现。

三、间接性

应急管理不是直接的物质生产活动,它一直伴随着生产活动的进行而进行。应急管理在通过减少事故造成的人员伤亡和财产损失的同时,保障了从业人员的安全和健康,实现了生产的长周期运行,提高了劳动效率,在保障生产经营的顺利进行中,间接地创造出经济效益。

四、滞后性

应急管理,可以通过成功的事故预防与处置创造直接的经济效益,但是,在许多情况下,往往并不是应急管理一成立机构、组建队伍、配置装备,就立刻能见到经济效益与社会效益,往往要经过一个时期的运行与实施之后,预期的效果才能显现出来。

五、隐形性

应急管理服务于生产,它所创造的效益大多不是从其本身的功能中体现出来的,而更多地隐含在因事故减少而提高了效率的生产经营行为,以及因事故减少获得了生命健康安全的员工群体中。如果没有事故的发生,若仅从表面看,应急管理的组织、人员、装备似乎一无所用,巨大的人力、物力、财力投入,似乎没有创造任何经济效益和社会效益,就是其具体表现。

六、多效性

应急管理，不仅能保障人员的生命免受威胁，直接和间接地创造经济效益，还能保护环境，稳定社会，创造良好的社会效益，因此，具有多效性。

七、长效性

科学、规范的应急管理，会保障应急机构、人员、装备、技术的良好运行，从而对企业的安全生产提供长期有效的保障。

八、以突发事件为中心的管理

一般管理领域大多以达成一定的目标为中心开展管理活动。这些目标或者聚焦于维持某系统的运作，或者聚焦于开展新的活动、创造新的价值。只有应急管理是围绕突发事件展开、以消除或削弱突发事件的负面影响为指向的管理。应急管理又往往被称为突发事件应急管理，这一称谓体现了应急管理以事件为中心的管理特点。

第一，突发事件来临时需要采取紧急性措施。突发事件的发生都具有一定的突发性和破坏性，可供管理者利用的时间、信息等资源非常有限，事态发展的后果往往很难预料。因此，非常态阶段的应急管理需要紧紧围绕突发事件的应急处置和后续处置展开，需要采取紧急性措施。此时的一些管理原则、程序和方式不同于一般的管理，其管理权限、资源调动、管理手段、工作程序以及相应的组织结构等都需要以突发事件处置为核心，采取非常规的办法。一般来说，管理权力更加集中，决策和行政程序更加简化，一些行政行为会带有更大的强制性等。

第二，常态下的应急管理工作也需要围绕可能的突发事件展开。应急管理是以突发事件全过程应对为目标的管理。在突发事件发生前，应急管理工作要对突发事件风险隐患加以控制，要对可能发生的突发事件做好预案准备、人员与物资准备等。

第三，总体上，应急管理工作要围绕突发事件的全过程展开。事前，要尽量避免突发事件的发生，做好处置准备；事中，要做好突发事件应急处置工作；事后，要做好一系列善后工作。应急管理各阶段工作要彼此相互联系、相互衔接、相互支撑，形成良性循环。

九、应急管理不同于一般意义上的管理

（一）应急管理具有明显的时间紧迫性，需要以极快的速度和有效的手段进行管理才能减少损害。因此，对于管理者而言，也需要在最短的时间内迅速正确地作出决策。相比较而言，一般管理的时间较为充裕，可以有充足的时间充分考虑和会商，从容地选择最佳管理措施。

（二）突发事件爆发时对管理者而言往往具有信息掌握不充分的情况，在进行应急管理时（尤其是最初阶段）无法对突发事件进行客观全面的了解和分析，在管理中面临很多的不确定性，在管理中作出的决策和采取的措施有可能并不是最完美的，常常留有遗憾。而一般管理可以在充分调查了解后，全面、完整、详细地考虑客体的方方面面，在充分掌握信息的基础上作出决策。

（三）应急管理的目的就是消除突发事件带来的危机，并将危害和损失尽可能控制在最小范围。而一般管理往往根据组织职能设置的不同，其管理目标也不尽相同，或是企业实现经济效益的增长，或是学校实现教育质量的提升，或是医院实现救死扶伤的医德要求等。

（四）应急管理是一种极端心理状态下的管理，管理主体尤其是决策者、参与者往往处于高

度紧张的状态，恐惧、紧张、焦虑、冲突的心态会影响管理者的认知能力、分析能力、判断能力，也会影响对突发事件管理的效果，而一般管理较少有这种极端的心理状态，相比较而言心理压力较小。

（五）应急管理的应对常常是非程序性的，出乎意料、无章可循，因此必须灵活应变、突破常规、另辟蹊径，根据事件的具体情况及事态的发展演变不断做出调整。而一般管理常常可以按部就班、按章办事，依照常规程序进行管理。

从上述比较中我们认为，突发事件应急管理作为管理活动的一个分支，既具有一般管理活动的共同属性，也具有自身的特殊性质和特点。

第三节　应急管理相关概念与理论

在应急管理的大范畴内，有风险管理、危机管理等不同的管理领域。本节介绍这些理论与方法的基本概念，以期丰富读者对应急管理概念的认识。

一、风险管理

(一)风险管理的含义

风险管理当中包括了对风险的量度、评估和应变策略。理想的风险管理，是一连串排好优先次序的过程，使当中可以引致最大损失及最可能发生的事情优先处理。在实践中，“风险管理”一词在不同国家有不同的定位和用法。在我国应急管理实践中，风险管理通常被作为应急管理的第一个环节来对待，是突发事件“预防”工作的主要内容。这也是国际上很多国家和国际组织的认识。在其他国家，有的以“灾害风险管理”作为应急管理的代名词使用(如德国公民保护局)，有的以综合风险管理表达综合应急管理的意思(如瑞士联邦政府)。

(二)风险管理的过程

根据国际风险管理标准等的表述，风险管理基本过程包括如下环节(见图2—3)。

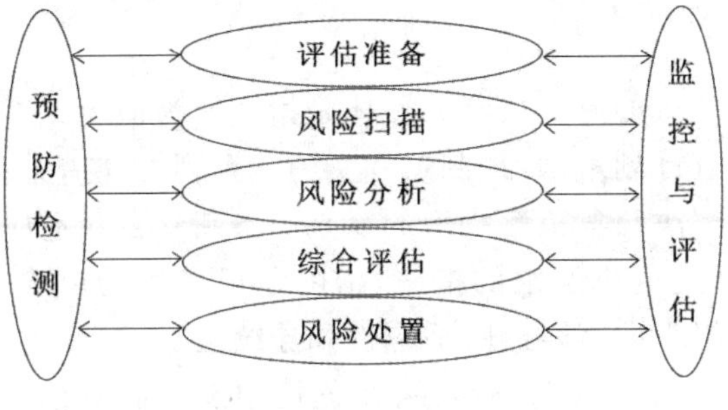

图2—3　风险管理过程

1.评估准备

评估准备是评估前的各项基础工作：依法明确风险评估活动的范围和目的、目标；明确谁是利益相关者，即评估工作为谁服务；做好风险评估人员的知识和技能准备；系统搜集有关的社会环境、地理环境、基础设施等方面的具体信息。

2.风险扫描

风险扫描是指识别并确认潜在的风险，主要回答“会发生什么糟糕的事”以及“如何发生”

的问题。

3.风险分析

风险分析主要是从风险发生的可能性和后果/影响这两个方面对风险进行分析。在定量分析的基础上,每个风险点还可标注在风险地图上,形成更为直观的风险分布图。

4.综合评估

综合评估是指根据风险分析的结果以及组织自身的状况,把所有可能面临的风险按照紧急程度和需要重视的程度排序,以便更加合理、有效地分配有限的资源。综合评估的主要内容包括:(1)风险出现的可能性;(2)风险对地区或组织的影响大小或规模;(3)风险管理的难易程度;(4)管理风险需要的资源和时间;(5)风险是否可控制或可预测。管理者必须综合考虑各种因素以建立一个风险的优先处理序列,同时对各种风险控制方法的可行性、成本及收益加以分析,最终为不同的风险选用最适当的处理方法。

5.风险处置

风险处置是指选择应对风险的合适策略和手段并加以执行。传统上,有四种策略可供选择:避免、缩减、转移、接受。风险避免是指不去从事那些可能导致风险的行为,直接避开导致风险的事项和活动,以消除可能发生的损失;风险缩减是指采用恰当的做法来减少风险的发生、减弱风险的后果;风险转移是指把风险的负担转嫁给另一方,通常是通过合同来实现的;风险接受是指在无法避免、缩减和转移风险的情况下,接受风险发生的可能性和后果。

6.监控与评估

即对上述各环节进行监控,对其工作成果进行评估,根据实际情况不断进行修正和调整。

7.沟通与咨询

对于上述1—5个步骤,自始至终都需要进行风险沟通和给予咨询意见,以便使各参与方都明确自己的风险管理责任。

二、危机管理

(一)危机管理的含义

危机管理则是指应对危机的有关机制。具体是指企业为避免或者减轻危机所带来的严重损害和威胁,从而有组织、有计划地学习、制定和实施一系列管理措施和因应策略,包括危机的规避、危机的控制、危机的解决与危机解决后的复兴等不断学习和适应的动态过程。

在某种意义上,任何防止危机发生的措施、消除危机产生的风险的努力,都是危机管理。但我们更强调危机管理的组织性、学习性、适应性和连续性。

危机管理就是要在偶然性中发现必然性,在危机中发现有利因素,把握危机发生的规律性,掌握处理危机的方法与艺术,尽力避免危机所造成的危害和损失,并且能够缓解矛盾,变害为利,推动企业的健康发展。

(二)危机管理的特征

1.突发性

危机往往都是不期而至,令人措手不及,危机发作的时候一般是在企业毫无准备的情况下瞬间发生,给企业带来的是混乱和惊恐。

2.破坏性

危机发作后可能会带来比较严重的物质损失和负面影响，有些危机用毁于一旦来形容一点也不为过。

3.不确定性

事件爆发前的征兆一般不是很明显，企业难以做出预测。危机出现与否与出现的时机是无法完全确定的。

4.急迫性

危机的突发性特征决定了企业对危机作出的反应和处理的时间十分紧迫，任何延迟都会带来更大的损失。危机的迅速发生引起了各大传媒以及社会大众对于这些意外事件的关注，使得企业必须立即进行事件调查与对外说明。

5.资源紧缺性

危机往往突然降临，决策者必须作出快速决策，在时间有限的条件下，混乱和惊恐的心理使得获取相关信息的渠道出现瓶颈现象，决策者很难在众多的信息中发现准确的信息。

6.舆论关注性

危机事件的爆发能够刺激人们的好奇心理，常常成为人们谈论的热门话题和媒体跟踪报道的内容。企业越是束手无策，危机事件越会增添神秘色彩从而引起各方的关注。

(三)危机领导

鉴于危机管理对领导者的挑战很大，危机管理的领导任务与策略受到极大的关注。欧洲学者阿金·伯恩等认为，危机面前的公共领导者需要完成五项重要任务：认识危机、作出决定、理解危机；终止危机，以及从危机中学习。

1. 认识危机

领导者必须评价面临的威胁，并确定究竟是什么样的危机。例如，事件刚发生时，领导者必须确定这一事件的威胁有多大，针对什么事或什么人，以及接下来情况会如何发展。信息的来源多种多样，但如何分辨真伪？如何从喧闹的危机信息中提取其中令人信服的部分？所有这些都需要领导者给予分析。

2.作出决定

领导者回应危机时面临着多种选择的机会。危机的发作所引发的需求和问题会非常复杂。但是，在危机条件下，对公共资源的需求与供给之间的不平衡比平时大许多，且情况尚不清楚、不稳定，而领导者思考问题、向专家咨询和争取人民接受决策的时间却非常短促。

3.理解危机

危机面前，权威机构往往不能立即提供正确的信息。领导者必须努力向公众解释发生了什么，为什么会发生这种情况，以及应该怎样负起责任。除了领导者以外，新闻机构也通过各种渠道来阐释危机的含义。因此，面对各种各样的杂音，领导者需要在一定程度上控制住有关危机的流言在公众中的传播。

4.终止危机

政府不可能永远停留在危机状态。领导者的关键任务之一就是保证整个社会能使其有效地回归正常状态。领导者不可能通过单方面颁布法令达到这个目的。提前终止危机甚至可能引火上身。在持续紧张的氛围下，人们可能批评领导者低估甚至掩盖了危机。但是，拖沓也同样不可取。

5.从危机中学习

危机的经历能够为人们以后的危机应对提供经验。领导者要引导政府和行政系统吸取经验教训。

本章小结

1.应急管理就是指政府和其他管理主体对突发事件的预防与应急准备、监测与预警、应急处置与救援、事后恢复与重建等应对活动的管理;应急管理也是公共安全管理的一个重要组成部分。

2.应急管理是具有鲜明公共性的管理,是以事件为中心的管理,是宏观微观兼具的管理。

3.在应急管理的大范畴内,有着风险管理、危机管理等不同的管理领域。此外,不同学科背景的研究(如风险社会学、灾难心理学等)也源源不断地给应急管理带来养分。

关键术语

应急管理　应急管理理念　应急管理体系　应急管理职能　风险管理　危机管理

复习思考题

1.何谓应急管理?

2.应急管理的主要特征是什么?

3.应急管理体系包括哪些部分?

4.应急管理职能是什么?

5.风险管理的基本流程是什么?

第三章

应急管理历程

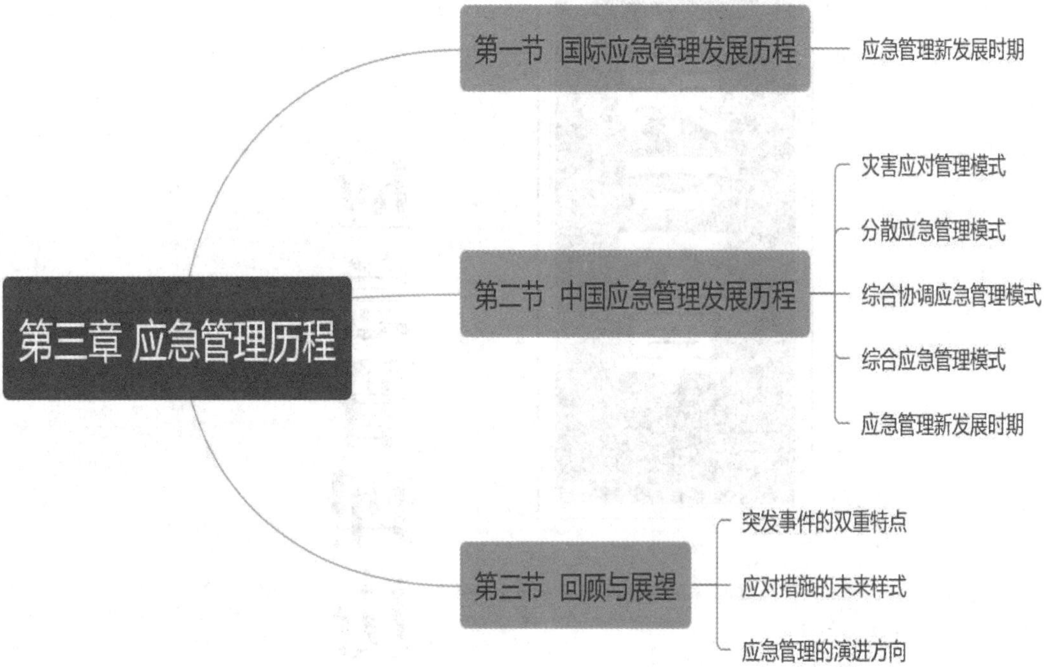
第三章 应急管理历程
第一节 国际应急管理发展历程
应急管理新发展时期
第二节 中国应急管理发展历程
灾害应对管理模式
分散应急管理模式
综合协调应急管理模式
综合应急管理模式
应急管理新发展时期
第三节 回顾与展望
突发事件的双重特点
应对措施的未来样式
应急管理的演进方向

第一节 国际应急管理发展历程

我们把国际上的应急管理划分为三个时期，分别是：

1.第二次世界大战结束(1945 年)以前，其显著特征是没有形成明确的或专门的政府应急管理体制，应急管理以一事一议为主要特征。

2.1945 年到美国"9・11"事件以前(截至 2000 年)，这一时期的政府应急管理体制得以确立。

3.此后的应急管理新发展时期，这一时期政府应急管理有了更为综合的特征。

(1)1999—2003 年，国际应急管理研究的新兴主题为决策支持系统，该阶段各个国家和相关国际机构为了提高应对灾害的能力，对决策支持系统有了特别的关注。灾害和弹性研究是此阶段应急管理的引擎类主题，引领应急管理的研究。应急管理主题类位于第Ⅳ象限，属于该阶段的基础研究主题类。

(2)2004—2008 年，研究主题以发展成熟且相对孤立的地震、飓风及风险评估为代表。应急、应急管理与灾害是该阶段的基础研究主题。灾害评估成为该阶段的引擎主题类团。相比上一阶段，主题类数量增加了灾害评价和地震的研究。

(3)2009—2013 年，国际应急管理的研究主题更加丰富，相比前两个阶段，地震和飓风的研究具有较高的中心度和密度，并演变为引擎类主题。弹性由第一阶段的引擎主题类演变为基础主题类。除了灾害、应急和应急管理，疏散演变为新的基础主题。风险沟通成为该阶段新兴的研究主题类。

(4)2014—2018 年，国际应急管理研究主题分布更加广泛。该阶段发展成熟的引擎类主要有疏散、风暴潮的研究，新兴的研究主题为应急管理合作、优化及洪水风险研究。发展成熟但相对孤立的研究主题集中在风险沟通、龙卷风、社团以及极端高温事件的研究。基础研究主题相对稳定，并产生了洪水、响应以及仿真等新的主题类团。

4.结论。

(1)过去 20 年，国际应急管理论文产出呈快速增长态势，反映了应急管理问题在学界的重视程度越来越高。在研究中，先后形成了飓风、地震、海啸、极端高温事件、龙卷风、风暴潮、洪水等以自然灾害为主题的应急管理研究。在应急管理研究中，与自然灾害相关的应急管理成为最为核心的组成部分。在灾害应急管理方法或技术上，从早期的决策支持系统、灾害风险评估向算法、建模、优化以及仿真发展。

(2)主题聚类战略坐标图展示了不同时期主题类的发展情况。以不同灾种应急管理相关的研究通常首次出现在专业化程度高，但主题类相对孤立的第Ⅱ象限。风暴潮与洪水属于灾害应急管理中的例外，其中风暴潮首次就出现在了高度发展的引擎主题区域，洪水出现在基础横向的区域中。新兴主题的演化分别经历了决策支持系统、风险沟通以及优化、合作和洪水风险的研究,并在时序发展中走向成熟与衰退。应急管理作为本研究的分析对象,在4个时间段中始终位于基础横向区域中。

(3)近期应急管理研究中关于疏散、风暴潮以及风险是最为重要的研究方向,合作、优化等属于新兴的研究方向。风险沟通、龙卷风、极端高温事件以及社区研究已经形成了相对专业的类团,但仍然相对孤立。仿真、响应、洪水等研究属于基础和横向的研究方向。在研究中要把握好研究主题的优先度,高效地进行应急管理研究的开展工作。

应急管理新发展时期

21世纪的人类社会迎来了历史上从未有过的繁荣,也使人类面对着从未有过的安全风险隐患。

(一)突发事件

1.高风险社会到来

20世纪80年代社会学家贝克所提出的风险社会理论在21世纪更加明显地得到验证。贝克在《风险社会》一书中指出:"产生于晚期现代性的风险……是完全逃脱人类感知能力的放射性、空气、水和食物中的毒素和污染物,以及相伴随的短期和长期的对植物、动物和人的影响。"尽管借助现代治理机制和各种治理手段,人类应对风险的能力提高了,但同时又面临着治理带来的新类型风险,即制度化风险和技术性风险。

2.突发事件的影响和带来的损失巨大

在风险社会中,突发事件一旦发生,其所带来的后果和影响较以往更为严重。以城市发展为例,全球城市化的发展造就了数百个百万以上人口的大型城市、几十个超千万人口的超级城市,涌现出越来越多的城市群。在城市中发生的突发事件,其连锁性与密集性、叠加性与多变性都显著增强。突发事件一旦发生,往往更为复杂难控。

3.突发事件及其影响日益全球化

全球化时代的风险、突发事件及其影响也日益全球化了。"蝴蝶效应"在突发事件的发展演化和传播上表现明显。某些突发事件一旦发生,其关联性会使事件很快发展到多个国家,其传播性会使事件的社会心理和舆论影响传遍全世界。

2001年美国发生的"9·11"事件是新世纪的标志性社会安全事件。在这一事件中,恐怖分子的信息交流是跨国的、高效的;恐怖袭击的执行者使用了高技术"武器"(民航客机);其造成的心理影响是世界性的。

(二)应对措施

新世纪的突发事件应对延续了20世纪下半叶的发展方向。在如下方面更是体现了突出的发展。

1.注重科学应对

各门类安全科学技术得到蓬勃发展,信息技术发挥重要作用。为了预防突发事件的发生,灾害学、安全生产科学、公共卫生学、社会安全学都发挥了较以往更为重要的作用。突发事件来临时,从太空的卫星遥感技术到空中、地面、水上的各种救援手段都越来越先进。

2.工程减灾的作用日益凸显

随着经济的发展,国际社会的工程减灾水平不断提升。例如,2004 年发生印度洋大海啸之后,在中国等有关国家参与下,印度洋海啸预警系统得以建立。

3.社会参与、社区参与发挥重要作用

公共安全社会共治的理念深入人心。在许多国家,各类应急社会团体、志愿者组织,尤其是社区居民都成为重要的应急力量。

4.注重人才培养

应急管理的复杂性决定了应急管理人才向专业化发展的必由之路,应急管理学科成为专业化人才培养的重要保障。国际社会日益重视应急人才培养。例如,美国在"9·11"事件发生后的 3 年内组织开展了 100 多个相关的学术、学位项目,后续又跟进和增加了 100 余个项目。这些新的项目在很大程度上推动了应急管理专业的发展。

(三)应急管理

1.综合应急管理理念和方法得到确立

进入新世纪以来,为了更好地应对突发事件的复杂形势,综合应急管理在各国日益深入人心。所谓综合应急管理,在应对主体上,强调从主要靠政府向全社会合作转变;在应对过程上,强调突发事件事前、事中、事后管理的全过程;在应对方法上,强调对各类突发事件都采取同样的应急管理方法体系。

2.应急管理制度化体系日臻完善

许多国家都制定或修订了新的相关法律法规。俄罗斯于 2001 年颁布《联邦紧急状态法》,美国于 2002 年颁布新的《国土安全法》,英国于 2004 年颁布《民事紧急事态法》。在基本法律制度的推动下,相关的法律法规和预案体系也得到完善。一些国家对于其应急管理体制作出调整。2003 年,美国成立国土安全部,该部是美国联邦政府的第 15 个部,由 22 个联邦部门、18 万雇员合并而成。联邦应急管理署成为国土安全部的一个组成部分。2010 年,英国建立了国家安全委员会及其办事机构——国家安全秘书处,原内阁办公厅下属的民事紧急事务秘书处成为国家安全秘书处一个下属机构。

3.更加注重预防和应急准备

通过科学的风险分析与评估,可以为应急管理工作提供前瞻性、基础性、战略性的支撑,有助于确立政府应急管理工作的重点,确保有限的公共资源投入更紧迫、更急需的地方和领域,为此,英国民事紧急事务秘书处制定了"国家风险评估"工作规程。美国国土安全部于 2008 年成立风险管理与分析办公室,该办公室应用国家战略风险评估工具进行国家战略风险评估。德国联邦政府在 2009 年专门成立了"联邦风险分析与公民保护"指导委员会,由联邦内政部部长牵头负责全国的战略性风险管理工作。

4.推行应急管理业务规范化、标准化

有关国家和国际组织都注重应急管理的规范化、标准化体系建设。美国出台了《全国突发事件应急管理系统》,德国制定了《突发事件现场操作指挥规章》,两者都规定了标准化的现场指挥体系框架。2002 年,国际标准化组织设立公共安全委员会(ISO/TC223),下设公共安全管理框架、术语、应急管理、韧性与业务持续性等工作组,以推进国际应急管理的标准化工作。

5.跨界合作、跨国合作日益普遍

由于突发事件的复杂性、跨地域性,国际社会更加强调合作、协调、联动和高效。各国都更加重视不同地方政府之间的跨区域合作、各区域内的官民合作。在国际上,则是跨国合作和全球合作,联合国在这方面发挥了重要作用。

国外公共安全案例

(一)切尔诺贝利核事故

1.事件概况

1986 年 4 月 26 日凌晨 1 点 23 分(UTC+3),乌克兰普里皮亚季邻近的切尔诺贝利核电厂的第四号反应堆发生了爆炸。连续的爆炸引发了大火并散发出大量高能辐射物质到大气层中,这些辐射尘涵盖了大面积区域。这次灾难所释放出的辐射线剂量是二战时期爆炸于广岛的原子弹的 400 倍以上。经济上,这场灾难总共损失大概两千亿美元(已计算通货膨胀),是近现代历史上代价最"昂贵"的灾难事件。切尔诺贝利核事故也被称作历史上最严重的核电事故,切尔诺贝利城因此被废弃。

2.主要损失

1986 年 4 月 26 日,当地时间 1 点 24 分,前苏联的乌克兰共和国切尔诺贝利 (英文:Chernobyl)核能发电厂发生严重泄漏及爆炸事故。事故导致 31 人当场死亡,上万人由于放射性物质远期影响而致命或重病,至今仍有被放射线影响而导致畸形的胎儿出生,这是有史以来最严重的核事故。外泄的辐射尘随着大气飘散到苏联的西部地区、东欧地区、北欧的斯堪的纳维亚半岛。乌克兰、白俄罗斯、俄罗斯受污染最为严重,由于风向的关系,据估计约有 60%的放射性物质落在白俄罗斯的土地上。此事故引起大众对苏联核电厂安全性的关注,事故也间接导致了苏联的解体。苏联解体后,俄罗斯、白俄罗斯及乌克兰等每年仍然投入经费与人力致力于灾难的善后以及居民健康保健。因事故而直接或间接死亡的人数难以估算,且事故后的长期影响到现在为止仍是个未知数。到 2006 年,官方的统计结果是,从事发到现在共有 4000 多人死亡。但是绿色和平组织基于白俄罗斯国家科学院的数据研究发现,在过去 20 年间,切尔诺贝利核事故受害者总计达 9 万多人,许多人随时可能死亡①。

3.后续处理

爆炸发生后,并没有引起苏联官方第一时间重视。在莫斯科的核专家和前苏联领导人得到的信息只是"反应堆发生火灾,但并没有爆炸",因此苏联官方反应迟缓。在事故后 48 小时,一些距离核电站很近的村庄才开始疏散,政府也派出军队强制人们撤离。当时在现场附近村庄测出了是致命量几百倍的核辐射,而且辐射值还在不停地升高,但这还是没有引起重视。专家宁愿相信是测量辐射的机器故障也不相信会有那么高的辐射。可是居民并没有被告知事情的全部真相,这是因为官方担心会引起人民恐慌,甚至在普里皮亚季还在举行有乌克兰第一书记参加的五一节庆祝。许多人在撤离前就已经吸收了致命量的辐射(若能立即撤离,则可大幅减少受害者数量及程度)。

---

① 参见《切尔诺贝利事故》,载百度百科,https://bailee, baidu.com/itera/切尔诺贝利事故/883484?fromtitle =切尔诺贝利核事故 &fromid =931916&fr = aladdin,最后访问时间,2017 年 11 月 26 日。

事故一周后，莫斯科接到从瑞典政府发来的信息，此时辐射云已经飘散到瑞典。之后数个月，前苏联政府派出了无数人力物力，终于把反应堆的大火扑灭，同时也控制住了辐射。但是这些负责清理的人员也受到严重的辐射伤害，原因之一为遥控机器人的技术限制和严重辐射线造成遥控机器人电子回路失效，因此许多最高污染场所的清理仍依赖人力。火灾扑灭后，接下来令人担心的是反应堆核心内的高温铀与水泥熔化而成的岩浆熔穿厂房底板进入地下，苏联政府派出大批军人、工人，给炸毁的四号反应堆修建了钢筋混凝土的石棺，把其彻底封闭起来。

前苏联政府把爆炸反应堆周围30公里半径范围划为隔离区，撤走所有居民，用铁丝网围了起来，入口设有检查站，隔离区内只有定期换班的监测人员与切尔诺贝利核电站其他三个还在发电的核反应堆工作人员。特别是与爆炸的四号反应堆在同一主厂房建筑物内，与其共用排放放射性废气高烟囱的三号反应堆，又正常工作了19年。事故二十周年后，四号反应堆的石棺外表面的照射度仍有750毫伦琴，远高于20毫伦琴的安全值，加固石棺的焊接工人工作两个小时就要轮换。隔离区内的平均照射度仍大于100毫伦琴。

堵住污染源头是一项艰巨的任务，而清除核辐射尘埃则是另一项艰巨的任务。一年之后，切尔诺贝利核泄漏事故中最先遇难的核电站工作人员和消防员被转移到莫斯科一处公墓内，安葬他们用的是特制的铅棺材！因为他们的遗体已成为足以污染正常人的放射源。核尘埃几乎无孔不入，对乌克兰地区数万平方公里的肥沃良田都造成了污染。乌克兰共有250多万人因切尔诺贝利而身患各种疾病，其中包括47.3万多名儿童。据专家估计，完全消除这场浩劫对自然环境的影响至少需要800年，而持续的核辐射危险持续10万年。

在经济上，苏联损失了约90亿卢布：善后处理费用40多亿卢布，农业和电力生产损失40多亿卢布。专家估计，除核电站本身的损失外，仅清理一项就得花几十亿美元，如果全部加起来，可能达数百亿美元。

4.点评

(1)切尔诺贝利核事故发生后，苏联政府对本国民众和国际社会封锁信息并反应迟缓，加重了生命财产损失。

(2)当前在核事故善后方面，国际社会尚未形成统一标准，对责任国也没有统一追责制度。在此情况下，各国尤当严自律、共合作。

(3)核技术使用应当安全警钟长鸣，应更好地从“人”着手，把控核风险，消除人祸因素，核反应堆设计、建造都须严格遵循安全标准。

(二)“9·11”事件

1.事发过程

2001年9月11日，19名劫机者分别同时搭乘飞往各地的美国民用航空飞机，这四架客机分别从波士顿、纽瓦克和华盛顿特区(华盛顿杜勒斯国际机场)飞往旧金山和洛杉矶，并在美国上空飞行过程中被劫持。在劫机过程中，劫机者使用武器刺伤或杀害飞行员、空中乘务员和乘客。飞机上与外界取得联系的乘客报告称，劫机者使用刀刺伤乘务员，并且在其中两次劫机事件中至少有一名乘客被刺伤。有一些乘客和机组人员设法使用机舱电话和手机与外界取得联系，并提供了有关劫机的一些细节。这些细节包括：每架飞机上都有好几名劫机者；劫机者使用有毒化学喷雾器和刀具，如催泪瓦斯，胡椒喷雾和小于十厘米的刀具；一些机上工作人员被刺伤等。

上午8时46分40秒：美国航空公司11次航班（一架满载燃料的波音767飞机）以大约每小时490英里的速度撞向世界贸易中心北楼（WTC1），撞击位置为大楼北方94层至98层之间。大楼立即失火，而飞机上的69吨航空燃料倾倒进大楼，更加剧了火势，整幢大楼结构遭到毁坏。被撞击楼层以下的人员开始疏散，但所有的3道楼梯都被撞坏，因此被撞击楼层以上的人员无法逃离。而世贸南楼的工作人员很快通告南楼的所有人员，称南楼“依然安全”，可正常运作。一些人忽略广播通告依然继续工作，一些人撤离，还有一些人则聚集在位于南楼第78层和第44层的空中大堂。

上午8时47分：美国有线新闻网开始现场直播世界贸易中心情况，这是全世界第一个新闻媒体报道有关袭击事件。

上午8时50分：美国东北防空司令部（NEADS）得知有一架“小型飞机”撞入世界贸易中心。

上午8时50分—8时54分：美国航空公司77次航班正被劫持。

美国联合航空175次航班（另一架满载燃油的波音767飞机）以大约每小时590英里的速度撞向世界贸易中心南楼（WTC2）78层至84层处，并引起巨大爆炸。飞机以近乎45度的左倾角度撞上南楼，说明劫机者险些错失了目标。飞机的部分残骸从大楼东侧与北侧穿出，掉到6个街区以外的地方，但还有1个楼梯间完好无损，因此少数在撞击点以上的人员仍可生还。有人听到多次爆炸声响，有些人认为是两次无关的意外事件，而更多的人则马上认为是恐怖袭击。

上午8时46分—10时28分：至少有200名（主要集中在北楼）被大火和浓烟围困在大楼顶楼的人员从高空跳下。有证据显示，在遭袭击后北楼中部很大一块区域立即坍塌，或许这是让这些人以为大楼很快就要坍塌而跳楼求生的原因，一名位于底层的消防队员被一名从天而降的跳楼者砸死。由于烟雾与上升气流太过浓烈，空中救援活动无法进行，而且纽约市本身就缺乏专门进行空中救援的直升机。

大约上午9时04分：美国联邦航空管理局（FAA）波士顿空中交通控制中心发布命令，暂停其管辖区内所有飞机的起飞（新英格兰与纽约州东部）。

上午9时06分：美国联邦航空管理局（FAA）禁止任何飞机进入纽约以及附近的波士顿、克利夫兰与华盛顿领空。

上午9时08分：美国联邦航空管理局（FAA）禁止全美国所有飞往或经过纽约领空的飞机起飞。

上午9时21分：纽约市全部隧道及大桥关闭。

上午9时24分：正在佛罗里达州一所小学教室参观的时任美国总统乔治·布什接到第二架飞机撞击世贸大楼的消息。他在该堂课结束后立即在学校的另一个教室发布了一段简短的讲话，称美国正遭到恐怖分子袭击，美国政府将对飞机失事原因展开全面调查，另外他称事件是“国家的悲剧”。

上午9时37分：美国航空公司77次航班（波音757）撞入五角大楼西翼并且引起大火。被袭击的部分刚刚翻新过，还没有完全投入使用，但是仍然造成五角大厦西翼百余人丧命。

上午9时59分04秒：世界贸易中心南楼倒塌。通过电视台的现场直播，全球亿万观众目睹了大楼的坍塌。

上午10时03分；联合航空公司93次班机（波音757）在宾夕法尼亚州尚克斯维尔东南部坠毁。警方调查报告表明，机上无人生还。后来的进一步调查显示，飞机坠毁前有旅客通过移动电话与地面取得过联系，并且已经得知世界贸易中心与五角大楼遭到袭击。在得知飞机即将成为自杀炸弹后，至少有 3 名乘客冒险奋勇还击，试图从劫机者手中重夺飞机控制权，很有可能是由于激烈的反抗导致飞机在未到达目的地前便坠毁。

上午 10 时 05 分：白宫、财政部、国务院及其他主要政府机构内的人员开始撤离。

上午 10 时 10 分：五角大楼部分地区坍塌。

上午 10 时 28 分 31 秒：世界贸易中心北楼从上到下坍塌，在撞击点以上的楼层无人生还。北楼之所以要比南楼晚倒塌，主要有三个原因：撞击点较高、飞机速度较慢，受影响楼层的防火系统已经被部分更新，位于双子塔“9・11”事件附近的万豪酒店、美国海关、希尔顿酒店等建筑也遭到破坏。

下午 5 时 30 分：此前报道发生火灾的 47 层高楼世贸中心 7 号楼（WTC7）倒塌。大楼内设有专门负责应对类似“9・11”的紧急状况的纽约市特殊紧急中心，大楼的倒塌也轻度破坏了附近的纽约电话大楼等建筑。

2.直接损失

在“9・11”事件中共有 2998 人罹难（包括失踪者，不包括 19 名劫机者）：其中 2974 人被官方证实死亡，另外还有 24 人下落不明。罹难人员名单包括：四架飞机上的全部乘客共 246 人，世贸中心 2603 人，五角大楼 125 人。共有 411 名救援人员在此次事件中殉职。

“9・11”事件在美国经济上产生了重大及实时的影响。大量设在世界贸易中心的大型投资公司丧失了大量财产、员工与数据；全球许多股票市场受到影响，一些例如伦敦证券交易所不得不进行疏散；纽约证券交易所直到“9・11”事件后的第一个星期一才重新开市；道琼斯工业平均指数开盘第一天下跌 14.26%，其中跌幅最严重的要数旅游、保险与航空股；美国的汽油价格也大幅度下跌。当时美国经济已经放缓，“9・11”事件则加深了全球经济的萧条。

美国“9・11”事件发生后，美国经济一度处于瘫痪状态，对一些产业造成了直接经济损失和影响。地处纽约曼哈顿岛的世界贸易中心是 20 世纪 70 年代初建起来的摩天大楼，造价高达 11 亿美元，是世界商业力量的汇聚之地，来自世界各地的企业共计 1200 家之多，平时有 5 万人上班，每天来往办事的业务人员和游客约有 15 万人。两座摩天大楼一下子化为乌有，人才损失难以用数字估量，五角大楼的修复工作至少在几亿美元之上，而且也对交通运输和旅游业造成严重损失。

3.点评

“9・11”恐怖袭击事件是美国历史上最为重大也是最为典型的危机事件之一，其规模之大、损失之惨重，实属罕见。更为重要的是，这场规模空前的危机事件在一定程度上改变了美国人的安全观。

第二节 中国应急管理发展历程

我国应急管理的发展历程主要经历了以下四个发展阶段。

第一阶段是中华人民共和国成立到改革开放这段时期的灾害应对模式；第二阶段是改革开放到 2003 年非典事件这段时期的分散应急管理模式；第三阶段是 2003 年非典事件到 2018 年成立应急管理部这段时期的综合协调应急管理模式；第四阶段是应急管理部成立后的综合应急管理模式。

一、灾害应对管理模式

1949 年中华人民共和国成立后到 1978 年改革开放这段时期，我国应急管理工作属于灾害应对模式。新中国成立以后，我国逐步建立了经济体系和保障体系，成立了林业部、水利部、中央气象局、国家海洋局、国家地震局等专业性防灾减灾部门，一些部门还设置了专业性的救援队伍，各部门负责各自管辖范围内的灾害抢险救灾。这一阶段我国应急管理工作的特点是“头痛医头，脚痛医脚”，停留在灾害应对行动上。

二、分散应急管理模式

1978 年改革开放后到 2003 年非典事件这段时期，我国应急管理工作属于分散应急管理模式。改革开放后，随着社会经济的发展，我国应急管理工作取得一定的发展，这段时期政府应急力量分散，应对“单灾种”多，应对“综合性突发事件”少，当发生重大应急事件时，一般会临时成立一个协调机构，开展应急救援管理工作，但是临时协调机构部门多，各部门又都是各自为政，跨部门协调时，工作量大，效果差。这一阶段我国应急管理工作的特点是分散协调、临时响应。

三、综合协调应急管理模式

2003 年非典事件到 2018 年成立应急管理部这段时期，我国应急管理工作属于综合协调应急管理模式。非典事件发生后，政府和人民对应急管理工作高度重视，我国应急管理工作进入快速发展阶段，这一阶段我国应急管理工作的特点是统一领导、综合协调、分类管理、分级负责、属地管理。这种综合协调应急管理模式应对了这一时期一系列重特大突发事件，如汶川大地震、玉树地震、舟曲特大山洪泥石流、王家岭矿难、雅安地震等，但也暴露出应急主体错位、关系不顺、机制不畅等一系列结构性缺陷。2015 年“天津港 8 · 12 瑞海公司危险品仓库特别重大火灾爆炸事故”造成了巨大的人员伤亡和财产损失，更是暴露出我国应急管理工作存在的缺陷和问题。而这需要通过顶层设计和模式重构完善新形势下的应急管理模式。

四、综合应急管理模式

2018 年应急管理部成立后，我国应急管理工作进入综合应急管理模式。2018 年 3 月，我国成立了应急管理部。应急管理部将分散在公安部、农业农村部、水利部、民政部、国土资源部、国家安全生产监督管理总局、地震局、林业局、国务院办公厅、国家减灾委、抗震救灾指挥部、防汛抗旱指挥部以及森林防火指挥部等部门的应急管理职能和资源进行整合优化，防范化解重特大安全风险，健全公共安全体系。应急管理部的成立，标志着有效推动形成统一指挥、专常兼备、反应灵敏、上下联动、平战结合的中国特色应急管理体制。提高对全灾种的全流程和全方位的应急管理能力，提高防灾减灾救灾能力，提升公共安全保障能力，确保人民生命财产安全和社会稳定。

国内公共卫生事件案例

三鹿奶粉事件

1.事件概况

2008 年 9 月 8 日《兰州晨报》等媒体以“某奶粉品牌”为名，爆料毒奶粉事件；2008 年 9 月 11 日凌晨 3 时，新华网曝光三鹿乃毒奶粉的始作俑者；20 时 50 分，原卫生部发布消息，高度怀疑三鹿牌婴幼儿配方奶粉受到三聚氰胺污染，三聚氰胺可导致人体泌尿系统产生结石；21 时 30 分，石家庄三鹿集团股份有限公司发布产品召回声明，称自检发现 2008 年 8 月 6 日前出厂的部分批次三鹿婴幼儿奶粉受到三聚氰胺的污染，而在此前，三鹿各方始终辩称“我们所有的产品都是没有问题的”。

2008 年 9 月 12 日，原卫生部先后表示联合调查组已赶赴奶粉生产企业所在地，受污染奶粉致婴幼儿泌尿系统结石事实初步认定，次日，国务院作出六项专题部署，包括立即启动国家重大食品安全事故Ⅰ级响应机制，对患病婴幼儿全力开展免费医疗救治，全面检验检查所有婴幼儿奶粉，治理整顿奶粉市场，严肃处理违法犯罪分子和相关责任人等。至此，三鹿毒奶粉事件全面爆发并逐步扩大。检验报告显示，包括许多知名品牌在内的 22 个厂家 69 批次产品中都存在三聚氰胺；添加三聚氰胺几乎成为乳制品行业“步调一致”的行为。

2.主要危害与后续处理

原卫生部通报，截至 2008 年 11 月 27 日 8 时，全国累计报告因食用问题奶粉导致泌尿系统出现异常的患儿有 29. 4 万人，累计住院患儿 51900 人，累计收治重症患儿 154 例，各地上报的回顾性调查死亡病例共 11 例，其中 6 例不能排除与食用问题奶粉有关。

2008 年 12 月 25 日，河北省石家庄市政府举行新闻发布会，通报有着 50 多年历史，价值 150 亿的三鹿集团破产案处理情况；2008 年 12 月 31 日，河北省石家庄市中级人民法院开庭审理被告单位石家庄三鹿集团股份有限公司及相关被告人生产、销售伪劣产品案，三鹿原董事长田文华当庭表示，向全国人民道歉，愿意接受法律制裁。

3.点评与启示

之所以出现三鹿奶粉等类似事件，其原因主要在于：首先，在三鹿奶粉事件之前，我国缺少有关食品安全风险监测和评估、食品安全标准、食品生产经营、食品检验、食品安全事故处置、监督管理的法律法规。其次，获得 ISO 质量认证的食品生产企业生产的产品，在市场上不需要进行检测。再次，三鹿集团缺乏社会责任感与诚信。最后，企业在生产监督管理方面有漏洞。从奶源的选择到终端产品的检测，监督管理不完善。

因此，为防止类似事件的再次出现，应该从以下方面采取措施。

(1)政府应该加强食品安全相关法规建设，加强对食品生产企业的监管力度，对食品供应链的高风险环节要加强进行抽样检验，有效预防食品安全事件的发生。对违规、违法企业要及时查处。出现问题后，政府应该第一时间发布准确信息，采取补救措施，不能为了保护企业而隐瞒事实真相。

(2)要强化企业责任，要从源头预防问题的出现，企业应该视质量为生命，生产并符合标准经得起检验的产品，不能为贪图一时小利，而葬送整个企业。

(3)消费者要加强自我保护意识，一旦发现食品质量安全问题，应该及时向相关监管部门反映，提供相关证据，协助相关部门调查，不应忍气吞声。

五、应急管理新发展时期

(一)突发事件

1.突发事件风险更加广泛

例如，随着城市的发展，自然灾害(如水灾)对城市的影响更大了；环境污染和职业病造成的问题大量出现了；征地拆迁、企业改制、非法集资等导致的各类不稳定因素增加了；社会贫富差距的加大、恐怖主义渗透等造成了新的社会问题。

2.某些突发事件呈现高频次、大规模的趋势

经济高速发展和企业市场化转型造成安全生产事故隐患增多，重特大矿难、火灾、交通事故等时有发生，群体性事件和各类恶性治安事件也时有发生；各类矛盾和问题引发的互联网热点层出不穷。

3.部分突发事件的跨地域程度提高

由于人员流动性增强，以及通信、交通工具的日益发达，突发事件波及的范围也更广。一些食品安全事件动辄影响到数省区，重大交通安全事故往往涉及多地的受害人群，水污染等环境事故也会影响多地，一些社会安全事件的组织者在境内外相勾结。

4.突发事件的敏感性、危害性、影响都增强了

各类突发事件往往涉及社会不同利益群体，各种势力参与其中，敏感性、连带性很强；不少社会安全事件在幕后有人策划、煽动和组织，国内国外、网上网下联动，造成的危害和影响都不可小视。

(二)应对措施

总体上，我国新时期突发事件应对能力得到极大提升，除了延续新中国成立以来的发展方向以外，在如下方面更是体现了突出的新的发展。

1.注重科学应对

我国注重科学应急，突发事件应对的相关科学技术领域都得到极大的发展。高新技术应用方面，我国建成了由若干环境与灾害监测预报卫星和风云气象卫星组成的卫星减灾应用业务系统。在防灾减灾救灾中，普遍使用卫星遥感、无人机、北斗导航定位等高新技术手段。国

家灾情管理系统利用现代通信、计算机、信息管理等技术，全面覆盖中央、省、市、县四级政府。

2.专业救援力量形成体系

我国应急救援队伍体系基本建立。综合救援力量：以消防部队为核心；突击力量：以军队、武警、公安为骨干；专业力量：包括各级抗洪抢险、抗震救灾、森林防火、海上搜救、矿山救护、医疗救护等专业应急救援力量；辅助力量：企事业单位专兼职应急队伍和应急志愿者队伍。为了有效地减轻自然灾害的危害，我国各地和各有关部门经常性地开展多种形式的减灾活动。

3.社会动员体系初步建成

一是在抢险救灾、人员搜救、伤员救护、灾民救助、财物捐赠各领域都建立起了一系列行之有效的救灾应急社会动员机制。二是市场机制的作用日益增大，政府通过经济补偿、购买服务、资金融通等方式，使优质资源自觉配置到急需的应急物资储备、应急装备推广、应急关键技术研发等重要领域。保险机制也逐步引入突发事件应对工作。三是各类安全社区建设、公共安全教育培训和演练、应急平台建设、应急产业发展等都蓬勃开展。

(三)应急管理

在2003年取得抗击非典疫情的胜利之后，我国以“一案三制”(应急预案，应急管理体制、机制和法制)为核心内容的应急管理体系建设工作全面起步。经过十几年的努力，我国现代应急管理体系框架基本建立。

1.应急管理的制度体系不断完善

以2007年突发事件应对法的颁布为契机。应急管理法制体系日益完善。应急预案方面，我国自上而下形成了横向到边、纵向到底的应急预案体系。应急管理规范化、标准化的制度体系正在逐步充实。

2.综合应急管理体制机制基本确立

目前，“统一领导、综合协调、分类管理、分级负责、属地管理为主”的应急管理体制基本建成。在综合管理体制方面，成立了国务院应急管理办公室和各级政府应急办。在综合性工作机制方面，国家减灾委员会等综合性指挥协调机制也日益发挥了重要作用。

3.专业化应急管理机制不断完善

根据各地灾害风险特点，县级以上政府设立了防汛抗旱、抗震救灾、森林防火、应对地质灾害、应对台风灾害，以及安全生产事故、食品安全事故等专项应急指挥机构。这些应急指挥机制发挥着预警防范、应急抢险、群众安置、伤员救治、卫生防疫、基础设施抢修，资金物资保障、灾情损失评估等作用。

在灾后恢复重建方面，实行在党委政府统一领导下，由发展改革委员会和民政系统牵头，各相关部门互相配合，实行对口支援，以及基层群众和有关社会力量共同参与的工作机制。

专栏　唐山大地震

1976 年 7 月 28 日 3 时 42 分 53.8 秒，河北省唐山市丰南一带（东经 118.2 度，北纬 39.6 度）发生了强度里氏 7.8 级（矩震级 7.5 级）地震，震中烈度 11 度，震源深度 12 千米，地震持续约 23 秒。地震造成 242769 人死亡，164851 人重伤，位列 20 世纪世界地震史死亡人数第二，仅次于海原地震。

凌晨 4 点 30 分，国家地震局收到南京、兰州、昆明等 10 个台的报震急电，其中 6 个台给出震级，但数据彼此悬殊甚大，有的定在 8 级以上，有的定在 7 级以下。至于震中只有粗略的"北京附近"的估计。早晨 6 时。中国电信局报告，在与全国各地联络中，唯独唐山地区电话通信中断，呼叫若干次，均无回音。新华通讯社于 1976 年 7 月 28 日向全世界播发了以下消息：我国河北省冀东地区的唐山丰南一带，7 月 28 日 3 时 42 分发生强烈地震。天津、北京市也有较强震感。据我国地震台网测定，这次地震为 7.5 级……中国在几天后再次公布了经过核定的地震震级：里氏 7.8 级。

唐山，一座上百万人口的工业城市，已经在一场没有任何征兆的特大地震中被夷为废墟。中国地震出版社出版的《地球的震撼》一书，公布了以下数字：死亡 242769 人，重伤 164851 人，轻伤 544000 人。1976 年 7 月 28 日凌晨，一场 7.8 级大地震使唐山这个有百万人口的工业重镇遭受灭顶之灾，被瞬间夷为平地，24 万多鲜活的生命葬身瓦砾之中。

1976 年 7 月 28 日以后，唐山大地震余震不断，当天 18 时 45 分又在滦县发生了 7. 1 级地震。2012 年 5 月 28 日 10 时 22 分，唐山市市辖区、滦县交界发生 4.8 级地震，专家称其为 30 多年前唐山大地震的正常余震活动。在 1811—1812 年间，位于美国南部和中西部的新马德里地震带曾经发生"新马德里大地震"。至今，这一地震带的活动仍然活跃，而且地震的活动规律符合余震的一条重要定律——"大森定律"，所以这一地区发生的地震仍是"新马德里大地震"的余震。

余震是在地震主震之后发生的震级弱于主震的地震。特大地震发生后，余震时刻都可能发生，其中多数是人类不能感觉到的微震，但也有极具破坏力的大地震。由于余震难以预测且容易造成重大人员和财产损失，因此也常被称为"地震后的幽灵"。

科学家发现，余震的震级和发生频率一般遵循三条定律：

首先是"大森定律"。1894 年，日本科学家大森房吉在论文中提出：主震发生后，时间越久，余震发生频率越低。1961 年，宇津德治对大森定律的数学公式进行了修正，提高了这一定律的准确性。其次是"贝特定律"。它指出，主震震级与最大的余震震级之差是一个几乎不变的数值，在 1.1—1.2 级之间。最后是"古滕贝格—里希特定律"。它指出，在一个给定的时间段内，主震震级和余震发生次数存在关联性。

2020 年 7 月 12 日 6 时 38 分，河北唐山古冶区（北纬 39.78 度，东经 118.44 度）发生 5.1 级地震，震源深度 10 公里，京津冀多地区震感明显。同日，唐山市应急管理局回应称，此次地震属于 1976 年唐山大地震的余震。中国地震台网中心举行唐山古冶 5.1 级地震情况通报会确认，本次地震为 1976 年唐山 7.8 级大地震序列的一次 5 级余震起伏活动。唐山大地震发生 40 多年后为何还会出现 5 级余震？中国地震台网中心地震预报部总工程师蒋海昆研究员科普解释说，根据初步研究结果，余震活动持续时间实际上和地震构造加载速率相关，构造加载速率越快，余震衰减越快，中国大陆东部和西部比起来，唐山地区地质构造加载速率非常慢，所以唐山大地震的余震持续时间也非常长，会持续上百年。

弹指一挥四十多年过去了。唐山人民在战胜灾难、重建家园中凝结成的抗震精神，其所涵容的团结、坚韧、勇于克服一切困难的精神内核，不仅是唐山人民宝贵的精神财富，更是全人类所共同追求的；世界科学家们络绎不绝地来到唐山，依据这个天然“实验场”进行大量研究，使人类加深了对地球的认识，防御地震灾难也迈出了一大步；在唐山抗震实践中，中国诞生了“地震社会学”，为解决全球城市化进程中面临的日益严峻的灾害问题，奠定了理论基础，提供了成功的防灾减灾范例。

【附记】唐山大地震给全世界的地震研究者们提供了一个痛苦但又极具价值的天然“实验场”。这一事件的应对过程值得深入研究和关注。

第三节 回顾与展望

一、突发事件的双重特点

从突发事件在各个历史时期的表现和发展过程看，世界和中国未来的突发事件形势将会有一系列双重特点。

(一)突发事件风险的稳定性与发展性并存

突发事件风险的稳定性表现在：由于大自然的活动超出人类的掌控范围，也由于人类难以完全消除那些灾害风险隐患点，地震、飓风、山体滑坡等自然灾害还将发生；由于人类社会的生产活动还将持续，生产安全隐患也将长期存在；由于人类的各种社会活动的存在和有害健康因素的存在，公共安全突发事件隐患也将继续出现；由于人类社会各种矛盾的存在，社会安全事件风险也会继续存在。

突发事件风险的发展性表现在：由于城市系统等人为自然的日益复杂，未来自然灾害的破坏力将可能更大；由于生产系统、生活系统的日益复杂，安全生产事故的规模也可能更大；由于人的流动性进一步增强和科技发展给人的健康带来的隐患增大，公共卫生事件的危害也可能更大；由于世界范围内的某些局部矛盾激化和社会利益格局的复杂化，社会安全事件的频次也可能会增大。

(二)突发事件风险的已知性和未知性并存

一方面，随着经验的积累和科学技术的发展，很多人类将要面对的风险是已知的，包括风险的本质、样式、影响在很大程度上都是已知的，因而可以进行有针对性的防备和应对。另一方面，社会体系演进和科技发展给人类社会带来的不确定性也增强了，某些未来风险的样式和许多风险的演化路径与影响都是很难在短期内认识清楚的，必然会给人们带来心理上的不安。

(三)更安全的状态与更不安全的状态并存

随着生产力水平的提高，尤其是科技的发展，人类社会对突发事件的防范能力将日益增强，许多生产生活领域将呈现更加安全的状态。这是因为，随着人类应对自然灾害能力的增强，一些灾害减轻了，如水利工程降低了水灾的频率；技术的进步使得安全生产措施越来越完备；随着医疗卫生水平的提升，一些致命性传染病等灾害的危害下降了；社会治理的完善，导致社会矛盾减少了。

但是，由于风险未知性的存在和人类集体非理性行为因素的存在，一些领域可能更加不安全。例如，随着生产系统的日益复杂化、大型化，安全生产可能事故更多、更险恶，新的传染性疾病可能更加复杂难控，信息安全风险的危害可能越来越大；各类风险交织，总体安全形势将更为复杂。

(四)突发事件的本地影响和国际影响并存

突发事件的影响首先是对具体发生地、发生环境的影响。但随着全球化的深化和信息传播的便利，很多突发事件的影响将是国际性的。这种影响不仅是精神、心理上的，也是物质、经济上的，有的可能会是政治、安全上的。

二、应对措施的未来样式

(一)突发事件应对的手段更先进

随着人类科学技术的发展、工艺工程水平的精进，应对各类突发事件的技术与工程手段会更多样，水平更高。当前，中国和其他航空航天、核工业水平先进国家在这些领域所呈现的高度安全的运行水平就是明证。

(二)突发事件应对的主体日益全员化

随着人们对公共安全重要性认识的提升和公共安全治理体系的完善，尤其是安全社区建设的日益普及，安全责任将进一步落实到每个人身上。人人都成为公共安全和突发事件应对参与者的目标将不断被接近。

(三)突发事件应对的体系日益先进

由人员、技术、制度、物资保障等因素构成的综合突发事件应对体系将日益先进。其中，更为专业化的人才队伍、更为有针对性的技术、系统性更强的制度、更为高效的物资保障体系等将使各个国家乃至人类社会的突发事件应对体系成为一个巨大的有机整体。这一体系将与人类的现代生产生活体系融为一体，对公共安全起着极大的保障作用。

三、应急管理的演进方向

(一)应急管理制度日益完备和规范

应急管理的历史是制度规范不断完备并随着形势的发展而不断更新的历史。未来应急管理的基础将是日益完备和规范化的制度体系。应急管理全过程的方方面面都将有较为完备的制度规范来支撑。从法律、法规、预案，到程序、标准、规程等的一系列软手段将有力支撑更为经济高效的应急管理活动。

(二)应急管理体系兼具本地化和国际化特征

一方面，由于文化传承、政治体制、经济发展、生态环境，以及突发事件的挑战等不同，各个国家的应急管理都将体现出某种程度的本地化特色；另一方面，由于国际交流与合作的深化，各国应急管理也必将体现出越来越多符合“国际惯例”的特征。不仅如此，各国的应急管理体系将会日益联通，形成一个世界范围内的应急管理体系。

（三）应急管理日益成为一个专业化领域

突发事件应对及应急管理体系的不断高级化，将使应急管理日益成为一个专业化领域。应急管理从业人员都需要经过更为专业化的教育和培训之后，才能胜任工作的要求。

（四）应急管理将日益智能化

随着科学技术手段的应用，尤其是先进的信息通信技术、大数据、人工智能等高科技的发展，应急管理的手段也必将日益智能化。人机紧密结合的应急管理体系将发挥“人类安全超级守护者”的作用。

本章小结

1.国际应急管理的历史发展包括传统应急管理、现代应急管理、应急管理新发展三个时期。

2.中国应急管理的历史发展包括传统应急管理、新中国成立至 SARS 事件之前的应急管理、应急管理新发展三个时期。

3.未来应急管理的演进方向包括：应急管理制度日益完备和规范；应急管理体系兼具本地化和国际化特征；应急管理日益成为一个专业化领域；应急管理将日益智能化。

关键术语

应急管理　新发展　突发事件的双重特征

复习思考题

1.怎样认识中国与世界的现代应急管理特点？

2.怎样认识应急管理的未来演进方向？

第四章

应急管理理念

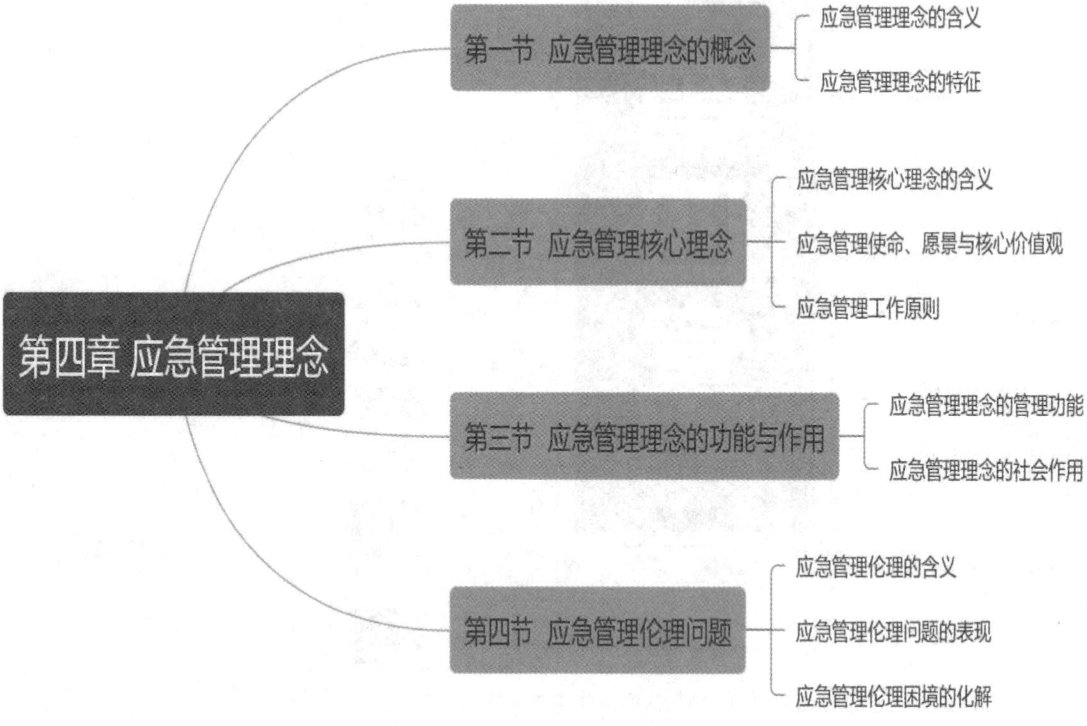
第四章 应急管理理念
第一节 应急管理理念的概念
应急管理理念的含义
应急管理理念的特征
第二节 应急管理核心理念
应急管理核心理念的含义
应急管理使命、愿景与核心价值观
应急管理工作原则
第三节 应急管理理念的功能与作用
应急管理理念的管理功能
应急管理理念的社会作用
第四节 应急管理伦理问题
应急管理伦理的含义
应急管理伦理问题的表现
应急管理伦理困境的化解

第一节　应急管理理念的概念

一、应急管理理念的含义

理念与观念关联，上升到理性高度的观念叫“理念”。管理理念就是对管理的进一步认识，简言之，就是对管理的重新定义。

所谓应急管理理念，是指应急管理机构和应急管理者所遵从的一系列管理突发事件应对活动的指导思想与工作原则。例如，在广大党员和群众心中树立“大应急”“大安全”理念，牢固树立以人民为中心的发展思想，大力弘扬“生命至上、科学救援”的理念就是这样的工作原则。

广义地说，应急管理理念既可能属于一个应急管理体系，也可能属于一个应急管理团队或个人。例如，广东省应急管理厅坚持人民至上、生命至上，统筹发展和安全两件大事，把握新发展阶段、贯彻新发展理念、构建新发展格局，以“科学应备、时时应变、统一应战、精准应灾、及时应验”的“五应”方法加快推进应急管理体系和能力现代化，这就是一种管理理念。

正确的、符合时代发展需要的应急管理理念，有助于做好各项应急管理工作。现代社会的风险与突发事件越发表现出高度的复杂性、关联性、耦合性、跨界性。特别是重特大突发事件往往表现为系统性危机，形成一个灾害或灾难的链条，需要多个部门协同应对。因此，亟须树立全新的现代应急管理理念，使“大应急”“大安全”理念深入人心，迅速融入改革之后的应急管理模式。

二、应急管理理念的特征

认识理念、提炼理念、传播理念、实现以理念指导工作都需要深入把握理念的基本特点。应急管理理念具有如下本质特征。

应急管理是一项重要的公共事务，既是政府的行政管理职能，也是社会公众的法定义务。同时，应急管理活动又有法律的约束，具有与其他行政活动不同的特点。

(一)政府主导性

政府主导性体现在两个方面：一方面，政府主导性是由法律规定的。突发事件应对法规定，县级人民政府对本行政区域内突发事件的应对工作负责，涉及两个以上行政区域的，由有关行政区域共同的上一级人民政府负责，或者由各有关行政区域的上一级人民政府共同负责，从法律上明确界定了政府的责任。另一方面，政府主导性是由政府的行政管理职能决定的。政府掌管行政资源和大量的社会资源，拥有严密的行政组织体系，具有庞大的社会动员能力，这是任何非政府组织和个人都无法比拟的行政优势，只有由政府主导，才能动员各种资源和各方面力量开展应急管理。

(二)社会参与性

突发事件应对法规定,公民、法人和其他组织有义务参与突发事件应对工作,从法律上规定了应急管理的全社会义务。尽管政府是应急管理的责任主体,但是没有全社会的共同参与,突发事件应对不可能取得好的效果。

(三)行政强制性

在处置突发事件时,政府应急管理的一些原则、程序和方式将不同于正常状态,权力将更加集中,决策和行政程序将更加简化,一些行政行为将带有更大的强制性。当然,这些非常规的行政行为必须有相应法律、法规做保障,应急管理活动既受到法律、法规的约束,需正确行使法律、法规赋予的应急管理权限,又可以以法律、法规作为手段,规范和约束管理过程中的行为,确保应急管理措施到位。

(四)目标广泛性

应急管理追求的是社会安全、社会秩序和社会稳定,关注的是包括经济、社会、政治等方面的公共利益和社会大众利益,其出发点和落脚点就是把人民群众的利益放在第一位,保证人民群众生命财产安全,保证人民群众安居乐业,为社会全体公众提供全面优质的公共产品,为全社会提供公平公正的公共服务。

(五)管理局限性

一方面,突发事件的不确定性决定了应急管理的局限性。另一方面,突发事件发生后,尽管管理者作出了正确的决策,但指挥协调和物资供应任务十分繁重,要在极短时间内指挥协调、保障物资,本身就是一件艰巨的工作,特别是一些没有出现过的新的突发事件,物资保障更是难以满足。加之受到突发事件影响的社会公众往往处于紧张、恐慌、激动之中,情绪不稳定,加大了应急管理难度。

本章下一节专门讨论应急管理核心理念。理解应急管理核心理念,对于各领域、各主体的专属理念的理解与提炼起着重要的基础作用。

第二节 应急管理核心理念

一、应急管理核心理念的含义

应急管理核心理念，顾名思义，是在各应急管理理念中起核心作用，具有统领性、纲领性的总体应急管理理念。应急管理核心理念可以视为应急管理思想。

应急管理核心理念通常包括应急管理使命、愿景、核心价值观，以及基本的应急管理工作原则。其中，应急管理使命是应急管理工作的根本定位和宗旨，应急管理愿景是应急管理的长远目标，应急管理核心价值观是应急管理主体的根本行为准则，应急管理工作原则是应急管理主体所遵从的基本工作指导方针。四者之间的关系见图 4－1。

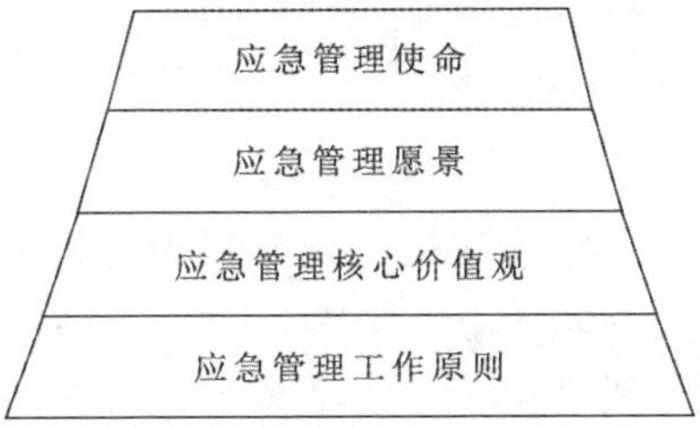

图 4－1　应急管理核心理念关系图

自上而下是指导与被指导关系，其中应急管理使命是总定位，是其他应急管理理念的总指导思想。自下而上是体现与被体现关系，其中应急管理工作原则要体现应急管理使命的根本要求、符合应急管理愿景指引的方向、符合应急管理核心价值观的基本思想。越是往上，理念越是概括精练；越是往下，理念越是丰富多样。

应急管理核心理念是生命至上，保护生命安全成为首要目标。各国在开展应急管理工作的过程中，把确保民众身体健康和生命安全作为首要目标，以人为本，更加尊重生命、善待生命、关怀生命、敬畏生命。此外，在关注灾民的同时，抢险救援人员自身的生命安全和心理健康也得到格外重视，确保救援人员安全成为快速开展大规模抢险救援的重要前提。

二、应急管理使命、愿景与核心价值观

(一)应急管理使命

使命，又称宗旨或目的，是组织或人的根本任务。应急管理的使命是应急管理组织或应急管理者的根本任务。已有的国家安全战略性表述和有关规范文件中，对应急管理使命有若干表述。我国国家安全法规定，国家安全“以人民安全为宗旨”；我国突发事件应对法指出，制定

该法是“为了预防和减少突发事件的发生,控制、减轻和消除突发事件引起的严重社会危害,规范突发事件应对活动,保护人民生命财产安全,维护国家安全、公共安全、环境安全和社会秩序”。

应急管理工作的使命定位是什么?应急管理工作者要为社会发挥什么作用,显然是一个严肃的、不容含糊的问题。应急管理部领导强调“坚定信念、不畏艰难、敢于斗争、化解风险、在守初心担使命中奋力推进新时代应急管理事业”。坚定理想信念,发扬革命精神,奋勇争先、攻坚克难、敢于斗争,以保民平安、为民造福的具体行动践行初心使命。要在持续深入贯彻习近平总书记提出的对党忠诚、纪律严明、赴汤蹈火、竭诚为民“四句话方针”中守初心担使命,奋力开创新时代应急管理事业新局面。一要始终保持对党忠诚的政治本色。对党忠诚是对应急管理系统第一位的政治要求,要体现在坚定“两个维护”上,体现在完成重大任务上,体现在深化改革转型上。二要始终锤炼纪律严明的过硬作风。纪律严明是我们党最鲜明的特征,也是全党牢记初心使命的重要保障。要严守政治纪律,铁腕正风肃纪,锤炼过硬作风,建设一支纪律严明的过硬队伍。三要始终发扬赴汤蹈火的革命精神。赴汤蹈火是应急管理系统的精神特质和职业操守,要始终保持革命加拼命的精神状态,做到迎难而上,做到敢于斗争,做到本领高强。四要始终涵养竭诚为民的真挚情怀。应急管理事关人民群众最关心、最直接、最现实的利益问题,要始终坚持人民利益至上,对人民极端认真负责,为人民甘于牺牲奉献,紧紧依靠人民推进事业发展。这一使命应当成为各级政府、各有关机构和应急管理者个人都自觉追求的应急管理使命。除此之外,为了增强人们的使命感,各级政府和有关机构也可以具体提出自身的应急管理使命。

(二)应急管理愿景

愿景,又称最远目标或战略愿景,通常是由领导层倡导的、人们心目中的未来景象。习近平总书记在中央政治局第十九次集体学习时强调,充分发挥我国应急管理体系特色和优势,积极推进我国应急管理体系和能力现代化。习近平总书记指出,应急管理是国家治理体系和治理能力的重要组成部分,承担防范化解重大安全风险、及时应对处置各类灾害事故的重要职责,担负保护人民群众生命财产安全和维护社会稳定的重要使命。要发挥我国应急管理体系的特色和优势,借鉴国外应急管理有益做法,积极推进我国应急管理体系和能力现代化。

(三)应急管理核心价值观

核心价值观是组织或人的基本行为准则。例如,党和国家所倡导的社会主义核心价值观等都是这样的价值观表述。

应急管理核心价值观是要以习近平新时代中国特色社会主义思想为指导,敬畏生命,敬畏职责,敬畏规章。

结合上述应急管理使命与愿景的要求,我们应当把下述准则作为我国应急管理机构和管理者共同遵从的基本价值观:

1.要树立“大安全”价值观

应急管理部门成立后,把分散于各有关部门的应急资源和力量整合起来,形成统一高效的应急管理体系,不再是单打独斗,而是各种应急资源和力量联合作战,它也不是原来单一的或某一个方面的安全,诸如:原来安监部门负责单一的安全生产工作,其他部门也是在各自的领域内负责职责范围内的安全工作,而机构改革后,各个领域的安全工作都整合到一起,它包含公共安全、生产安全等方面，牵涉面广。在这种情况下，如果干部队伍的思想观念和思想状态还处在过去的状态，那就很难适应今后的工作，也就失去了机构改革的意义。因此，各级应急管理部门和应急干部要从原来单一的安全观念中脱胎出来，牢固树立“大安全”价值观，从思想上对安全的认识有一个更高、更宽泛的认识。

2.要树立“大应急”价值观

机构改革后，应急管理部门不再是以前单纯的安全生产事故应急救援，也不是单一的火灾事故救援，更不是单一的突发事件救援，救援队伍不能局限于自己原来的救援范围，而是对各类救援队伍进行整合后进行的综合救援，哪里有难就救援到哪里，想人民所想，急人民所急，以人民为中心，着力解决人民群众关注的热点难点问题，从而努力实现从注重事后救助向注重事前预防转变，从应对单一灾种向综合减灾转变，从减少灾害损失向减轻灾害风险转变。

3.要树立“大联动”价值观

虽然应急管理部门将各种应急资源和力量整合到一起，但是，要从根本上防范化解重特大安全风险，单靠应急管理部门或哪一个部门是不行的，还必须依靠各有关部门和社会各界的共同努力。这就要求各级应急管理部门和应急干部要有“大联动”观念，实现与其他部门和社会各界的有效联合。要按照习近平总书记的“党政同责，一岗双责，齐抓共管，失职追责”的指示要求和“管行业必须管安全、管业务必须管安全、管生产经营必须管安全”的原则，建立上下联动，齐抓共管的应急联动机制，有效实施各种“防”“救”行动，较好地化解各类风险，确保人民群众的生命财产安全，确保社会稳定。

三、应急管理工作原则

应急管理工作原则是应急管理主体所遵从的基本工作指导方针。应急管理工作原则又可分为应急管理的总体工作原则和基本工作原则。

（一）应急管理总体工作原则

2019 年 11 月 29 日，中共中央政治局就我国应急管理体系和能力建设举行第十九次集体学习，习近平总书记主持学习并发表重要讲话，科学回答了事关应急管理工作全局和长远发展的重大理论和实践问题，为应急管理工作提供了科学指南和根本遵循。一是坚持党的领导，充分发挥党总揽全局、协调各方的领导核心作用，把党的政治优势、组织优势和社会主义集中力量办大事的体制优势转化为应急管理事业发展的强大动力。二是坚持以人为本，把保护人民群众生命安全作为首要目标，为民造福、保民平安。三是坚持预防为主，坚持安全发展和综合减灾理念，从源头上防范化解重大安全风险，努力把问题解决在萌芽之时、成灾之前。四是坚持精准治理，强化安全风险全过程精准防控，依靠科技提高应急管理的科学化、专业化、智能化、精细化水平。五是坚持依法管理，运用法治思维和法治方式，提高应急管理法治化、规范化水平。六是坚持社会共治，发挥群防群治和市场机制作用，筑牢防灾减灾救灾的人民防线。

（二）应急管理基本工作原则

具体来说，我们以《国家突发公共事件总体应急预案》等文件的表述为基础，并借鉴有关国家的认识，结合我国突发事件应对的形势与特点，提出如下应急管理的基本原则：

1.以人为本,安全第一

把保障公众的生命安全和身体健康、最大程度地预防和减少突发事件造成的人员伤亡作为首要任务,切实加强应急救援人员的安全防护。

2.统一领导,分级负责

在党中央、国务院的统一领导下,各级党委、政府负责做好本区域的应急管理工作。在政府应急管理组织的协调下,各相关单位按照各自的职责和权限,负责应急管理和应急处置工作。企业要认真履行安全生产责任主体的职责,建立与政府应急预案和应急机制相匹配的应急体系。

3.预防为主,防救结合

贯彻落实"预防为主,预防与应急相结合"的原则。做好预防、预测、预警和预报工作,做好常态下的风险评估、物资储备、队伍建设、完善装备、预案演练等工作。

4.快速反应,协同应对

加强应急队伍建设,加强区域合作和部门合作,建立协调联动机制,形成统一指挥、反应灵敏、功能齐全、协调有序、运转高效的应急管理快速应对机制。充分发挥专业救援力量的骨干作用和社会公众的基础作用。

5.社会动员,全民参与

发挥政府的主导作用,发挥企事业单位、社区和志愿者队伍的作用,动员企业及全社会的人力、物力和财力,依靠公众力量,形成应对突发事件的合力。同时,增强公众的公共安全和风险防范意识,提高全社会的避险救助能力。

6.依靠科学,依法规范

采用先进的救援装备和技术,充分发挥专家作用,实行科学民主决策,增强应急救援能力;依法规范应急管理工作,确保应急预案的科学性、权威性和可操作性。

7.信息公开,引导舆论

在应急管理中,要满足社会公众的知情权,做到信息透明、公开,但是,涉及国家机密、商业机密和个人隐私的信息除外。不仅如此,还要积极地对社会公众的舆情进行监控,了解社会公众的所思、所想、所愿,对舆情进行正确、有效引导。

第三节　应急管理理念的功能与作用

应急管理理念是应急管理体系的重要组成部分，对突发事件的应对具有重要的软实力作用。应急管理理念属于总体国家安全观范畴，横跨并属于公共安全理念、企业安全理念、社区安全理念、校园安全理念、危机理念、减灾理念等领域。国家应急理念建设可以从政府、企业、社区、乡村、家庭等多主体，应急观念理念、应急行为理念、应急组织理念、应急环境理念等多形态，预防理念、减灾理念、救援理念等多功能的多个维度开展。

一、应急管理理念的管理功能

(一)理念与信念的凝聚作用

以新冠疫情为例，从组织文化的角度，没有全国高度一致的抗灾理念和坚强信念，没有正能量的舆论氛围，不可能打赢抗疫攻坚战。党中央集中统一领导疫情防控工作，统一国家抗疫策略，确立全民参与战疫的战略思想，形成众志成城、团结奋战、坚定信心、同舟共济、科学防治、精准施策的疫情应对理念和信念，为最终战胜新冠疫情提供了指导思想和正能量理念保障。

(二)精神和意志的激励作用

无论是已经染病的人员，还是防疫救治人员，个体自身免疫力与精神状态和情绪意志密切相关。通过个人的预防意识和应急观念的强化和提升，变消极情绪为积极情绪，变被动应对为能动防控，从而强化和提升个体的抗疫、防疫效能，发挥精神支柱和意志支撑的作用。

(三)认知和行为的规范作用

无论个体还是组织，文化具有对思想认知的规范和行为的约束功能。党中央通过强调大局意识和全局观念，实现抗疫的统一指挥、统一协调、统一调度，做到令行禁止，对全民的防疫、抗疫行动起到引领性、规范性的作用，形成科学、合理、持久、有效的行为引导力和行动约束力。

(四)工作动力及智力的支持作用

通过智慧的疫情应对文化策略和措施，树立正确的抗疫观念思想、行为准则、价值理性和工具理性，增强各级政府组织的使命感和责任感，提高对全民的领导力和战斗力，为应对疫情提供精神动力和智力支持。

二、应急管理理念的社会作用

(一)应急管理信念与理念的凝聚功能，通过应急文化理念体系构建、宣贯、灌输，凝聚人们或成员的公共卫生事件应急意识和思想。

（二）应急意志和精神的激励功能，通过应急文化提振团队成员的应急情绪和精神状态，从容应对突发公共卫生事件。

（三）应急思想和观念的传播功能，通过应急法规的宣贯、疫情知识的教育、防控方案的优化，增强各种应急意识和能力，如责任担当意识、应急科学意识、应急法治意识等，从而统一应对突发事件的思想和意志。

（四）良好应急行为习惯的培养和规范功能，通过应急文化的宣传、教育、培训，使成员正确理解和认识应急目标、应急愿景和应急任务，对组织或企业成员的应急行为发挥规范性、约束性的作用。

（五）应急管理和使命的动力功能，通过应急意识的强化、应急观念的认定、应急思想的明确、应急理念和应急行为准则的确立等，使组织成员认识到应急管理的紧迫感、使命感和责任感，从而产生应急管理的推动力和创造力，进而从“被动、应付、低能、低效的应急管理”转变为“主动应急管理”“能动应急管理”“能效应急管理”。

第四节　应急管理伦理问题

应急管理伦理问题主要指应急管理者在从事应急管理活动中所面临的伦理道德困境。设法化解这些问题有利于提高应急管理工作的效能,减少利益矛盾与冲突。

一、应急管理伦理的含义

伦理意指人伦道德之理,即人与人相处的各种道德准则。在管理情境下,伦理准则主要指管理者和管理机构的道德准则。在公共管理领域,行政伦理是政府工作人员在行使公共权力、管理公共事务、提供公共服务中所应遵循的具体道德准则,属于职业伦理范畴。应急管理人员能否很好地履行其角色,很大程度上取决于他的个人习性、价值观念是否能够与角色的要求、公众的期待相一致,伦理教化能够帮助他们完成对职责要求的内化。

从社会稳定上看,维护社会秩序,保障社会安全,减少危机和灾害事件中社会和人的损失总量,是应急管理的基本目标和总的原则。这是体现政府执政价值的重要方面,恩格斯认为:"缓和冲突、把冲突保持在'秩序'的范围内。"这是国家和政府的基本职能,危机事件发生时,迫切需要强力的组织来主导危机的应对。而唯有政府能够及时动用国家机器、集中社会资源应急,因此政府必然应该承担责任,成为应急管理的主要责任主体。灾害给社会带来多种形式、不同程度的损失和损害,包括财产、生产、生存条件、生态、精神等,政府通过一系列应急行动,将损失降到最低,并妥善安排恢复与重建,使得民众的利益得到最大化保护,对巩固其政治合法性有积极的作用。

二、应急管理伦理问题的表现

应急管理制度存在着一些伦理价值方面的问题。

(一)制度的缺陷引发了一系列的制度伦理问题,同时这也被一些学者称为制度缺位

所谓制度缺位,是指制度中内含的伦理精神没有充分地在制度的安排中体现出来,致使制度的某些伦理要求没有到位,形成制度的伦理盲区。我国的应急管理制度仍然存在这一方面的问题。例如,全心全意为人民服务是公共管理伦理的基本原则,需要通过具体的制度设计与安排使之真正纳入制度体系,并使之具有切实可靠的制度保障;社会主义核心价值观既体现社会主义特征又体现时代精神,还需要真正形成制度要素;作为制度基本要素和伦理关注的重点目标的社会公正,还需要在制度中结构化和程序化。

(二)应急管理出现的制度虚设

由于我国的制度创新在时间和逻辑上均优先于民众的观念更新，因而人们的观念变革和思想更新与制度创新相比显得相当滞后。这样，旧的思想观念、思维方式和行为方式就会与新的体制发生冲突。人们想的不是如何去认同制度、服从制度，而是千方百计利用权力、人情、关系等去争取制度的“豁免权”。这些都使得制度因缺乏社会成员精神品质的支持而流于形式，严重影响了制度的规范和价值导向功能。

(三)应急制度的伦理功能不够协调

在一些地方和部门，制度的凝聚功能、演示功能、调节功能和规范功能并没有做到协调一致；由于制度缺位，致使制度的凝聚和演示功能并没真正体现出来；而最大的问题在于规范功能本身就不规范，也严重地影响了凝聚、演示和调节功能的正常发挥。

三、应急管理伦理困境的化解

(一)在制度方面

一要完善公共危机立法，加快法制机制建设。二要加强机构队伍建设，完善协调联动机制和公共危机的管理机制。三要完善应急预案体系，建立公共风险的监测，预警机制，提高公共风险的分析和预警能力，加强培训演练工作。四要健全投入保障机制，提高物资装备水平。五要健全监测预警网络，全面落实防范措施。六要加强基层应急管理，做好科普宣教工作。七要积极推动各项改革，化解和消除转轨经济中公共危机的各种诱因。八要增强对公民危机意识的教育，培养公民正确的应急价值观和正确的伦理价值观。

(二)在制度的伦理建设方面

第一，在政府应急制度行为中坚持正确的道德理念。理念是行为的指导思想和行为人价值观念的体现，它对主体的行为有着指导和决定性作用。政府应急制度行为实质上是人格化的政府组织在一定的理念指导下进行的，因此人格化的政府组织必须遵循一定的道德理念。现阶段政府制度行为的道德理念应该真正体现人民利益，真正发挥我国应急制度的作用。第二，明确政府应急制度行为的道德原则。道德原则是道德理念在实际行动中的体现，也是对主体行为的道德要求。我国应急管理制度应该凸显为人民服务这一基本的伦理原则，自始至终把人民的利益放在第一位。第三，建立规范政府制度行为的道德保障系统。从他律的角度分析，政府制度行为的道德理性需要接受公众的监督，特别是在市场经济运行中要正确处理政府与利益关系人的利益关系，这样才能保证政府制度行为道德的科学制定和切实实施。政府制度行为的道德保障系统主要有：法律制度的监督，行政程序的监督，社会舆论的监督。在制度伦理建设中，他律是必要的，但自律也是不可缺少的。政府制度行为的道德生成主观上靠政府的行政教育和行政修养，自觉培养政府组织的道德人格。政府组织的行政教育是对行政组织的工作人员进行政府制度的理性认识、道德情感、公正意识、社会目的性信念和社会道德主流习惯的教育和培养，以提高政府制度行为主体的道德认识、陶冶政府制度行为主体的道德情感、锻炼其行政道德意志、确立其行政道德信念，最后养成政府制度行为的道德习惯。

应急管理中的伦理观是社会主义核心价值观在应急管理领域的扩展和细化，在公正、敬业、诚信等具有普遍意义的伦理信条基础上，构成了以主体责任伦理、对客体及行为的价值判断以及他方关系为主要内容的伦理系统。对应急管理中伦理原则的梳理有利于对相关人员进行系统的伦理培育，提高伦理素质；有利于在应急管理法治化、应急预案等相关工作规程的制定中体现伦理精神；有利于行政人员在日常应急管理工作和应急临场决策中把握正确的伦理方向，提高应急管理水平。

本章小结

1. 应急管理理念，是指应急管理机构和应急管理者所遵从的一系列管理突发事件应对活动的指导思想与工作原则。

2.应急管理核心理念包括应急管理使命、愿景、核心价值观和应急管理工作原则。正确科学的应急管理理念，有助于维护社会稳定、提高政府公信力，有助于倡导主流价值观，对于政府应急管理具有重要意义。

3.我国应急管理工作的使命是以生命至上，保护生命安全成为首要目标；其战略愿景是积极推进我国应急管理体系和能力现代化；其核心价值观是要以习近平新时代中国特色社会主义思想为指导，敬畏生命，敬畏职责，敬畏规章。

4.2019 年 11 月 29 日，中共中央政治局就我国应急管理体系和能力建设举行第十九次集体学习，习近平总书记主持学习并发表重要讲话，科学回答了事关应急管理工作全局和长远发展的重大理论和实践问题。

5.应急管理理念是应急管理体系的重要组成部分，对突发事件的应对具有重要的软实力作用。正确的应急管理道德规范应当是应急管理使命、愿景、核心价值观等的反映。应急管理的全过程都渗透着伦理的规范，伦理因素既是应急管理的重要资源，也是妥善应对突发事件的重要法宝。

关键术语

应急管理理念　应急管理核心理念　应急管理使命　应急管理愿景　应急管理核心价值观　应急管理工作原则　应急管理伦理问题

复习思考题

1.何谓应急管理理念？应急管理理念有哪些基本特征？

2.何谓应急管理核心理念？其构成是什么？

3.应急管理理念的功能有哪些？结合实际，简述如何塑造应急管理文化。

4.我国的应急管理面临哪些伦理问题？应该如何化解？

第五章

应急管理体系

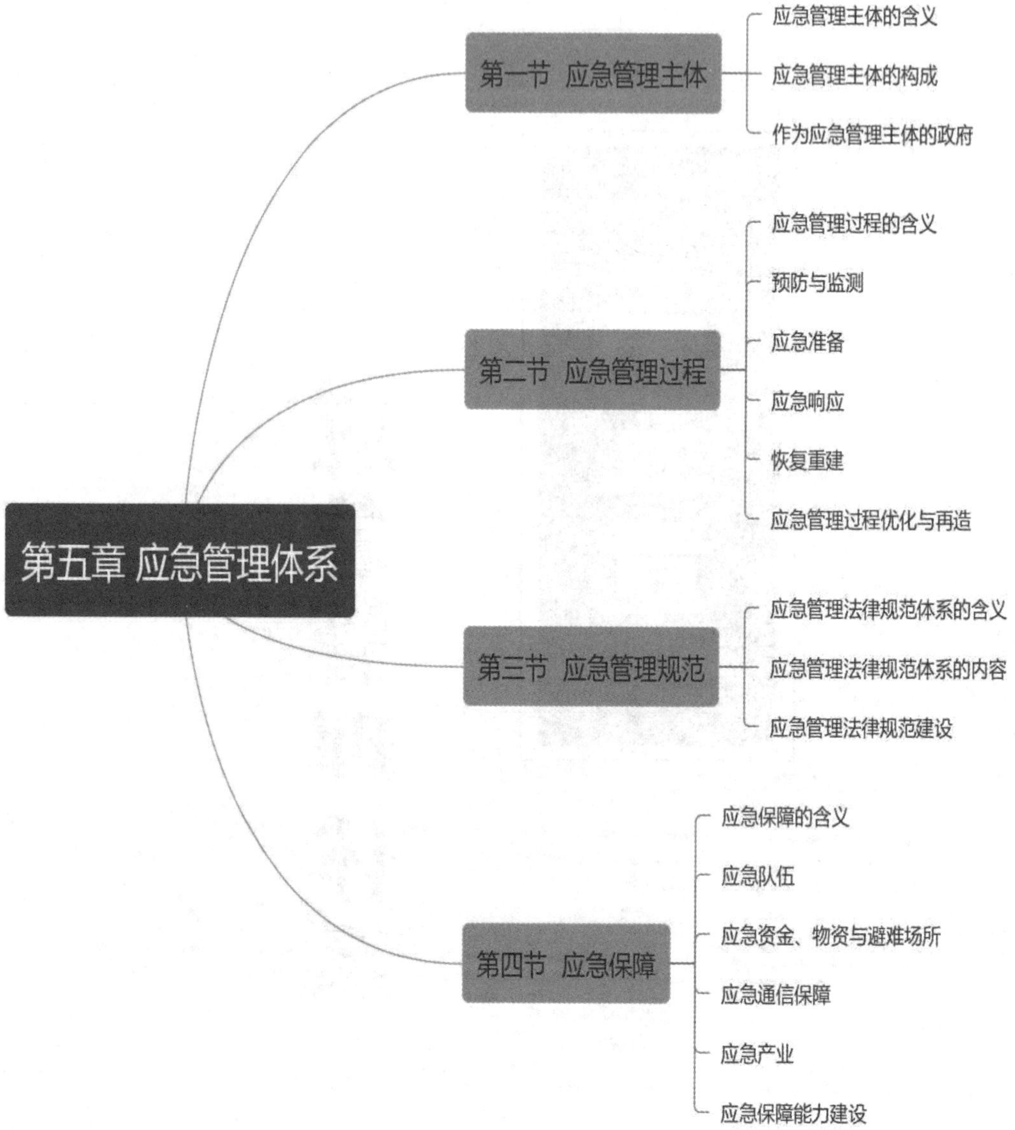

第五章 应急管理体系
第一节 应急管理主体
应急管理主体的含义
应急管理主体的构成
作为应急管理主体的政府
第二节 应急管理过程
应急管理过程的含义
预防与监测
应急准备
应急响应
恢复重建
应急管理过程优化与再造
第三节 应急管理规范
应急管理法律规范体系的含义
应急管理法律规范体系的内容
应急管理法律规范建设
第四节 应急保障
应急保障的含义
应急队伍
应急资金、物资与避难场所
应急通信保障
应急产业
应急保障能力建设

第一节 应急管理主体

一、应急管理主体的含义

管理主体是指在管理活动中，承担和实施管理职能的人或组织。管理机构和管理者是管理主体的两个有机组成方面。应急管理主体是指在应急管理过程中承担突发事件应对职责的组织和个人。

与应急管理主体关联性较强的概念是应急管理体制。关于应急管理体制，有不同的理解。一种典型的观点认为，体制包含着制度体系，应急管理体制是“由应急性机关、应急性权力和应急性机制所组织的制度体系”。这种观点等于将通常理解的应急管理的体制、机制、法制都视作应急管理体制，是一种广义的理解。另一种典型的观点认为，应急管理体制可以被定义为“国家机关、军队、企事业单位、社会团体、公众等各利益相关方在应对突发事件过程中在机构设置、领导隶属关系和管理权限划分等方面的体系、制度、方法、形式等的总称‘圆’”。这种观点将军队、公众等被管理者都纳入管理体制中，显然也是一种较为广义的理解。还有观点认为，应急管理体制是指政府机构设置，即认为“国家应急管理体制从垂直角度看应当包括中央、省（自治区、直辖市）以及市、县地方政府的应急管理体系；从水平角度看应当包括针对各种类型、各种程度的突发公共事件的应急管理体系”。这里将应急管理体制理解为官方的应急管理组织体系，或者可称为政府应急管理体制。

我们认为，应急管理体制是指为保障公共安全，有效预防和应对突发事件，避免、减少和减缓突发事件造成的危害，消除其对社会产生的负面影响，而建立起来的以政府为核心，其他社会组织和公众共同参与的有机体系。

二、应急管理主体的构成

（一）政府组织

组建应急管理部，将全面提升应急救援的协同性、整体性、专业性。作为一个灾害多发频发的国家，我国不仅面临地震、洪涝等自然灾害的威胁，也深受火灾、生产安全事故、环境污染等人为灾害的困扰。以往应急救援力量分散在各个系统，条块分隔的“九龙治水”和资源分散的“各管一摊”现象并不罕见，不利于形成强大的合力，不适应形势发展的需要。组建应急管理部，整合优化应急力量和资源，推动形成统一指挥、专常兼备、反应灵敏、上下联动、平战结合的中国特色应急管理体制，无疑会攥紧拳头，集中发力，是推进治理体系和治理能力现代化的重要体现。

(二)公安机关

近年来,我国公安机关积极适应动态化、信息化快速反应的新形势,主动顺应人民群众新期待,秉承以人为本、执政为民的理念,在国家应急管理体系的框架下,认真履行宪法和法律赋予的职责,不断加强和创新应急管理工作。在我国现行体制下,在公共危机事件发生时,公安机关根据应急管理部门的需求,在警戒保卫、道路交通管制与疏导、人员救治、群众转移等方面提供支持。应急管理部门根据公安机关需求,在救援处置、专家支持、救灾设施设备和储备物资等方面提供支持。自然灾害及生产安全事故发生后,应急管理部门将协助需求第一时间报公安机关,公安机关接报安全生产类、自然灾害类突发事件信息后及时通报应急管理部门。

(三)基层自治组织

各地基层群众性自治组织应牢固树立守土有责意识,在基层党组织领导下组织广大干部群众共同做好社区防汛救灾工作。总结新冠疫情社区防控工作经验,加快组建以基层党组织成员、村(居)民委员会成员、社区专职工作人员为骨干,乡镇(街道)派驻人员、机关和企事业单位下沉人员、其他社区服务人员、社区志愿者、驻社区单位代表、社区居民代表等组成的社区应急管理组织机制和工作队伍。强化社区自然灾害应对预案管理,压紧压实防汛救灾工作责任,发挥基层党组织战斗堡垒作用和基层党员干部先锋模范作用,发挥村(居)民委员会动员凝聚功能,发挥社区应急管理组织机制综合协调优势,建立健全包保责任制度,确保防汛救灾各项任务落实到"最后一公里"。

(四)企业、事业单位及其职责

近年来,由于种种原因,企业、事业单位内部不安定因素增加,突发事件时有发生,呈现出阶段性和多发性的态势,特别是一些高危产品的生产、储存企业,一直是安全生产管理的对象,由其引发的重大责任事故已成为影响政治稳定和社会安定的一个十分突出的问题。企业、事业单位必须落实主要负责人是安全生产应急管理第一责任人的工作责任制,层层建立安全生产应急管理责任体系,依法设置安全生产应急管理机构,配备专职或者兼职安全生产应急管理人员,建立应急管理工作制度。企事业单位为了在应对各类事故、自然灾害时,采取紧急措施,避免或最大程度减少污染物或其他有毒有害物质进入厂界外大气、水体、土壤等环境介质,应当主动公开与周边可能受影响的居民、单位、区域环境等密切相关的环境应急预案信息。

三、作为应急管理主体的政府

建立健全的机构设置可以使政府各部门发展均衡,增强个别应急职能机构的自身功能,减少机构建设条块分割,降低对政府本身的依赖。

根据国情不同,政府应急管理体制在不同国家有不同的特点。我国突发事件应对法规定了我国应急管理体制的基本原则及其主要内容,即实行"统一领导、综合协调、分类管理、分级负责、属地管理为主"的应急管理体制。下面从领导机构、综合管理机构、跨部门分工与合作、跨层级分工与合作四个方面介绍和讨论政府应急管理体制。

(一)领导机构

应急管理领导机构是指一个国家的应急管理最高领导人员和机构,该机构对重大应急管理事项具有最高决策权、政策制定权、领导指挥权。不同国家由于政治体制不同,往往有不同的领导机构安排。

党的领导是确保党和国家各项工作稳步推进的根本保证,各级党委和政府必须毫不动摇坚持党对应急管理的领导,发挥党在应急管理工作中总揽全局、协调各方的领导核心作用。回顾新中国成立至今发生的重大突发事件可以发现,每一次的应急管理实践在不断证明:应对重大风险挑战的根本保证在于领导力,党中央的判断力、决策力和行动力对应急管理工作的成与败更是具有决定性作用。尤其是此次抗击新冠疫情,更加凸显中国共产党视人民的生命安全高于一切的政治理念,以及其强大的组织能力、动员能力和协调能力。在新形势下,为更加全面、系统、有效地应对高度聚集、相互交织的传统安全和非传统安全风险,必须毫不动摇地坚持党对应急管理的领导。

国务院是突发公共事件应急管理工作的最高行政领导机构。通过国务院常务会议和国家相关突发公共事件应急指挥机构,负责突发公共事件的应急管理工作;必要时,派出国务院工作组指导有关工作。

(二)综合管理机构

应急管理需要跨部门、跨区域合作。因此,各个国家都有综合应急管理机构。由于国情不同,不同国家在这类机构的职能定位、规模和自身结构方面往往有着不同的安排。

我国是灾害多发频发的国家,为防范化解重特大安全风险,健全公共安全体系,整合优化应急力量和资源,推动形成统一指挥、专常兼备、反应灵敏、上下联动、平战结合的中国特色应急管理体制,提高防灾减灾救灾能力,确保人民群众生命财产安全和社会稳定,2018 年 3 月 13 日,第十三届全国人民代表大会第一次会议审议国务院机构改革方案。组建应急管理部,不再保留国家安全生产监督管理总局。作为国务院组成部门,将国家安全生产监督管理总局的职责,国务院办公厅的应急管理职责,公安部的消防管理职责,民政部的救灾职责,国土资源部的地质灾害防治、水利部的水旱灾害防治、农业农村部的草原防火、国家林业和草原局的森林防火相关职责,中国地震局的震灾应急救援职责以及国家防汛抗旱总指挥部、国家减灾委员会、国务院抗震救灾指挥部、国家森林防火指挥部的职责整合。

(三)跨层级分工与合作

跨层级分工与合作通常是指:第一,下级政府在上级政府领导下,负责本地应急管理工作;第二,在突发事件发生时,要根据事件严重程度确定某一级为主责政府。

在我国,根据突发事件应对法和《国家总体应急预案》的规定,地方各级人民政府是本行政区域突发事件应急管理工作的行政领导机构,负责本行政区域各类突发事件的应对工作。地方省、市、县三级都有与中央政府相对应的应急管理机构设置。当发生一般突发事件时,由县级政府统一领导和协调应急处置工作;发生重大突发事件,由设区的市级政府统一领导和协调应急处置工作;发生重大和特别重大突发事件,由发生地省级政府统一领导和协调应急处置工作;超出地方处理能力范围或者影响全国的特别重大突发事件,由国务院统一领导和协调应急处置工作。此外,上级政府根据实际情况和需要,对下级政府应急管理工作提供资金、物资、人力支持和技术指导。

第 二 节 应急管理过程

一、应急管理过程的含义

管理过程即按时间进度进行的管理工作的逻辑进程。例如，战略管理学中的战略计划、战略实施、战略控制三个环节即对管理过程的描述。质量管理中的计划、行动、检查、纠正(PDCA)循环是对质量管理过程的描述。

在应急管理领域，不同国家对于应急管理过程有不同的表述习惯。我国突发事件应对法规定，突发事件应对包括预防与应急准备、监测与预警、应急处置与救援、事后恢复与重建四个方面，这也通常被理解为应急管理的四个阶段。在美国，通常的提法是灾害减除、准备、响应、恢复四个环节。在英国，应急管理也细分为预见、评估、预防、准备、响应、恢复六个环节。也有的国家只提及准备、响应、恢复三个阶段。这些不同的表述有不同的侧重点，但大方向是一致的。

综合有关方面的表述，我们可以将应急管理过程分为具有如图 5—1 所示关系的四个环节。

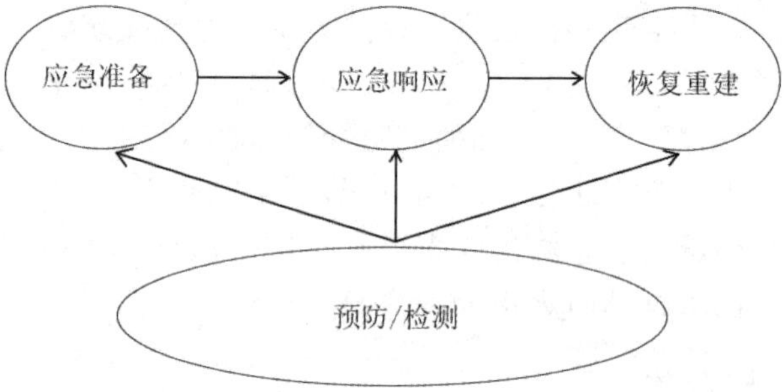

图 5—1　应急管理过程示意图

其中，预防与监测是贯穿于应急管理各个主要环节中的工作，而应急准备、应急响应、恢复重建分别对应突发事件应对的事前、事中、事后管理，是具有前后接续性质的工作。

在此基础上，应急管理过程可简约地分为常态应急管理和非常态应急管理两大过程。其中，常态应急管理是指未发生突发事件时的预防与监测，以及各种应急准备工作；非常态应急管理是指突发事件将要发生时和发生后的预防与监测，以及应急响应和恢复重建工作。本书的应急管理职能各章都将按照常态与非常态的划分对相关职能进行讨论。

需要提及的是，应急管理各环节的工作制度安排也常常被称为应急管理机制。其细微差别是：应急管理过程是对于应急管理实践过程的一般性客观描述，应急管理机制则因不同国家和地区的应急管理主体及体制的差异而有所不同。

二、预防与监测

(一)预防

预防是指为了消除突发事件出现的机会和减轻突发事件的危害所做的各种预防性工作。有的突发事件是可以预防的,有的突发事件是无法避免的,但可以通过采取措施减轻突发事件危害后果,最为普遍的措施就是做好风险管理工作,及早预测可能面临的风险及危害后果,从而制定和采取相应的预防措施。

依据突发事件应对法,我国县级人民政府应当对本行政区域内容易引发自然灾害、事故灾难和公共卫生事件的危险源、危险区域进行调查、登记、风险评估,定期进行检查、监控,并责令有关单位采取安全防范措施。省级和设区的市级人民政府应当对本行政区域内容易引发特别重大、重大突发事件的危险源、危险区域进行调查、登记、风险评估,组织进行检查、监控,并责令有关单位采取安全防范措施。县级以上地方各级人民政府按照该法规定登记的危险源、危险区域,应当按照国家规定及时向社会公布。

(二)监测

监测,简单地说就是"监督预测",是指在突发事件发生前后,利用各种仪器、设备与人工等对自然灾害、事故灾难、公共卫生事件与社会安全事件的危险要素及其先兆进行持续不断的监视与测量,收集相关数据与信息,分析与评估突发事件发生的可能性及其可能造成的严重后果,并及时向有关部门汇报监测情况,以便发布预警信息。

因此,监测有以下几层含义:一是监测的时间涉及突发事件的事前、事中和事后全过程;二是监测的目的是为决策者提供决策参考,及时发布预警信息;三是监测的手段包括技术与人员两种方式;四是监测的对象是各类突发事件的危险要素及其先兆;五是监测的过程主要是对收集到的数据与信息进行研究判断,上报评估结果;六是监测的特征是实时地、动态地监视与测量。

三、应急准备

应急准备是指为了应对潜在危机事件所做的各种准备工作,主要包括应急体系建设规划与实施、应急预案管理,以及一系列应急保障准备。在应急体系建设规划的统领下,主要的应急准备工作包括应急预案管理、培养应急管理者、开展公众应急教育、开展综合应急保障几个方面。

(一)应急预案管理

应对突发事件能力的提高,一个重要标准是看应急预案制定和管理的水平。是否有预案是区别现代应急管理与经验性应急管理的重要标志。制定预案的目的是增强应急决策科学性,明确各处置主体责任,提高处置效率。预案制定工作要通过调查和分析,针对突发事件的性质、特点和可能造成的社会危害,制定一系列的操作流程,内容一般包括五个方面:组织体系与职责、预防与预警机制、应急响应机制、应急保障机制、恢复与重建措施。要加强预案演练与宣传,增强操作人员应急意识和应急技能,通过演练和实战检验预案成熟度为下次应对工作做好准备。关于更多应急预案管理的内容,详见第六章。

(二)培养应急管理者

当今世界突发事件频繁发生,对各国政府履行公共管理职能提出了更高的要求,人力资源准备必须跟进。要造就一批具有战略眼光、科学决策能力、较强的组织协调能力、良好的沟通能力的应急管理领导者,培养一批执行能力很强的应急管理工作人员。通过培训,提高他们的应急素质,使其能够迅速聚集资源,有条不紊地开展突发事件应对处置工作。

(三)开展公众应急教育

对公众开展应急科普宣教和培训也是人力准备的重要方面,目的在于增强公众应急意识和应急能力。公众应急教育的主阵地在学校和社区。

(四) 开展综合应急保障

综合应急保障或者应急保障包括应急队伍、应急资金物资与场所、应急信息通信体系、应急产业等方面的保障工作。各级政府和全社会要不断加大对应急保障的投入,促使应急保障能力不断提高。应急保障的详细内容见本章第四节。

四、应急响应

(一)预警与预警响应

预警,简单地说就是"预先警告",是指根据监测得出的分析结果,在自然灾害、事故灾难和公共卫生突发事件等可能发生或者到来之前,消息获知者将风险信息及时告知潜在的受影响者,使其做好相应的避险准备。"预警"一词最早源于军事领域,原指对敌人的行动进行识别、分析与判断,并向军事长官发出警告,以便提前采取应对措施。后来,人们逐渐把预警应用于突发事件应急管理等领域,使之成为一个广义的概念。预警的时间跨度长短不一。时间短的预警仅有十几秒钟,比如地震预警。时间长的预警可以长达几天、几周甚至几年以上,比如水污染、臭氧层破坏等环境类突发事件预警。

预警具体有以下几层含义:一是预警发布时间是在突发事件还没发生,或者已经发生但是尚未到来之前。如果是在突发事件已经发生并且到来之后才对外发布信息,那就不再是预警范畴,而是事后公告。二是预警主体是提前获知突发事件即将或可能来临的组织或个人。通常,各级政府是法定的预警发布者。三是预警对象是潜在的受影响者,包括当地居民、应急管理机构、媒体、救援人员、志愿者等。四是预警内容是有关可能发生或者已经发生但是尚未到来的突发事件的风险信息及行动建议。五是预警目的是警告潜在的受影响者,并通过提供行动建议,促使其采取合理的避险措施。

宣布进入预警期后,各级政府往往根据即将发生的突发事件的特点和可能造成的危害,采取必要的预警响应措施。这些措施包括:启动应急响应程序; 及时收集、报告有关信息,定时向社会发布与公众有关的突发事件预测信息和分析评估结果,及时向社会发布可能受到突发事件危害的警告;必要时,责令应急救援队伍、负有特定职责的人员进入待命状态,调集应急救援所需物资、设备、工具,准备应急设施和避难场所,加强对重点单位、重要部位和重要基础设施的安全保卫,维护社会治安秩序,确保交通、通信、供水、排水、供电、供气、供热等公共设施的安全和正常运行，转移、疏散或者撤离易受突发事件危害的人员并予以妥善安置，转移重要财产，关闭或者限制使用易受突发事件危害的场所等。

发布突发事件警报的政府应当根据事态的发展，按照有关规定适时调整预警级别并重新发布。有事实证明不可能发生突发事件或者危险已经解除的，发布警报的政府应当立即宣布解除警报，终止预警期，并解除已经采取的有关措施。

(二)应急处置与救援

应急处置属于应急响应的重要内容，人们经常将应急响应与应急处置相提并论，但二者是有区别的。从时间来看，应急处置是在突发事件发生后采取的行动，应急响应则不一定发生在突发事件发生之后。如预警台风即将来临时，公众疏散到避难场所，就属于应急响应的内容。从活动内容看，应急响应不仅包括应急处置，还包括突发事件预警之后、发生之前的预警响应活动，以及信息公开、危机沟通等多方面的活动。从组织主体来看，应急响应主体可以是政府、专业力量、公众、志愿者等，而应急处置工作主要是由行政机关主导的。

也有学者认为，处置紧急事件是有组织的应急响应。包括四项基本职能：应急评估（威胁探测与紧急事件分级、致灾因子监测与环境监测、人员检测与评估、损失评估）、致灾因子作业（如用水灭山火、修补或堵塞储存设备的漏洞以阻止危险物质泄漏）、人员保护（保护行动选择、人群报警、保护行动的实施、影响区进入控制与安全、搜救、灾民的接收与关爱、应急医疗服务、致灾因子暴露的控制、环境保障）和突发事件管理（机构通知与动员、应急设施与装备的动员、沟通/文件记录、分析/规划、内部指导与控制、外部协调、公共信息发布、行政支持与后勤支持）。

应急处置是指突发事件发生后，履行统一领导职责或者组织处置突发事件的行为主体（通常是某一级政府），组织有关部门，调动应急救援队伍和社会力量，依照有关法律、法规、规章的规定采取应急处置措施的过程。

应急救援是有关行为主体组织本机构应急救援队伍和工作人员营救受害人员，疏散、撤离、安置受到威胁的人员，控制危险源，标明危险区域，封锁危险场所，并采取其他防止危害扩大的必要措施等工作。

因此，应急处置是突发事件发生后的总体性应急响应行动，而应急救援是应急处置中的技术性操作行动。

应急处置与救援通常可以分为如下阶段。

重点响应期：这一时期是基层紧急投入拯救生命、各个层面紧急动员起来的紧急期。在一定程度上，这一时期也是无序期。到本时期末，各个层级的应急指挥体系大多较为完整地建立起来了，不少地方在本时期末都第一次召开了指挥部会议。

全面响应期：这一时期属于黄金救援期，既是各项抢险救灾工作全面展开的时期，也是抢险救灾的人员搜救、基础设施抢险任务异常繁重的时期。

深度响应期：这一时期是各项工作秩序基本形成，把安置受灾群众、防治次生灾害作为重点工作的时期。此阶段对各项工作的系统性和工作质量要求高，因此成为深度响应期。

(三)应急结束

应急结束是指应急处置工作结束，或者相关危险因素消除后，现场应急指挥机构予以撤销的工作环节。通常，政府要宣布应急结束并启动恢复重建工作。

五、恢复重建

突发事件事态得到有效控制后，应急管理从抢险救灾为主的阶段转变为以恢复重建为主的阶段。建立健全突发事件的恢复重建机制，不仅要尽快恢复灾害损毁设施、实现社会生产与生活的复原，还要贯彻可持续发展的理念，将恢复重建作为增强社会防止灾害、减少灾害能力的契机，整体提升全社会抵御风险的水平。

恢复重建是消除突发事件短期、中期、长期影响的过程。主要包括两类活动：一是恢复，即使社会生产活动恢复正常状态；二是重建，即对于因为灾害或灾难影响而不能恢复的设施等进行重新建设。

恢复重建是一项十分艰巨的工作。面对自然条件复杂、基础设施损毁严重的困难局面，灾后恢复重建任务异常繁重，工作充满挑战。灾后恢复重建关系到灾区社会公众的切身利益和长远发展，必须充分依靠灾区社会公众，举一方之力，有效利用各种资源。通过精心规划、精心组织、精心实施，重建物质家园和精神家园，使灾区社会公众在恢复重建中赢得新的发展机遇。

恢复重建关系到灾区社会公众的切身利益和灾区的长远发展，一般要尽量减轻灾害的影响，使社会生产生活恢复正常，推动社会进一步发展，提高社会的公共安全度。

因此，恢复重建要以消除突发事件影响为基础，以谋求未来发展为导向。从总体上来看，突发事件的影响主要可分为以下 4 类：社会影响、经济影响、环境影响和心理影响。

（一）恢复重建的分类

从时间上分类，恢复重建可以分为短期恢复重建和长期恢复重建。恢复重建工作短则持续数月，长则持续数年。

一般来说，短期恢复重建在突发事件处置活动结束后立刻实施，并且可以得到立竿见影的效果。例如，开展搜救，进行损失评估，为灾民提供临时住房，清理废墟等。

当开始重新修建道路、桥梁、住宅、商店等设施时，长期恢复重建工作开始。长期恢复重建活动一般着眼于长远，也需要较长时间的努力，如改善交通设施、改变土地用途、提高建筑标准等。

在长期恢复重建活动中，人们往往要从经济社会整体发展的高度，进行全面的规划，以促进灾区经济发展，增强防灾、减灾能力。从这个角度讲，需要辩证地看待突发事件的影响。要积极预防、处置突发事件，尽量减轻突发事件的影响，一旦突发事件发生并造成严重后果，在长期恢复重建活动中要因势利导，努力消除负面影响，同时放眼未来，在新的高起点上促进灾区经济建设发展。这是完全有可能的，其原因如下：

第一，政府决策者及社会公众通过突发事件的教训对防灾、减灾问题更加重视。由于突发事件具有偶发性，社会公众容易忽视公共安全问题，政府决策者也没有将防灾、减灾问题置于各项议程的首要位置。因此，突发事件具有一定的警示作用。例如，美国在“9・11”事件发生后专门成立了国土安全部；我国在 2003 年“非典”疫情后也加强了应急机构建设和队伍建设。

第二，突发事件摧毁了不安全的建筑和设施。通常，人们发现一些建筑和设施存在安全隐患，但是因为拆除它们会损失部分价值及产生一定的成本，在麻痹思想和侥幸心理的作用下，人们往往犹豫不定。突发事件以极端的形式摧毁了这些不安全的建筑和设施，为未来实施统一的安全建筑标准提供了“一张白纸”。

第三，如果突发事件造成了巨大的财产损失，导致工农业生产停顿，政府将会对灾区提供技术支持、资金支持，或者财政税收等政策方面的支持，并且鼓励灾区发展新项目。灾区借此机会，实现产业发展的转型升级，推动地方经济的进步。

第四，突发事件发生后，政府及社会公众将对灾害的起因、预防和处置进行深刻的反思，并且制订更加详细的防灾、减灾计划，增强经济社会发展的可持续性，提升社会、经济及环境对于各种风险的恢复力。

（二）评估总结

评估是指突发事件应急处置工作结束后，应当立即组织对突发事件造成的损失进行评估。总结是指应当及时查明突发事件的发生经过和原因，总结突发事件应急处置工作的经验教训，制定改进措施。

在这个环节中，如果涉及组织和机构的责任问题，则可能会有责任追究环节。责任追究是指单位或者个人违反有关规定，导致突发事件发生或者危害扩大，给他人人身、财产造成损害的，应当依法承担法律责任，或者依规承担相应责任。

除了追究责任，还可能需要对有功人员和组织进行表彰奖励。

六、应急管理过程优化与再造

随着形势的发展和经验的积累，应急管理工作流程也需要不断优化与再造。应急管理过程优化与再造主要体现在应急管理机制的优化与创新上。应急管理过程优化与再造有如下主要思路。

第一，渐进式地优化现有工作流程。例如，信息报送、抢险救援等工作都可以不断改进其工作程序、工作机制，使其更为合理、更有效率。

第二，基于应急管理体制改革的流程再造。当组织结构进一步理顺和整合后，工作流程就有条件更为顺畅。例如，我国一些地方把常态的城市管理、市民服务热线和应急管理部门整合为一个统一的城市管理指挥中心，进一步整合了行政资源，就使得应急管理协调机制有了跃进式的提升，大大提高了应急协同响应效能。

第三，基于应急组织职能创新的工作流程创制。例如，我国各地相继创设了“泛珠三角应急联动机制”“京津冀应急联动机制”等跨区域应急组织，在应急组织职能创新的基础上，创制了跨区域应急协调联动工作流程，有效地提升了区域协同效能。

第三节 应急管理规范

应急管理规范以法律规范为统领，包括了国家法律规范、技术规范，以及各类组织内部的各种应急管理制度。鉴于应急管理法律规范的重要性，本节将主要聚焦于讨论官方法律规范，并且主要介绍中国的应急管理法律规范。

一、应急管理法律规范体系的含义

法律规范是社会规范的重要组成部分。社会规范是调整人们社会关系的行为规则。而法律规范是指通过国家立法机关制定的或者认可的，由国家强制力保证实施，用以指导、约束人们行为的行为规范，是各种法律、法规、规章、规定、条约、公约等规范性文件的总称。

法律规范体系是指由一个国家现行的全部法律规范按照不同的法律部门分类组合而形成一个成体系化的有机统一整体。

应急管理法律规范体系是指调整突发事件及其所引起的紧急情况下的各种社会问题的法律规范的总和，是按照一定的方式组合而成的有机联系的统一整体。作为预防、调控、应对、处理突发事件的法律手段，应急管理法律规范体系是一个国家或地区在非常规状态下实施法治的基础。

应急管理法律规范体系是国家法律体系的重要组成部分，其理想化的要求是门类齐全、结构严密、内在协调。一套完善齐全的应急管理法律规范体系应当包含以下几个层次的内容：一是应急管理基本法；二是应急管理其他法律；三是应急管理行政法规；四是应急管理地方性法规；五是应急管理规章；六是应急预案；七是应急管理技术规范。

这些应急管理法律规范形成了一个金字塔式的结构，自下而上的权威性不断增强（见图5—2）。

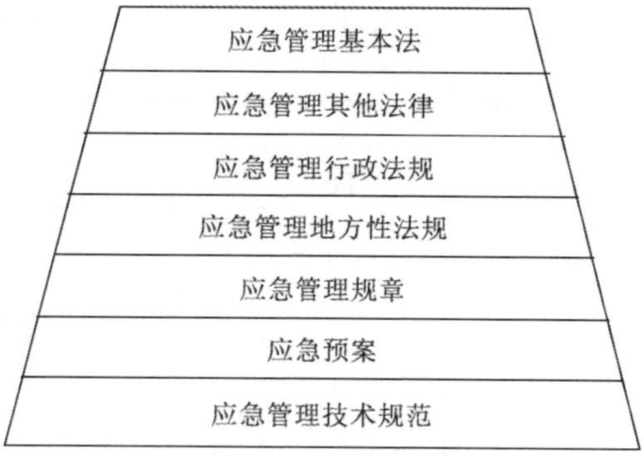

图5—2 应急管理法律规范体系

二、应急管理法律规范体系的内容

(一)应急管理基本法

在应急管理法制的各种法律渊源中,宪法与宪法性法律中关于应急管理的规范性要求处于根本法的地位,其他法律渊源的效力都直接或间接来源于宪法,不得违反宪法或者与宪法相冲突。

应急管理基本法是指在一国应急管理法律规范体系中处于核心和龙头地位、综合调整应急管理领域重要权利义务关系的法律。我国的应急管理基本法是 2007 年 8 月 30 日第十届全国人大常委会第二十九次会议审议通过的《中华人民共和国突发事件应对法》,这是我国第一部应对各类突发事件的综合性基本法律。这部自 2007 年 11 月 1 日起正式施行的应急管理法律,被称为“非常时期的小宪法”“龙头法”“兜底法”,它的施行标志着我国规范应对各类突发事件共同行为的基本法律制度已确立,为有效实施应急管理提供了更加完备的法律依据和法治保障。

(二)应急管理其他法律

1.应急管理专门法

应急管理专门法是指适用于多灾种、多事件的,针对应急管理重要环节、流程、内容或者专门事项进行综合或者统一调整的法律规范。目前,由于我国既有的应急管理类法大多采用“一事一法”立法模式,除突发事件应对法外,其他适用于多灾种、多事件的统一预防、救助、恢复的应急管理类专门法还是空白。在应急管理法律法规体系的建设进程中,我们应当借鉴国际经验,合理考虑诸如应急财政投入、灾害预防、应急储备、灾害与紧急救助、灾害补偿、灾害与事故保险等统筹各类灾害事故方面的专门立法。

2.应急管理单行法

应急管理单行法是指适用于某一类型突发事件的单行性立法。由于现代社会引发突发事件的不确定因素增加,且变化速度很快,指望应急管理基本法的一般性规定具体解决所有的突发问题是不可能的。健全的国家应急管理法律法规体系必须是应急管理基本法、应急管理专门法与应急管理单行法的结合和协调。在我国现行的应急管理法律法规体系中,应急管理单行法数量庞大、涉及面广。在我国中央政府门户网站所列举的近 40 部应急管理法律中,绝大多数属于此类法律规范。按照调整对象的不同,此类法律大致分为自然灾害类突发事件的法律规范、事故灾难类突发事件的法律规范、公共卫生类突发事件的法律规范以及社会安全类突发事件的法律规范。

第一类:自然灾害类突发事件的法律规范

自然灾害应急管理法律制度是国家应急管理制度的重要组成部分,是政府及时有效处置自然灾害,保障人民群众生命、财产安全,保障经济发展,维护社会安定的重要依据和手段。主要有防震减灾法、防洪法、防沙治沙法等。

第二类:事故灾难类突发事件的法律规范

我国关于事故防治的立法范围非常广泛,主要包括:(1)生产安全事故法律,如安全生产法、矿山安全法;(2)交通运输事故法律,包括调整铁路行车事故、公路交通事故、民用航空事故、海上运输事故、城市轨道交通事故等方面的法律规范,如海上交通安全法、道路交通安全法；(3)公共设施与设备事故法律，如应对核事故、电网事故、通信事故等方面的法律规范；(4)火灾事故法律，如消防法；(5)环境与生态事故法律，如环境保护法、海洋环境保护法、水污染防治法、大气污染防治法、环境噪声污染防治法、固体废物污染环境防治法、放射性污染防治法等。

第三类：公共卫生类突发事件的法律规范

此类法律主要是指应对传染病疫情、群体性不明原因疾病、食品安全和职业危害、动物疫情以及其他严重影响公众健康和生命安全的事件的法律规范，如传染病防治法、动物防疫法、食品安全法、进出境动植物检疫法、国境卫生检疫法、野生动物保护法等。如防洪法、防沙治沙法、防震减灾法、安全生产法、消防法、海上交通安全法、环境保护法、大气污染防治法、环境噪声污染防治法、水污染防治法、固体废物污染环境防治法、海洋环境保护法、放射性污染防治法、传染病防治法、食品卫生法、进出境动植物检疫法、动物防疫法、国境卫生检疫法、国家安全法、民用航空法、野生动物保护法等。

第四类：社会安全类突发事件的法律规范

此类规范主要包括应对群体性突发事件、经济安全事件、涉外突发事件、恐怖袭击事件以及其他影响严重的突发性社会安全事件的法律规范。我国现阶段应对社会安全类突发事件的法律主要包括国家安全法、反恐怖主义法、集会游行示威法、治安管理处罚法等。

3.相关法律中的应急管理规范

由于突发事件的影响是全面的，在应急状态下，刑事法律关系、民事法律关系、行政法律关系以及诉讼法律关系等都会改变，因此，在我国，与应急管理基本法等非常态法相对薄弱的现状相比较，应急管理的相关法则相对庞杂、繁多，分散在刑法、民法、行政法及诉讼法等常态部门法领域的众多法律规范性文件中。例如，刑法中关于“危害国家安全罪”“危害国防利益罪”“军人违反职责罪”等部分条款就包含应急内容的相关法律规范；在民事法律领域中，紧急事件被视为“不可抗力”的情形之一，而被纳入相关法律规定中。此外，行政法律法规中涉及公民、法人和其他组织的合法权益由于突发事件的行政应急措施受到损害的补救机制，包括行政复议、行政诉讼、国家赔偿和补偿等关于公民权利救济的法律规范，都属于应急管理相关法律规范。但是，这些相关法律较为零散，立法时间前后不一，规范之间不够协调统一，需要逐步厘清、理顺、完善。

4.国际条约中关于突发事件、紧急状态以及人权保护等的相关条款

目前，应急管理法制的国际法渊源主要表现为世界性国际法和公约与区域性国际法和公约两个部分。前者如《公民权利和政治权利国际公约》，后者如《欧洲人权公约》《美洲人权公约》等。这些国际法和公约之所以构成应急管理法制的渊源，一方面在于它们所坚持的人权保护的基本原则和基本制度构成对国家紧急权力有效的、往往是最终的制约，另一方面在于其对国家紧急权力的行使作了专门规定。在我国参加或承认的《公民权利和政治权利国际公约》《上海合作组织成员国关于地区反恐怖机构的协定》等相关国际条约中，有些涉及紧急状态等国家紧急权力的规定。此外，近年我国签署或参与的《联合国气候变化框架公约》之《巴黎协议》、联合国《2015—2030年仙台减灾框架》等国际公约也包含了大量减灾内容。

(三)应急管理行政法规

应急管理行政法规是指政府根据宪法和法律，按照行政法规规定的程序制定的应急管理

方面的法律规范性文件。目前，在我国，国务院尚未出台关于实施突发事件应对法的行政法规。但在有关专项领域，我国颁布实施了不少应急管理行政法规，如《自然灾害救助条件》《突发公共卫生事件应急条例》《民用爆炸物品管理条例》《破坏性地震应急条例》《电力设施保护条例》《民用核设施安全监督管理条例》等。这些行政法规在应急管理不同领域发挥着重要的法律调整作用。

(四)应急管理地方性法规

应急管理地方性法规是中央以下各级地方政府制定的应急管理规范性文件。在我国，省、自治区、直辖市以及省级人民政府所在地的市和国务院批准的较大市的人民代表大会及其常务委员会，根据宪法、法律和行政法规，可以结合本地区的实际情况制定关于应急管理的法律规范性文件。突发事件应对法颁布后，各地逐渐进入应急管理地方立法活跃期，纷纷出台了实施该法的地方性法规，如《北京市实施〈中华人民共和国突发事件应对法〉办法》《广东省突发事件应对条例》《山东省突发事件应对条例》《重庆市突发事件应对条例》等。这些地方立法为推动各地应急管理体制、机制建设以及应急能力提升发挥了重要作用。

(五)应急管理规章

应急管理规章主要包括应急管理部门规章和应急管理行政规章。我国应急管理规章包括以下两方面。

1.应急管理部门规章

应急管理部门规章主要指国务院组成部门及直属机构依据有关法律、法规，在其职权范围内，按照法定程序制定的关于应急管理方面的规范性文件，如公安部制定的《机关、团体、企业事业单位消防安全管理规定》以及原卫生部制定的《食物中毒事故处理办法》等。

2.应急管理地方政府规章

应急管理地方政府规章是指省、自治区、直辖市人民政府及省、自治区政府所在地的市和经国务院批准的较大市的人民政府，在其职权范围内，为执行法律、法规，按照法定程序制定的关于应急管理的规范性文件，如《浙江省突发公共卫生事件预防与应急办法》《江苏省突发事件应急预案管理办法》《天津市突发公共卫生事件应急办法》《广州市突发事件危险源和危险区域管理规定》等。

这些部门规章和政府规章不但延伸和完善了应急管理法律法规的相关规定，而且通过探索和创新为国家和地方应急管理立法积累了经验。

(六)应急预案

2003 年我国成功应对“非典”疫情以后，应急预案体系建设进入快速发展阶段。2006 年 1 月，国务院出台《国家突发公共事件总体应急预案》，以此为标志，我国应急预案体系经过十多年的建设，取得了显著成效，应急预案体系基本形成。

关于应急预案是不是应急管理法律体系构成部分的问题，目前学术界和实践部门还没有完全达成共识，需要进一步探讨。有的学者认为，应急预案只是现有法律的具体实施办法。也有学者认为，应急预案是应急管理法制的重要组成部分。我们认为，应急预案作为预先制订的行动方案，主要作用是将法律规定的应急管理原则、策略、要求与方法转换为可供操作的具体方案。从这个角度看,应急预案本身不是法律,而是法律的执行方案。不过,从现实来看,应急预案的性质在我国目前出现了局部的“异化”。由于我国的应急管理法制体系远未完善,为了填补法律空白,部分层级较高(主要是国家和省两级)的预案暂时“代位”法律,在应急管理实践中发挥着调整和规范作用,在应对突发事件中的作用不可低估。从这个角度来理解,应急预案可以视作国家应急管理法律法规体系最广泛的、非正式的应急管理法律渊源之一。但是,这种状况只应是暂时的权宜之计,应随着应急管理法制体系的不断完善而逐步消失。

(七)应急管理技术规范

技术规范也是社会规范的一种。通常情况下,技术规范是指规定人们支配和使用自然力、劳动工具、劳动对象的行为规则。应急管理技术规范是调整应急管理技术领域人与自然、科学技术的关系的准则或标准。

技术规范与法律规范既有区别又有密切的关系。法律规范可以规定有关人员负有遵守和执行技术规范的义务,并确定违反技术规范的法律责任;技术规范则成为法律规范所规定的义务的具体内容。一般意义上的技术规范并不是法律规范体系的组成部分,但是国家往往将遵守涉及公共安全的技术规范确定为法律义务,对违反技术规范造成的严重危害,要求承担法律责任,从而使得这部分技术规范成为法律规范的构成内容。

应急管理技术规范的具体表现形式有技术标准、规程、指南等。其中,最主要的表现形式是应急管理技术标准。按照制定部门的不同,应急管理技术标准可划分为国家标准、行业标准、地方标准和企业标准。按照强制约束力的不同,应急管理技术标准可划分为强制性标准和推荐性标准。根据相关应急管理法律法规和标准化法,应急管理技术标准中的强制性标准具有法律效力,必须遵照执行。

三、应急管理法律规范建设

从总体上说,我国应急管理法律规范体系已经初具框架,这为有效应对突发事件提供了一定的法律保障。但是,整体考察国家现行应急管理法律规范体系,其还存在应急管理基本法律层次尚显单薄、有不少立法空白、应急管理法律规范体系内部各个子系统的协调配合有待加强、现行应急管理法律规范的立法质量和可操作性有待提高等问题。

面对现有应急管理法律规范的不足,我国需要进一步加强应急管理法治建设,健全和完善应急管理法律规范体系。当前,我国应急管理法律规范体系建设的重点主要体现在以下几个方面。

一是规划引领应急管理法律规范建设。组织力量系统研究我国突发事件应急管理法律规范体系的现状和实践需求,借鉴国外应急管理法律规范体系建设的做法,就应急管理的规范化建设作出战略性、系统性规划。

二是尽快完善各层次、各领域的应急管理法律规范。除了需要在一些空白领域抓紧制定应急管理法律外,应当强化重要领域的专门法和单行法的立法,如为加强综合减灾和灾难救助,应出台综合减灾法、灾害对策基本法、灾害救助法、灾后重建扶助法等;为健全灾害性突发事件应急法律体系,应根据需要出台一些新的灾害防治法,如台风防治法、沙尘暴防治法等;对地震以外的其他地质灾害突发事件也应加强专门性的立法。

三是尽快出台突发事件应对法的实施细则。应着眼于应急管理实践中出现的新情况、新问题，并考虑应急管理立法的前瞻性和预见性，尽快出台相应的实施细则，切实增强其针对性和可操作性。

四是在相关法律的制定和修订中，要逐步完善与突发事件应急机制密切相关的法律制度。例如，在制定政府信息公开法、行政征用法、行政补偿法中应注意涵盖与应急管理相适应的应急条款，至少应与统一的和专门的应急管理立法相协调、相配套，建立健全应急管理信息公开制度、行政征用制度、行政隔离制度、行政指导制度，以及将“公平补偿”作为目标的行政补偿制度，包括行政主导型的或积极采用市场机制（例如保险方式）的各种救济制度等。此外，还应当在将要出台的行政程序法典中设专门章节规定行政紧急程序，就行政应急措施的适用范围、程序及原则、约束机制、补救机制等加以具体规定。既要赋予突发事件管理部门必要的紧急权力，保证应急效率，又要规范突发事件管理行为，保证非常时期同样能够依法行政。

五是对现有的应急管理法律、法规和规章进行全面和系统的清理。根据《立法法》的规定，依照应急管理法律规范的不同效力等级和一般法理，分别对现有应急管理法律、法规和规章，进行修改、补充和废止，消除同一层次或不同层次应急管理法律规范之间存在的不统一、不协调，破除部门利益和地方利益的局限性，实现应急管理法律规范体系的协调统一。

第四节 应急保障

一、应急保障的含义

所谓应急保障，是指由对突发事件应对活动的各种保障性工作所构成的整体。应急保障包括应急队伍保障、资金物资与场所保障、信息通信体系保障、应急产业保障等。

除了本节所讨论的应急保障，应急科学技术、国家和地区的经济实力等都是重要的应急保障。这些保障相对于本节所阐述的突发事件应对的直接保障条件而言，属于间接的保障因素，是通过应急人员保障与各种应急物质性保障来发挥作用的，因而不予单独阐述。

应急保障构成了一个国家或地区的应急能力的重要组成部分。为了提升应急保障能力，需要持续地开展应急保障能力建设。通过科学地投入人力、财力、物力，精心地组织实施，应急保障的能力将不断提升，应急保障体系将不断完善。

二、应急队伍

(一)专业应急队伍

专业应急队伍是突发事件应对的主力军。世界各国都普遍建有国家专业应急队伍体系。

1.我国专业应急队伍

我国应急救援队伍体系基本建立。该体系以国家综合性消防救援队伍为主力军，以各类专业应急救援队伍为重要协同力量，以企事业单位专兼职队伍和应急志愿者队伍为辅助力量。

在武装力量方面，我国已组建抗洪抢险应急部队、地震灾害紧急救援队、核生化应急救援队、空中紧急运输服务队、交通电力应急抢险队、海上应急搜救队、应急机动通信保障队、医疗防疫救援队、气象保障应急专业队等国家级军队武警应急专业力量。各军区会同有关省(自治区、直辖市)，依托现役和预备役部队，组建了省级应急专业力量。

在各级政府主导下的专业救援力量体系已基本建成。例如，卫生计生部门建成 37 支 1800 名医务人员的国家卫生应急队伍和近 2 万支 20 多万人的地方卫生应急队伍。依托有关国有企业建设的矿山、化工等行业应急救援力量也基本布局到位。

应急志愿者是突发事件应对的重要协同力量。我国志愿者参与应急服务主要有政府指导下成立和发展起来的应急志愿者队伍、民间自发成立的志愿者队伍，以及临时组成的志愿者组织三种形式。

2.国外专业应急队伍

美国除了政府的消防力量、应急医疗救护、海岸警备队等官方力量外，在应急管理工作中特别注重发挥红十字会、红新月会、救世军等慈善性非政府组织的作用。美国红十字会是美国国内最大、历史最悠久的民间慈善团体，是全球最大的救援组织之一，也是全球灾民救援和应急防备体系的一个重要分支，拥有大约23万领工资的工作人员和50万接受训练的志愿人员。

俄罗斯在应急救援力量方面，具有紧急情况部直辖40万人的应急救援部队及装备。该部队作为独立警种，按部队建制，统一制服、统一警衔。紧急情况部还拥有包括国家消防队、民防部队、搜救队、水下设施事故救援队、小型船只事故救援队在内的多支应对紧急情况的专业力量。在俄罗斯，宗教团体、慈善机构等各种非政府组织在应急处置和救援中也发挥着非常独特而重要的作用。

在德国，除了警方和消防部门外，异常险情往往还需要各种非政府救援组织的积极参与。德国志愿者的义务工作是德国救助体系的支柱和基础。据统计，德国参加志愿者工作（如参加联邦技术救援署、消防部门、红十字会等）的人数占全国总人口的5%—10%，有130万志愿队员，其中包括5个大的志愿者组织的50万义务工作者以及联邦技术救援署的近8万名志愿工作者。

总之，国外救援力量有如下特点：一是以强有力的官方专业救援力量为主体。美国海岸警备队、俄罗斯紧急情况部队等都是这样一些队伍。二是充分利用社会各方面力量。特别是西方国家结合各国的文化传统，把宗教力量也纳入救援力量中。三是社会救援力量的专业化。各主要社会救援力量事实上都是在技术装备、人员技能等方面的专业化队伍。四是一些国家，如美国，注重对各种救援力量的整合与协调，成立了国家灾害志愿者协调行动组织。

（二）基层社区第一响应者队伍

社区第一响应者是指首先到达灾难现场参与救援的人员。社区第一响应者往往是获得了医疗急救或其他应急技能证书的人，是应急响应系统中不可或缺的一部分。他们可以使用有限的设备进行最初的事故现场判断和急救干预，是专业急救服务的辅助力量。

当然，在一些国家，第一响应者的定义更加宽泛，也指经过训练的应对突发事件的专业人员。他们可能是警察、消防人员、医疗急救人员、心理专家、医生、犯罪现场的技术侦查人员、保安、战斗在第一线的士兵、企业经理和学校教师等，其共同特点是都经过某些现场救援的培训，拥有某些应急响应技能。

我国近年来注重通过培育社区志愿者队伍等措施来加强基层突发事件应对能力。“十二五”期间，全国基层灾害信息员达到68万余人，气象信息员达到76万余人，地质灾害群测群防监测员达到35万余人。围绕社区风险评估、隐患排查、预案演练等内容，各级政府深入推进社区综合减灾工作，共创建全国综合减灾示范社区6551个，建成地震安全示范社区2058个，各省（自治区、直辖市）命名省级综合减灾示范社区近1万个。在这一过程中，我国社区第一响应者队伍建设稳步推进。

国外非常重视社区群众的响应能力建设和第一响应者队伍建设。例如，美国在小布什政府时期启动了应对突发事件的公民服务队（citizen corps）计划。公民服务队由美国联邦应急管理署主管，联邦政府有关部门共同资助。公民服务队的使命是通过教育、培训和志愿者服务，充分发挥公民潜能，使社区更安全、更有能力和更好地应对恐怖主义、犯罪活动、公共卫生问题和各类灾害的威胁。公民服务队计划有五项分支计划，包括社区应急响应队计划、消防服务队计划、医疗服务预备队计划、守望美利坚计划和警务志愿服务队计划。

三、应急资金、物资与避难场所

在应急管理准备过程中，应急保障体系有着重要的作用，保障体系的水平高低决定着应急管理工作开展的效果与水平。一般而言，应急保障体系包括应急资金、应急物资、避难场所、应急通信等方面。

(一)应急资金

《国家突发公共事件总体应急预案》规定："要保证所需突发公共事件应急准备和救援工作资金……鼓励自然人、法人和其他组织(包括国际组织)按照《中华人民共和国公益事业捐赠法》等有关法律、法规的规定进行捐赠和援助。"

当突发事件发生时，政府有义务向灾区下拨应急救灾资金，政府的财政拨款是应急财政保障的基础。所以，预算法规定，各级政府预算应当按照本级预算支出额的1%—3%设置预备费，用于当年预算执行中的自然灾害等突发事件处理增加的支出及其他难以预见的特殊开支。

为了体现应急管理的社会动员原则，我们必须实现应急资金筹措渠道的多元化。这具体体现在以下两个方面：经费保障是突发事件应急准备的重要内容，是突发事件应对保障系统不可或缺的重要组成部分。

1.我国应急资金构成

目前，我国应对突发事件的资金主要由三部分构成，即财政资金、社会捐助资金和商业及政策保险赔付资金。

第一类：财政资金

财政专项资金。突发事件应对法第三十一条规定："国务院和县级以上地方各级人民政府应当采取财政措施，保障突发事件应对工作所需经费。"

财政预算预备费。财政预算预备费是政府确保应对突发事件所需经费的主要形式。预算法第四十条规定："各级一般公共预算应当按照本级一般公共预算支出额的百分之一至百分之三设置预备费，用于当年预算执行中的自然灾害等突发事件处理增加的支出及其他难以预见的开支。"根据《国家突发公共事件总体应急预案》的规定，各级财政部门要按照现行事权、财权划分原则，分级负担公共安全工作以及预防与处置突发事件需由政府分担的经费，并纳入本级财政年度预算，健全应急资金拨付制度。

第二类：社会捐助资金

对于突发事件的应对，不能只依靠各级政府的力量。历史经验证明，社会的支持和捐赠对有效应对突发事件是非常重要的，尤其在应对重大、特别重大突发事件时，需要大量的物力、财力的投入，没有强大的社会支持是无法有效应对的。例如，2008年汶川地震发生后，全国共接受国内外捐款659.96亿元，捐赠物资折合人民币107.16亿元。《国家突发公共事件总体应急预案》提出，鼓励自然人、法人或者其他组织(包括国际组织)按照《中华人民共和国公益事业捐赠法》等有关法律、法规的规定进行捐赠和援助。

第三类：商业及政策保险赔付资金

保险业是与突发事件关系密切的产业，其服务的对象就是突发事件的受损害者。我国每年因自然灾害和交通、生产等各类事故造成的人民财产损失巨大。目前，我国在突发事件的事后恢复与重建阶段，所需的经费主要依靠财政拨款和社会捐助，保险发挥的作用并不明显。发展保险事业，建立国家财政支持的巨灾风险保险体系，将有利于解决突发事件事后恢复与重建阶段经费的问题。《国务院关于保险业改革发展的若干意见》指出："充分发挥保险在防损减灾和灾害事故处置中的重要作用，将保险纳入灾害事故防范救助体系。不断提高保险机构风险管理能力，利用保险事前防范与事后补偿相统一的机制，充分发挥保险费率杠杆的激励约束作用，强化事前的风险防范，减少灾害事故发生，促进安全生产和突发事件应急管理。"我国有关突发事件的法律也对巨灾风险保险做出了规定，如突发事件应对法第三十五条规定："国家发展保险事业，建立国家财政支持的巨灾风险保险体系，并鼓励单位和公民参加保险。"

我国应急资金的筹措不仅要实现政府、市场与社会三种力量的组合，而且要接纳国际社会以人道主义为宗旨的、不附加政治条件的救灾捐款，以便及时、高效地应对和处置灾害。

2.国外应急资金制度

在美国，政府的援助既包括地方政府（通常指县级）的项目，也包括州政府乃至联邦政府的项目。事实上，只要州长宣布了州的灾难状态，州政府的援助就会参与应对和恢复中；只要总统宣布了一个地区的突发事件或重大灾难事态，联邦援助就与灾后恢复直接挂钩。当然，即使是在政府提供援助的情况下，社区自身的付出也是必不可少的。美国 FEMA 在《公民获取灾难援助指导》中，用一个示意图（见图 5—3）形象地说明了恢复中可获取的援助的比例关系。

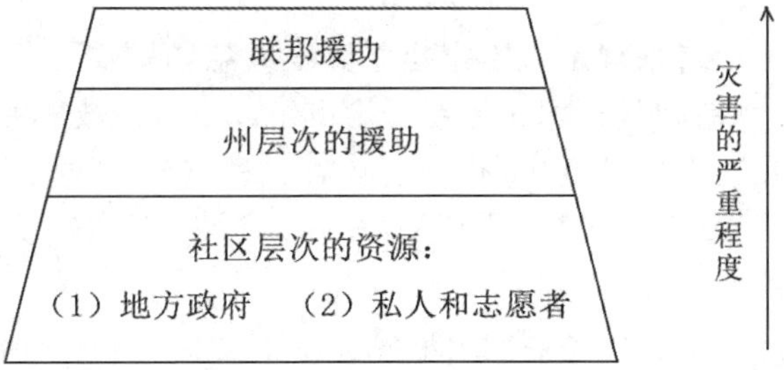

图 5—3　美国恢复资源的结构

在这种结构中，联邦政府只承担将社区恢复到平安、卫生和安全的局面所需的费用；地方政府的主要责任是公共基础设施的恢复，诸如公用事业、建筑检验、公共房屋、社区规划以及卫生和安全问题，除提供公共信息和协调之外不能介入个人恢复的需求。根据《斯塔福法》，联邦政府最多只能为州和地方政府提供 75％的适当恢复费用；对于剩下的 25％，州根据情况承担一部分或全部。联邦政府提供恢复部分费用的前提是：总统宣布了具有全国性影响的重大灾难状态、所有的费用符合联邦政府承担的条件，并且申请联邦政府援助的文件编制得非常完善。此外，美国针对灾害的保险业十分发达，在恢复重建中作用非常突出。对于大多数突发事件所造成的损失，一般都可以通过健全高效的商业保险制度得到赔付。例如，在 2001 年美国"9·11"事件后，受害者共计得到 380 亿美元的保险赔偿，其中遇难或受伤的公民每人平均获赔 310 万美元；在此次恐怖袭击事件中，纽约市各类经济受损的公司获得共计约 233 亿美元的赔偿。

俄罗斯非常重视保险在应对灾害中的积极作用。1995 年，紧急情况部成立了紧急情况保险公司，在发生紧急情况时向国民提供保险服务。

日本对于灾民的安置和救助也制定了一系列法律，作出了细致而明确的规定。比如《灾害对策基本法》规定，灾害过后，地方政府负责评估灾难的破坏程度，制订重建计划，并列出所需的重建资金，将情况汇报给"中央防灾会议"。重建计划得到批准后，政府以减税、财政补贴或贷款的形式提供部分资金支持。地方政府可动用储备的“应急资金”,在特殊情况下可发行债券筹措资金。与政府相关的银行负责提供贷款,可适当延长偿还期限并降低利息。为减轻灾民重建家园的负担,政府还可根据《灾害减免法》,根据具体情况减免灾民的个人所得税和固定资产税等税种。

英国的政府应急资金支持包括三个方面:①中央政府的资金支持。但如果地方已经有政府资助项目,或是现有的项目经费能够重新部署应对时,中央政府一般不再提供经费。②地方政府启动应急恢复资金部署。地方政府应承担重大危机外的所有应急恢复的费用。③欧盟团结基金。该基金成立于 2002 年,旨在在重大灾难发生后,为处理灾难所需的部分公共支出提供财政援助。

从上述各个国家的做法中可以看到:①发达国家注重在恢复重建中节约财政资源。各国中央政府都立足于有限的财政支持,绝不大包大揽。例如英国,只要地方政府有其他财源,或能够争取到其他财源,中央政府就不再提供经费。②依法支持恢复重建的财政资金支出。各国政府大都注重细化财政支持项目,明确支持什么、到什么程度。③发达国家注重把财政支持与保险相结合。例如美国,为了支持保险业发挥作用,政府采取额外补偿方式对商业保险进行援助。

(二)应急物资

突发事件应对法第三十二条规定:“国家建立健全应急物资储备保障制度,完善重要应急物资的监管、生产、储备、调动和紧急配送体系。设市级以上人民政府和突发事件易发、多发地区的县级人民政府应当建立应急救援物资、生活必需品和应急处置装备的储备制度。县级以上各级人民政府应当根据本地区的实际情况,与有关企业签订协议,保障应急救援物资、生活必需品和应急处置装备的生产、供给。”

应急物资的储备可分为实物储备、资金储备、生产能力储备和社会储备四种形式。一般来说,以实物形态储存的物资都是专用性强、生产周期长、不易腐烂变质的物资;以资金或生产能力形式储存的物资都是生产周期比较短、平时储存又不经济的物资;社会储存的物资多为平灾通用性的物资。

1.我国应急物资管理

应急物资管理有三个环节。

第一,应急物资的储备。

应急物资的合理储备是应急救援工作的重要基础。突发事件发生后,在短时间内急需大量的淡水、食物、帐篷、衣被、药品、医疗器械、照明装置、通信器材、电力设备等基本救灾物资。为保障应急物资及时、有效到位,需要进一步完善国家、地方和基层单位的应急物资储备体系,尤其应保障一定数量的应急救援物资库。如果应急物资库数量过少或过于集中于少数地区,或者急救物资的数量和结构不能有效满足抗灾救援工作的需求,将非常不利于救援工作的有力开展。因此,中央政府应合理规划国家重要应急物资储备库的建设,按照分级负责的原则,加强地方应急物资储备库建设,尤其要加快建立合理分布的应急物资储备库,进一步增加应急物资储备库的数量,提高应急物资储备的分散度。

地方政府的应急物资储备的定额由各专项预案牵头单位根据突发事件应对的实际需要来确定。地方政府要重点建设重要应急物资储备,优化现有生活类、应急抢险类、公共卫生类储备物资,完善应急物资投放网络。

第二，应急物资的调拨。

应急物资的科学调拨是救援工作的重要环节。自然灾害特别是巨灾发生后，调拨什么物资、如何调拨、调拨多少、调拨什么品种等工作便会显得尤为重要。

应急物资调拨运输应当选择安全、快捷的运输方式。紧急调用时，相关单位要积极响应，通力合作，密切配合，建立“快速通道”，确保运输畅通。已消耗的应急物资要在规定的时间内，按调出物资的规格、数量、质量重新购置或返还给相关牵头单位。建立应急物资储备、更新、轮换的财政补偿机制和区内区域间应急物资余缺调剂、保障联动的工作机制，形成覆盖各类突发事件的应急物资保障和储备体系，实现综合动态管理和资源共享。

第三，应急物资紧急征用和补偿。

按照国家有关法律规定，紧急情况下，可征用法人或自然人的重要商品物资、交通工具以及相关设施。应急物资征用可分为向个人征用和向社会征用两种形式。同样，也有分别补偿的办法。

2.国外应急物资管理经验

美国联邦应急管理署设有物流管理专门单位，平时主要负责救灾物资的管理储备、预测各级各类救灾物资需求、规划救灾物资配送路线，以及救灾物流中心设置等工作。当灾害发生时，物流管理单位便会迅速转入联邦紧急反应状态，根据灾害需求接受和发放各类救灾物资。而在国际救灾方面，美国设有对外灾害援助办公室，在世界范围内设有 7 个应急仓库，这些仓库紧靠机场、海港，存储基本的救灾物资，诸如毯子、塑料薄膜、水箱、帐篷、手套、钢盔、防尘面具、尸体袋等，一旦某个地区发生重大自然灾害，对外灾害援助办公室就会从距离最近的仓库调拨救援物资送至灾区。

日本的地震、火山喷发、台风等自然灾害较多，日本政府和国民都很重视应急物资储备。可供灾害发生时使用的应急用品得到大量研究和开发。此外，日本的救灾物资管理充分利用现代商业的物流发展成果，根据救灾物资性质分送不同的仓库；对于社会捐赠灾区的必需物资，经过交叉站台分类后直送灾民点；对于社会捐赠的非必需物资或超过灾区需要的物资，则送到储存仓库，留待日后使用。

俄罗斯在每个联邦主体都建立了财政、食品、日用品、机械等物资的储备制度。俄罗斯还针对自然条件在全国建立了雪灾应急储备制度，专门储备一些牵引车辆、取暖设备、电力设备、融雪剂以及防滑的沙子等，这些物资在应对雪灾中发挥了重要作用。

可见，不同国家的做法既符合各自国家的特点，也有可供相互借鉴之处。

（三）应急避难场所

应急避难场所是为了人们能在灾害发生后一段时期内，躲避由灾害带来的直接或间接伤害，并能保障基本生活而事先划分的带有一定功能设施的场地。应急避难场所具有应急避难指挥中心、独立供电系统、应急直升机停机坪、应急消防措施、应急避难疏散区、应急供水等 11 种应急避险功能，形成了一个集通信、电力、物流、人流、信息流等为一体的完整网络。突发事件应对法第十九条规定：“城乡规划应当符合预防、处置突发事件的需要，统筹安排应对突发事件所必需的设备和基础设施建设，合理确定应急避难场所。”

应急避难场所可新建，也可指定。城乡建设还可统筹规划，使娱乐设施与应急避难场所建设齐头并进、同步进行。应急避难场所应有明显、统一的标识，方便社会公众识别。此外，在紧急状态下，政府可以临时征用一些建筑作为应急避难场所。不过，事后政府应支付一定的征用赔偿。

应急避难场所应具有以下三个特点：第一，安全。应急避难场所应该设在远离危险源的地方，可避免社会公众遭受二次伤害。第二，方便。应急避难场所应做到设施齐全，方便社会公众生活。第三，就近。应急避难场所的建设要考虑周围社会公众的数量，方便其避难，一般以步行 5—10 分钟到达为宜。

1.我国应急避难场所建设

一处正规的应急避难场所至少应具备 10 项基本的功能设施：救灾帐篷或简易活动房屋、医疗救护和卫生防疫设施、应急供水设施、应急供电设施、应急排污设施、应急厕所、应急垃圾储运设施、应急通道、应急广播、应急标志等。如果条件允许，还应增设应急消防设施、应急物资储备设施、应急指挥管理设施等。必要时，还须设立应急停车场、应急停机坪、应急洗浴设施、应急通风设施、应急功能介绍设施等。

我国通常将应急避难场所划分为三类：

第一类：紧急（临时）避难场所。紧急（临时）避难场所是灾害发生后，供社区居民临时或就近避险的场所，也是避难疏散人员集合并转移到固定避难场所的过渡性场所，通常是建筑物附近的小面积空地，如小公园、小花园、小广场、专业绿地、学校操场等。其服务半径应达 500 米，人均用地面积 1.5—2.0 平方米，步行在 10 分钟之内可以到达。紧急避难场所具有避险与避难的双重功能，应具备一定的生活与紧急救援功能，能够提供临时避难设施、流动医疗设施、应急水电服务设施和厕所设施等。

第二类：固定避难场所。固定避难场所是供避难疏散人员较长时间避难和进行集中救援的场所，通常是面积较大、可容纳人员较多的公园、广场、体育场馆，大型人防工程、停车场、绿化隔离带，以及抗灾能力强的公共设施、防灾据点等。其服务半径为 2000—3000 米，人均用地面积 2—3 平方米，步行约 0.5—1 小时可以到达。固定避难场所是城市避难疏散的主要场所，承担灾民安置与救援的重要功能，应具备一定的救援能力，拥有较为完善的生活配套设施，使灾民能够较长时间地生活。

第三类：中心避难场所。中心避难场所是指规模较大、功能较全、起避难中心作用的固定避难场所，通常可选择城市防灾公园、城市运动公园等。其服务半径应为 5000 米，面积在 50 公顷以上。中心避难场所是城市避难的中心场所，应具备非常完善的避难功能。除具有避难需求的所有功能外，场所内一般还设抗灾救灾指挥机构、通信设施、抢险救灾部队营地、直升机坪、医疗抢救中心和重伤员转运中心等，是灾难发生时各项应急救援工作的指挥管理中心。

2.国外应急避难场所建设

日本是一个地震频发的国家，为了加强应对灾害的能力，日本成为最早系统规划建设应急避难场所的国家之一。日本的应急避难场所体系主要以防灾公园、学校体育场馆等为主。自 20 世纪 50 年代起，日本陆续出台了多部法规，明确了避难场所的重要性，详细规定了避难场所的功能、设置标准、配套设施等。

美国将一些公共场所、体育馆、文化馆、学校的操场等改造成室内或室外应急避难场所。美国城市住宅的 60%建有地下室，州以下政府用的“紧急活动中心”已建成 5 万多个，其他公共掩蔽工程达到 20 多万个。最大的新奥尔良民防掩蔽工程可容纳 10 万人，内设办公室、寝室、粮库、药品库、电站及供水、卫生、净化和空调等设施，设有防震和抗冲击波的防爆门。

瑞士的民防设施是世界上最完备的。其民防掩蔽工程按地区和城市划分，相互连通，开设有地下指挥所、地下医院、救护站等，并储备了至少维持两周的饮用水和粮食。

可见，各国避难场所建设各有千秋，也表明应急避难场所的建设思路应当是多元的，避难场所的样式应当是不拘一格的。

四、应急通信保障

无论是自然灾害还是其他各类突发事件，一旦发生，往往会造成有线通信网中断、无线通信网瞬时流量激增，引起事发地域通信瘫痪、人员恐慌、政府应急指挥体系难以高效运行等问题。在各种应急措施当中，应急通信保障体现出了非常重要的信息传递作用；突发事件的科学和高效处置，需要强有力的应急通信保障体系的支撑和支持。

（一）应急管理平台

应急平台是以现代信息通信技术为支撑，软、硬件相结合的突发公共事件应急保障技术系统，具备日常管理、风险分析、监测监控、预测预警、动态决策、综合协调、应急联动与总结评估等多方面功能，是实施应急预案、实现应急指挥决策的载体。应急平台建设是应急管理的一项基础性工作；对于建立和健全应急机制，预防和应对突发公共事件，减少灾害损失具有重要意义。

应急平台的核心内容可以简单概括为值守、准备、处置、评价。

值守，作为常态化的应急值守，需涵盖通信录管理、号码检索、电话管理、短信管理、传真管理、会议管理、事件管理、文档管理、值班日志、工作提醒等内容。

准备，作为常态化的应急准备工作，应能实现对灾害脆弱性的分析，实现风险隐患的评估、防护目标的识别及应急物资、救援队伍、法律法规、典型案例、专家等资源的准备、评估及考核。

处置，实现突发事件时的快速响应和处置，包括信息的接报、核实、续报、辅助决策、领导批示、预案启动、决策方案、指挥调度、过程跟踪、总结报告等内容。

评价，主要包括常态化值守工作的评价、应急准备工作的评价及突发事件处置评价及相关的统计分析报表图表等内容。

（二）应急通信

突发事件应对法第三十三条规定："国家建立健全应急通信保障体系，完善公用通信网，建立有线与无线相结合、基础电信网络与机动通信系统相配套的应急通信系统，确保突发事件应对工作的通信畅通。"应急通信是指在出现自然或人为突发性紧急情况时，综合利用各种通信资源，为救援、紧急救助时所需的必要通信提供保障的手段与方法，是一种具有临时性的特殊通信。

从网络类型上看，应急通信包括由卫星通信、微波通信、集群通信等组成的专用通信网络和由移动通信网络、有线通信网络、互联网等组成的公共通信网络。其中，专用通信网络在突发事件现场主要用于指挥调度和数据传输，而公共通信网络主要用于面向公众发布预警慰问信息等。应急通信往往综合利用各种通信系统与通信技术，根据突发事件和应用场景的不同选择使用不同的通信手段，以保障各类用户在各种复杂环境和条件下的通信畅通。

无论是有线网络、移动通信网络、卫星网络、专用集群网络还是无线自组网络，都拥有各自的特点和常用应用方式。为满足突发事件现场多样化的应急通信需求，必须合理地将能够适用于突发事件现场指挥救援的通信技术整合到一个网络系统中，其相互之间应该能够互联互通、相互补充，组建形成一个面向多用户群体，包含多业务方式、多样化接入方式的一体化、全方位的应急通信网络，具有较强的开放性、互通能力、多媒体传输能力。

突发事件是不断演变的，这就需要应急管理者进行动态的决策，不断地根据事件的发展发出各种指令，进行应急资源调配。通信起着信息桥梁的作用，是决定应急决策是否及时和准确的关键因素。通信工具除了要兼容之外，还要高中低档相搭配，在某些情形下，越是先进的、技术含量高的设备，可能受到外界的影响就越大。所以，发展应急通信，我们要依靠科技，但不能依赖科技。

五、应急产业

应急产业指为预防、处置突发事件提供产品和服务而形成的活动的集合。按类别划分，一是救援处置装备与技术，二是监测预警诊断设备与技术，三是预防防护产品与技术，四是应急教育培训咨询服务等。据国家相关部委预测，应急产业市场年容量约5000亿元，如果包括所带动的相关产业链，市场年容量约10000亿元。应急产业具有多行业交叉和服务公共安全的属性，是新兴产业。发展应急产业，有利于国家的防灾减灾和公共安全，有利于基层的产业结构优化和社会和谐稳定，有利于企业的市场拓展和利润增长，有利于公众的安全和健康。

应急产业提供的服务包括：社会救援服务，如为事故救助提供专业救援力量的各类社会机构和组织；咨询培训服务，如为政府、企业、个人提供应急管理咨询和培训的机构和组织；应急物流服务，如为应急工业产品提供仓储、运输等服务的各类组织。

根据我国《应急产业重点产品和服务指导目录》，应急管理产品和服务可按照领域、发展方向、细分产品和服务划分为三级结构：

一级分别为监测预警产品、预防防护产品、处置救援产品和应急服务产品4个领域。

二级把4个领域进一步细分为14个发展方向：

监测预警产品。包括自然灾害监测预警产品、事故灾难监测预警产品、公共卫生事件监测预警产品、社会安全事件监测预警产品4类产品。

预防防护产品。包括个体防护产品、设备设施防护产品、火灾防护产品、其他防护产品。

处置救援产品。包括现场保障产品、生命救护产品、抢险救援产品。

应急服务。包括事前预防服务、社会化救援、其他应急服务。

三级分别为地震灾害监测预警产品等。

应急产业的形成和发展，是经济社会发展到一定阶段的产物，是社会分工深化的结果。从起源看，应急产业脱胎于传统产业，但又不同于传统产业。正因如此，应急产业的产业边界与产业内涵有着相当的模糊性和动态性，与其他产业部门的交叉和渗透较深。它是一个跨产业门类、跨应用领域，与其他经济部门相互交叉、相互渗透的综合性新兴产业。

应急产业发展要坚持市场主导、政府引导，创新驱动、需求牵引，统筹推进、协同发展，服务社会、服务经济。

六、应急保障能力建设

对于应急管理主体而言，一个国家或一个组织要提升突发事件应对能力，除了要在应急管理体制、机制、法制方面加以完善外，还要开展应急保障能力建设。这方面工作有如下思路。

第一，以规划为抓手，推进应急保障能力建设。通常国家、部门和地方的应急管理体系建设规划中都会以相当大的篇幅对应急保障能力提升作出规划。有了规划中规定的任务、项目、措施，应急保障能力建设就有了重要的制度保障，所需资金容易落实到位，需要跨部门合作的工作也相对容易推动。因此，科学合理地开展应急体系建设规划工作（将在应急计划一章中详细讨论）对于系统地推动应急保障工作有重要的意义。

第二，以突发事件为契机，促进应急保障能力建设。突发事件应急处置过程是对应急保障水平的最好检验。往往在突发事件应急响应之后，可以很清楚地看到应急保障的短板。此时，推动以补短板为目的的专项应急保障能力建设最为容易。

第三，以队伍培养和社区建设为抓手，开展应急保障能力建设。应急队伍建设和应急社区建设都需要常抓不懈，才能见到成效。通过年度、季度、月度工作安排持续抓应急队伍的培训与演练，抓应急社区能力建设，可以推动相关应急保障能力建设。

本章小结

1.应急管理主体是指在应急管理过程中承担突发事件应对职责的组织机构和个人应急管理主体，包括政府组织、基层自治组织、企业与各类社会组织、国际组织。政府作为应急管理的主要责任者，以其一系列制度化的组织架构安排和职责分工合作形成了政府应急管理体制。

2.在应急管理领域，不同的国家对于应急管理过程有不同的表述习惯。一般来说，预防与监测是贯穿在应急管理各个主要环节中的工作，而应急准备、应急响应、恢复重建是具有接续性的工作。

3.应急管理过程可简约地分为常态应急管理和非常态应急管理两大过程。其中，常态应急管理是指未发生突发事件时的预防与监测，以及各种应急准备工作；非常态应急管理是指突发事件将要发生时和发生后的预防与监测，以及应急响应和恢复重建工作。

4.应急管理规范以法律规范为统领，包括了国家法律规范、技术规范，以及各类组织内部的各种应急管理制度。其中，应急管理法律规范最为重要。

5.应急保障是指由对突发事件应对活动的各种保障性工作所构成的整体。应急保障包括应急队伍保障、资金物资与场所保障、信息通信体系保障、应急产业保障等。这些内容既是应急管理保障的重要内容，又是一个国家和地区的应急能力的重要组成部分。

关键术语

应急管理主体　应急管理过程　应急管理规范　应急保障

复习思考题

1.何谓政府应急管理体制？各国应急管理体制有何可借鉴之处？

2.何谓应急管理过程？你怎样理解应急管理过程？

3.我国应急管理规范的基本构成是什么？

4.请了解我国应急管理保障的基本情况。如何进一步优化我国应急管理保障？

第六章

事故形成及原因

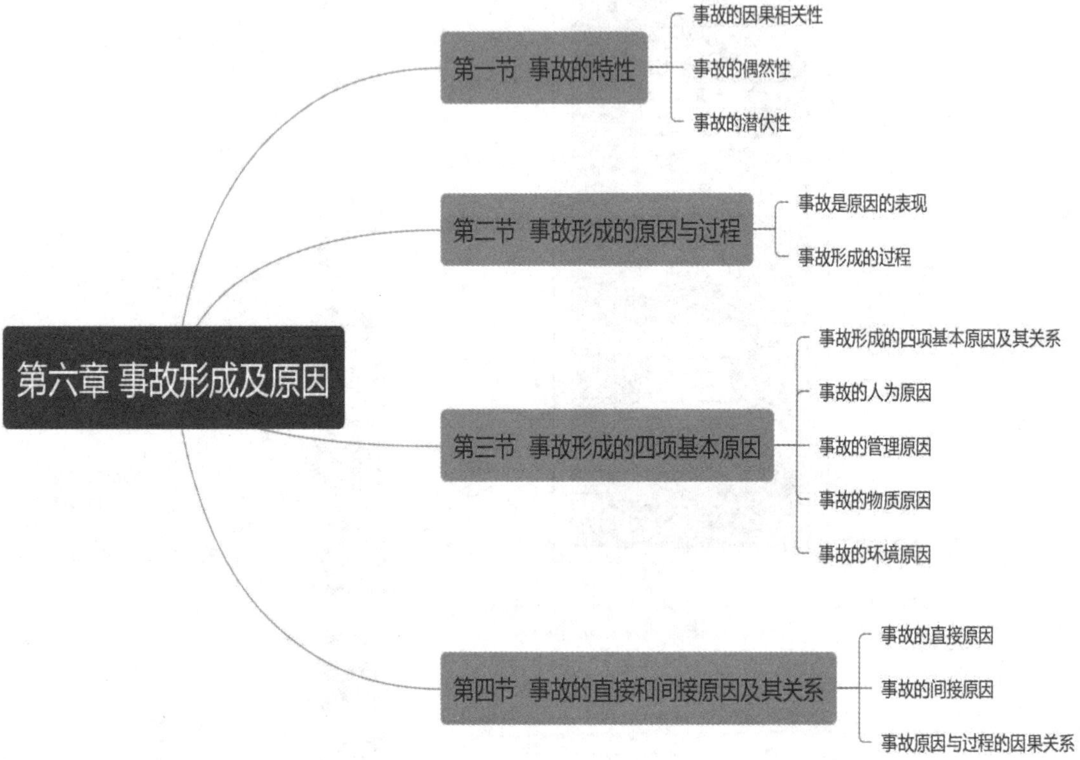
第六章 事故形成及原因
第一节 事故的特性
事故的因果相关性
事故的偶然性
事故的潜伏性
第二节 事故形成的原因与过程
事故是原因的表现
事故形成的过程
第三节 事故形成的四项基本原因
事故形成的四项基本原因及其关系
事故的人为原因
事故的管理原因
事故的物质原因
事故的环境原因
第四节 事故的直接和间接原因及其关系
事故的直接原因
事故的间接原因
事故原因与过程的因果关系

第一节　事故的特性

本章讨论的重点是生产事故和与此相关的各类伤亡事故。大量的事故调查、统计、分析表明，事故有其自身特有的属性。掌握和研究这些特性，对于指导人们认识事故、了解事故和预防事故具有重要意义。一般来说，事故具有以下重要特性。

一、事故的因果相关性

事故是由系统中相互联系、相互制约的多种因素共同作用的结果。导致事故的原因多种多样。从总体上事故原因可分为人的不安全行为、物的不安全状态、环境的不良刺激作用。从逻辑上又可分为直接原因和间接原因，等等。这些原因在系统中相互作用、相互影响，在一定条件下发生突变，即酿成事故。通过事故调查分析，探求事故发生的因果关系，厘清事故发生的直接原因、间接原因和主要原因，对于预防事故发生具有积极作用。

绝大多数事故形成的原因都是容易找到的。但是比较复杂的事故，要找出究竟是何原因，又是经过何种过程而造成这样的后果，并非是一件容易的事，因为很多事故的形成是由于有各种因素同时存在，并且它们之间存在相互制约的关系。当然，有极少的事故，由于受到当今科学、技术水平的限制，可能暂时分析不出原因。但实际上原因是客观存在的，这就是事故的因果性。事故的因果性表明事故的发生是有其规律的必然性事件。

所以，事故发生后，深入剖析事故的根源，研究事故的因果关系，根据找出事故的因果性，制定事故的防范措施，防止同类事故重演或发生是非常重要的。

二、事故的偶然性

事故是由于某种不安全客观因素的存在，随着时间进程产生某些意外情况而显现的一种现象。所以说事故的发生是随机的，即事故具有偶然性。然而，事故的偶然性寓于必然性之中。用一定的科学手段或事故的统计方法，可以找出事故发生的近似规律。这就是从事故的偶然性中找出了必然性和认识了事故发生的规律性。了解了这一点，也就明白了倘若生产过程中存在着不安全因素（危险因素或事故隐患），如果不能及时治理或整改，则必然要发生事故，至于何时发生何种事故，则是偶然的事情。所以，科学的安全管理，就应该及时地消除生产中的不安全因素或事故隐患，就是根据事故的必然性规律消除事故的偶然性。

三、事故的潜伏性

一般情况下，事故都是突然发生的。事故尚未发生或造成损失之前，似乎一切都处于“正常”和“平静”状态，但是，这并不意味着不会发生事故。只要存在事故隐患或潜在的危险因素

（不安全因素）并没有被认识或没被重视或进行整改，随着时间的推移，一旦条件成熟（被人的不安全行为或其他因素触发），就会显现而酿成事故，这就是事故的潜伏性。

事故的潜伏性还说明一个最重要的问题，就是事故具有一定的预兆性，因为事故潜伏，既然已经存在了，在等待一定的时机或条件爆发，这"等待"的过程就有可能发出一些预兆。大量的事故调查和实践已经证明，事故在发生之前都是有预兆发出的（有的是长时间的，有的是瞬间的），可惜很少被人们认识或捕捉。

所以，安全管理中的安全检查、检测与监控，就是寻找事故的潜藏性或潜伏性和事故预兆，从而全面地根除事故，保证生产或人们的生活正常进行。

第二节　事故形成的原因与过程

一、事故是原因的表现

事故与任何事物一样,有着它固有的因果联系和制约表现形式。众所周知,一种现象必然是由另一种现象引起的,同时它又总会引起其他一些现象。人们把引起某种现象的现象叫作原因,把被某种现象引起的现象叫作结果。例如风吹草动,风吹是草动的原因,草动是风吹的结果。又如水涨船高,水涨是船高的原因,船高是水涨的结果。再如某企业发生一氧化碳中毒伤亡事故,事故的直接原因是高浓度的一氧化碳气体泄漏和人员在场(当然还有其他间接原因),结果是人员中毒伤亡。所以,一般情况下,事故和事物的发生,都是有其前因后果的,没有原因的现象和没有结果的现象都是不存在的。虽然在实际的生活、生产或自然界中有些事故的原因暂时还没有被人们揭示,但肯定是客观存在的,随着科学技术的进步与发展,终究是会被发现的。事故管理的任务,首先就在于研究或揭示出事故的因果联系和事故的内在规律,从而采取针对性的预防措施,防止事故的发生,保障生活或生产过程顺利进行。

二、事故形成的过程

通过对事故的研究发现,事故同其他事物一样,也有其形成、发展和消亡的过程。事故的形成与发展,一般可归纳为三个阶段,即孕育阶段、生长阶段和损失阶段,各阶段都具有自己的规律或特点。

(一)孕育阶段

事故的发生有其基础原因,从宏观上讲,即国家的社会因素和上层建筑方面的原因。如地方保护主义,片面追求高额的利润,突击建成的形象工程,突击出来的生产政绩和急功近利行为等,由此而产生的各种建设工程、各种设备在设计和制造过程中便潜伏着危险和存在着各类事故隐患。这些就是事故的最初阶段。此时,各类事故处于无形阶段,人们可以感觉到它的存在,估计到它会必然出现,而难以指出它的具体形式或表现方式。

(二)生长阶段

在此阶段便出现了地方、部门、行业或企业管理上的失误、缺陷或混乱,不安全状态和不安全行为等不安全问题得以滋生和发生,各类事故隐患不断形成,越积越多,特别是又不能得到及时解决。这些隐患就是"事故苗子"的表现。在这一阶段,各类事故正处于萌芽状态,甚至事故已经开始发生(大量的险肇已开始出现)。此时,人们可以具体指出它的存在。有经验的安全工作者可以预测到事故或事故将要发生。

(三)损失阶段

当建设工程、设备设施和生产中的事故隐患或危险因素被某些偶然事件触发时(人为或环境因素,如大风、大雨、大雪等),就会发生事故。包括肇事人的肇事,起因物的加害和环境的影响,使事故发生并扩大,造成人员伤亡或经济损失,或两者同时出现(甚至出现了事故高峰期)。

第三节　事故形成的四种基本原因

发生事故的原因是一个非常重要而又复杂的问题。这里运用系统工程的逻辑思维方法，从本质上予以分析和阐述。经过对大量事故的剖析得知，工业伤亡事故（人为事故）是否会发生，主要取决于人、物、环境和管理四项基本原因（因素），并且它们之间具有极大的复杂性和相互关联性。

一、事故形成的四种基本原因及其关系

生产过程中事故的表现形式是多种多样的，事故的原因也是非常复杂的。但是，就一个企业或一个部门来说，生产用的原材料和工艺是由这个企业或部门生产的产品所决定的，生产车间或操作工人是无法改变的。所以，系统工程的分析观点认为：触发事故的真正原因不外乎由四大部分组成（图 6－1），即由生产过程中物的不安全状态、环境的不安全因素、人的不安全行为和管理缺陷（混乱）。

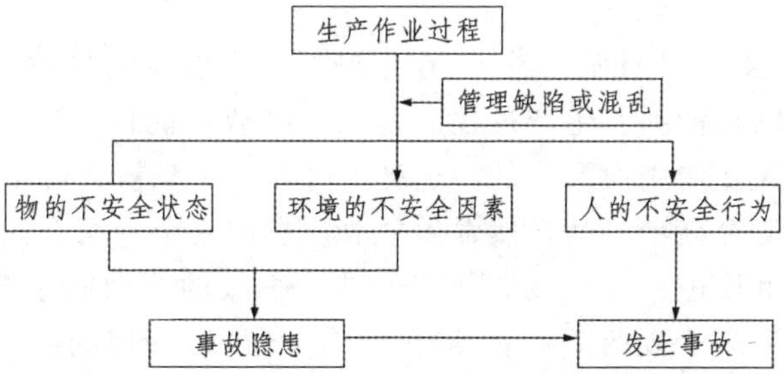

图 6－1　事故发生的基本规律

那么，在这四种因素（原因）中，它们之间又有什么关系呢，哪一种因素（原因）会起到主导作用呢？通过图 6－1 和图 6－2 可以直观地看出：管理缺陷随时制约着物的（物质、设备的）不安全状态、环境的不安全因素和人的不安全行为，它们之间的关系如同“事故树”中的条件或逻辑关系那样严密。

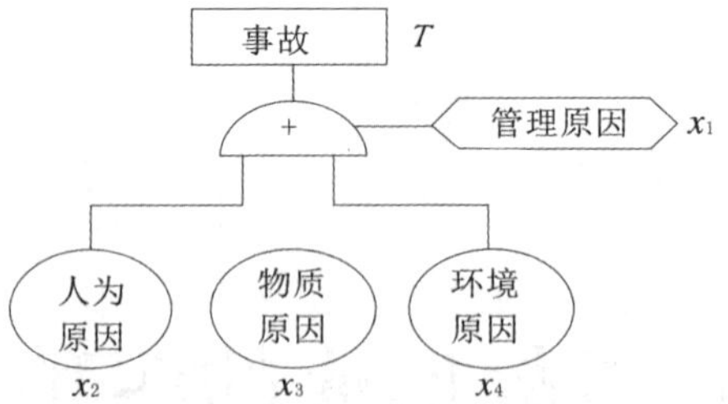

图 6－2　事故致因模式

根据图 6－2 的事故致因模式，运用布尔代数原理，可以写成如下数学方程式：

$$T = X1(X2 + X3 + X4) = X1X2 + X1X3 + X1X4$$

$$T = X1X2 + X1X3 + X1X4 \qquad (6.1)$$

式中：T—— 生产过程中的事故（伤亡事故或险肇事故）；

$X1$—— 事故的管理原因；

$X2$—— 事故的人为原因；

$X3$—— 事故的物质原因；

$X4$—— 事故的环境原因（工作环境和自然环境）。

由图 6－2 和上述方程式(6.1)看出：管理原因与其他任何一种原因结合，都会引起事故的发生。换句话说，只要在生产作业过程中存在着管理缺陷或混乱，就会导致人为或物质或环境不良因素的构成，引起顶上事件——事故的发生。所以，错综复杂的事故，从本质上分析都离不开这几种原因，而且能够制约这几种原因的则是管理因素。这便是事故的致因模式，也是事故发生的基本原理或规律。

从图 6－1 和图 6－2 可以明显地看出，在生产过程中发生的事故，都是由于事故隐患转化而造成的。事故隐患则是伴随着生产过程而存在的事故可能性，它是由物质及环境因素的不安全状态和管理缺陷相互作用而形成的。这种事故隐患一旦被人的不安全行为或环境因素（如风、雨、雪、冰冻或热度等）触发，就必然发生事故。有位安全专家对我国县以上企业发生的 115 例重大与特大伤亡事故进行分析，结果发现，造成事故的原因属于管理混乱、缺乏现代企业管理理论指导和安全生产管理落后的占 80%左右。所以，管理的好与坏、管理人员素质的高与低，是一个企业或一个地区事故发生率多与少的重要条件（因素）。

二、事故的人为原因

所谓事故的人为原因，是指人的不安全行为，即能够造成事故的人为错误或人为失误。生产中发生的各类事故，究其原因，不管是直接原因还是间接原因，都可以说与人的不安全行为，即与人的失误或与人的因素有关。例如，人的失误可以导致物的不安全状态，也可能出现管理上的缺陷或失控，还可能形成事故隐患并触发事故隐患成为事故。人之所以成为发生事故的原因之一，是由于人与人之间存在着差异，有时这些差异还会很大。但是，对于这种简单而又明显的现象，反而常常被忽视。产生人的差异的因素很多，下面简单归纳出几种。

(一)身体因素

人的身体高矮、智商高低、反应快慢、视力强弱、听力好坏、辨色能力等差异,都是由生物学所决定的,是属于先天性的范畴。

(二)社会因素

人,不仅是一个单纯的自然人,而且还是一个处在特定历史条件下的社会人。由于每个人的经历、所受的教育程度和处境不同,所积累的经验、教训、技能、观念等也不尽相同。政治、经济、道德、法律、准则、教育、家庭都是引起人的差异的因素,这是属于后天性的范畴。

(三)家庭内在因素

即人的饮食、药物、疲劳、疾病等因素,也会在或长或短的时间内引起人的差异或行为不同。

(四)生物节律的因素

即人的生物节律周期性的变化,同样也会引起人的差异以及人本身在不同时间和年份上的差异。

(五)心理因素

即从人的安全心理学观点来看,人的行为来自动机,而动机又产生于需要,并促成实现其目的的行为的发生。心理反应与客观实际相结合的程度越高,则人行为的安全可靠性就越大;反之,则越不安全。事故发生时,当事人的心理过程是不完全一样的。据不完全统计,常见的不正常心理状态有以下几种:

1.盲目自信,这种人通常自以为有经验,误认为自己的行为绝对安全可靠;

2.虽然知道危险存在,但对危险的程度认识不足;

3.根本不知道已经存在的危险;

4.安全生产的思想意识差,不考虑是否有危险;

5.凭经验办事,自以为工作简单或有经验;

6.随大流或凭侥幸心态去应付危险或事故隐患。

除从人的心理角度去分析人的不安全行为以外,还可以从人的安全态度、安全技术能力、身体素质等角度进行分析。事故与不安全行为,二者既有联系,又有区别。可以说,一切事故都是由人的不安全行为开始的,但是,并非一切不安全行为都是以伤害事故而告终的。

对于人的不安全行为,国家进行了专门研究总结。中华人民共和国国家标准《企业职工伤亡事故分类标准》(GB 6441—86)做出了明确的划分与总结。

人的不安全行为方式有以下几个方面。

1.操作错误,忽视安全或警告:

(1)未经许可开动、关停、移动机器;

(2)开动、关停机器时未给信号;

(3)开关未锁紧,造成意外转动、通电或泄漏等;

(4)忘记关闭设备;

(5)忽视警告标志、警告信号;
(6)操作错误(指按钮、阀门、扳手、把柄等的操作);
(7)奔跑作业;
(8)供料或送料速度过快;
(9)机器超速运转;
(10)违章驾驶机动车;
(11)酒后作业;
(12)客货混载;
(13)冲压机作业时,手伸进冲压模;
(14)工件紧固不牢;
(15)用压缩空气吹铁屑;
(16)其他。
2.处置不当造成安全装置失效:
(1)拆除了安全装置;
(2)安全装置堵塞,失去作用;
(3)由于调整错误造成安全装置失效;
(4)其他。
3.使用不安全设备:
(1)临时使用不牢固的设施;
(2)使用无安全装置的设备;
(3)其他。
4.用手代替工具操作:
(1)用手代替手动工具;
(2)用手清除切屑;
(3)不用夹具固定,用手拿工件进行加工。
5.物体(指成品、半成品、材料、工具、切屑和生产用品等)存放不当。
6.冒险进入危险场所:
(1)冒险进入涵洞;
(2)接近漏料处(无安全设施);
(3)采伐、集材、运材、装车时,未脱离危险区;
(4)未经安全监察人员允许进入油罐或井下;
(5)未"敲帮问顶"便开始作业;
(6)冒进信号;
(7)在调车场超速上下车;
(8)易燃易爆场合有明火;
(9)私自搭乘矿车;
(10)在绞车道行走;
(11)未及时瞭望。

7.攀、坐于不安全位置(如平台护栏、汽车挡板、吊车吊钩)。

8.在起吊物下方作业或停留。

9.机器运转时,进行加油、修理、检查、调整、焊接、清扫等工作。

10.有分散注意力的行为。

11.在必须使用个人防护用具的作业场所忽视其使用:

(1)未戴护目镜或面罩;

(2)未戴防护手套;

(3)未穿安全鞋;

(4)未戴安全(工作)帽;

(5)未佩戴呼吸护具;

(6)未佩戴安全带;

(7)其他。

12.不安全装束:

(1)在有旋转部件的设备旁作业时穿过于肥大的服装;

(2)操纵带有旋转部件的设备时戴手套;

(3)其他。

13.对易燃、易爆等危险品处置不当。

了解并掌握不安全行为,就能在工作中防止自己出现不安全行为。例如,知道了不安全行为中有“开动、关停机器时未给信号”这一项,那么,在今后的工作中,在开动机器、设备前,就会先给信号。所以,了解不安全行为的内容,就要在工作中加以抵制与克服不安全行为,以避免由于人的不安全行为而引起各类伤亡事故。

三、事故的管理原因

目前有些人,尤其是一些权威人士认为,事故的发生基本是由人、物或者环境等因素引起的,即由人的不安全行为、物的不安全状态、环境条件的不安全因素所致,认为管理原因不是事故的主导之因。但是对事故的进一步深入分析后可以发现,发生事故的根本原因多数是管理上的失误和缺陷或混乱。

例如,在某个乡镇的煤矿企业,不到两年的时间内发生了三起伤亡事故(其中一起为较大事故),事故的处理结果都是员工违章搭乘矿车而致。事故接连不断地发生,是员工不爱惜自己的生命、人的不安全行为所致,还是安全教育不够或管理有问题呢?通过对该镇的几家煤矿企业深入调查发现,矿上所使用的安全保险车已经损坏不用,承包的矿主又无心或无能力购买新的安全保险车,矿工在井下强体力劳动了一天,下班后已无力再爬走上百米的斜井出井,便搭乘运煤的矿车出井。根据矿山安全法和《煤矿安全规程》,矿山开采必须设立员工出入井的安全保险车。应该说这是煤矿企业严重的管理不到位而导致的伤亡事故。

安全管理的内容是极其丰富的。如生产计划、生产设计、劳动组织是否合理,是否对员工进行了安全教育与训练,安全规章制度是否建立健全,采用的设备设施是否安全(安全系数多大,是否为假冒伪劣产品),使用的设备设施是否按要求进行维修、更新或报废等。

事故的管理原因,是指管理者的管理不到位、错误指令和错误操作或管理活动中存在的问题与隐患,以及急功近利行为,主要包括如下基本内容。

(一)技术上的缺陷,如工业建筑、构筑物、机械设备、仪器仪表、生产工艺流程、操作方法、维护检修等的设计、布置和材料使用、存放等方面有问题。

(二)教育培训不够。操作(工作)人员缺乏安全知识或不懂安全操作技术知识等。

(三)劳动组织不合理,劳动定员和劳动定额存在问题。

(四)对现场工作缺乏检查、指导或错误指导。

(五)没有安全操作规程或不健全、不科学;挪用安全措施费用;不认真实施事故防范措施,对事故隐患整改不力。

(六)操作(工作)人员身体上、精神上的缺陷,如疾病、听力、视力衰退、疲劳过度等。

可以认为,管理原因和物质技术原因或环境原因的相互结合,就构成了生产中的事故隐患,而当事故隐患偶然被人的不安全行为或自然环境触发时,就必然会发生事故(见图6-3-1)。所以,这种基本的认识对于分析事故的发生和防范事故是极为重要的,万万不可忽视。例如,2008年1月下旬我国长江以南有的地区下了大雪,导致一些工业建筑,如输送高压电线的铁塔倒塌,造成大面积停电事故等。从管理的角度分析事故的出现,就应该在铁塔设计和选用材质上考虑自然环境方面的因素,从而增大安全系数,防止类似事故重复发生(因为在雪下得更大的我国东北地区,此类事故则很少出现)。

四、事故的物质原因

所谓事故的物质原因,是指物质的不安全状态,即发生事故时所涉及的物质。它除了生产过程中的原料、燃料、半产品、产品、副产品、废水、废气、废渣、机械设备、工具、附件等与生产有直接关系的物质以外,还包括其他非生产性物质。一般情况下,事故所涉及的物质,要比所涉及的人复杂得多。物之所以成为事故的原因,是由于物质的固有属性及其具有的潜在破坏能力所构成的危险因素的存在。常见的各种储存能量的物质,如炸药、焦炭、铝粉、煤粉、氧气、氢气、一氧化碳、铁水、液态炉渣等,它们分别具有化学能、热能,在一定条件下会爆炸、燃烧。又如锅炉、液化气罐、压力(工业)管道、空气压缩机械装置等,在使用过程中,由于压力剧烈波动,或受压容器本身的设计、制造有缺陷,或材质选择不当,发生老化、开裂、腐蚀等,都有可能引起爆炸或事故。能量也是一种物质,如电能、热能、化学能、辐射能、机械能、生物能等。在能量传递过程中,逸散是不可避免的,由于能量逸散而造成伤害的例子遍布各行各业的事故之中。因此,有人曾从能量学说的观点出发,分析、研究事故发生的内在联系,以及各事故之间的转换规律,提出相应的预防对策,也是很有道理的。各种能量在一定条件下相互转换的过程中,如果人介入其中或操作不当,就会对人体造成伤害。因此发生的各类事故(伤亡事故)已屡见不鲜。应该指出的是,物的不安全状态是随着生产过程中物质条件的存在而存在的,并且会随着作业方式、作业时间,工艺条件等因素的变化而变化。例如,在高炉喷吹粉煤的工艺中,粉煤球磨机的出口温度以及粉煤仓、布袋除尘器、喷吹罐等设备的温度,必须控制在一定的范围内,否则就可能发生爆炸事故。

对于机器设备,在调整或修理工作后的开始阶段,通常具有较高的可靠性和安全性,而经过一段时间的使用、运转后,由于一些物理和化学的因素,如磨损、腐蚀、疲劳、老化等,其使用的安全性能便会逐渐降低。如果不能及时进行维护和修理或按要求报废,随着使用时间的延长,最终必然会发生事故。这是一种不可抗拒的规律,安全工程的这种观点必须严格遵守,已经和正在发生的事故已经做了证明。

综上所述，可以认为，物的不安全状态是构成事故的物质基础。它可以由一种不安全状态转变为另一种不安全状态，也可以由一种物质传递给另一种物质。事故的严重程度是随着物质不安全程度的增大而增大的。从某种意义上说，生产发展和技术进步的过程，就是人们对物的不安全状态不断认识并逐步克服的过程。当物质的不安全状态未被人们认识的时候，在一定的条件下可以直接转化为事故；而当人们对它有了认识以后，就可以恰当地采取对策，防止事故。

物的不安全状态，就是指能够导致事故发生的物质条件。《企业职工伤亡事故分类标准》(GB 6441—86)已做出了明确的分类和系统的总结，下面列举一部分。

(一)防护、保险、信号等装置缺乏或有缺陷

1.无防护：
(1)无防护罩；
(2)无安全保护装置；
(3)无报警装置；
(4)无安全标志；
(5)无护栏或护栏损坏；
(6)电气装置未接地；
(7)导线绝缘不良；
(8)电扇无消音装置，噪声大；
(9)在危房内作业；
(10)未安装防止“跑车”的挡车器或挡车栏；
(11)其他。
2.防护不当：
(1)防护罩未在适当位置；
(2)防护装置调整不当；
(3)坑道掘进、隧道开凿支撑不当；
(4)防爆装置不当；
(5)采伐、集材作业安全距离不够；
(6)放炮作业隐蔽所有缺陷；
(7)电气装置带电部分裸露；
(8)其他。

(二)设备、设施、工具、附件缺陷

1.设计不当，结构不符合安全要求：
(1)通道门遮挡视线；
(2)制动装置有缺陷；
(3)安全间距不够；
(4)拦车网有缺陷；
(5)工件有锋利毛刺、毛边；
(6)设施上有锋利倒棱；

(7)其他。

2.强度不够:

(1)机械强度不够;

(2)绝缘强度不够;

(3)起吊重物的绳索不符合要求;

(4)其他。

3.设备在非正常状态下运行:

(1)设备带“病”运转;

(2)超负荷运转;

(3)其他。

4.维修、调整不当:

(1)设备失修;

(2)地面不平;

(3)保养不当,设备失灵;

(4)其他。

五、事故的环境原因

在前面所列举的一系列不安全行为是事故发生的重要原因,经常在事故原因分析中得到运用。但是,有的事故分析中,有的人则一概指责作业者或事故直接责任者“粗心大意”“疏忽”“精力不集中”或“违章”,然而却看不到是什么样的条件或环境以及什么原因容易使人产生“不注意”“疏忽”或“违章”。从表面看,人的过失似乎是明显的,但造成过失的背景却是不易接受或难以理解的环境条件,应当指责的是这种环境条件,而不是作业人员,否则,事故分析就会偏离方向,类似的事故还会发生。

例如,某企业厂区铁路转弯处的两旁建有房屋,并栽种有树木(已长大成林),某员工在横过铁路时,被突如其来的机车碾死。在分析这起事故时,有人认为是该员工“不注意”,指责他不观望清楚就通行,应当自负其责;有人却认为是司机的过失,指责司机“疏忽”事故责任者应当是司机。实际上这些人的分析都是片面的、肤浅的,因为他们忽视了现场的“实际环境”和“人的视线是直的”这一基本事实。在事故现场,建筑物及树木挡住了司机和受害者的瞭望视线,才是造成事故的真正原因(对于此类事故,当真正解决了不安全的环境问题时,事故可以杜绝)。所以,虽然多数事故的直接原因是由人的不安全行为产生的,然而不安全的环境这一客观原因却是首先要考虑的。因此,创造良好的生产和生活环境,对于保障人的安全是十分重要的(能否创造良好的安全环境,又是管理问题)。

通常情况下,可以把环境分为以下几种类型。

(一)社会环境

社会环境属于基础原因,包括政治、教育,上层建筑,经济基础,分配制度,所有制形式,劳动制度,监督、检查制度,培训制度,道德与法律,是非标准,生产力,风俗和习惯,信仰和观念,人的生理、心理、体质及家庭等。

(二)自然环境

通常所说的自然环境,就其范畴而言,一般包括地形、地貌、地温、地质、岩性、滑坡、气温、大气湿度、风力、风向、气压、下雨、下雪、冰雹、冰霜、冰冻、洪水、天气阴晴和潮水涨落等自然规律或自然环境的变化。在工程设计和工业建筑以及生产活动中,必须考虑自然环境中各类因素的变化和影响,加大安全系数和防范事故措施。

(三)生产环境

为了满足和适应生产的需要,必须人为地制造一个特殊的人工环境,即通常所说的生产环境。在生产环境中,生产作业需要不断地输入能量,而在能量流动的过程中,难免会或多或少地出现能量逸失现象。例如,以输送到起重机机械体系中的机械能为 100%,那么在齿轮和轴承部分大约要消耗 12%,吊绳质量的提升部分大约要消耗 3%,损失在电机上的能量约占 14%,损失于磁力制动器上的能量约为 1%,而真正用于提升重物的能量只有 70%。此外,生产环境中,工作车间的平面和空间,布置着形形色色的管道、线路,安装着各式各样的机械、设备。这些机械和设备有的是固定的,有的是转动或平动的。它们或者存在局部过热、过冷现象,或者产生振动与噪声,或者泄漏毒气,粉尘,还有作业场地的色彩、照明、温度、湿度、通风条件等。在这种环境中,如果人们按照生活环境(社会环境及自然环境)的习惯去处理问题,则常常会发生急性伤害事故。因此,必须高度重视这一因素(在实际生产中发生的煤气中毒事故、矿井炮烟中毒事故、气体中毒和粉尘爆炸事故等,已屡见不鲜)。生产环境虽然不同于社会环境和自然环境,但生产环境却受社会环境与自然环境的影响和约束。对于同一生产企业或生产流程而言,由于社会环境及自然环境的不同,所形成的生产环境也就完全不同。环境原因十分重要,在某种条件下是决定事故多少的一个重要因素。社会环境和自然环境是通过生产环境反映出来的,同时生产环境也是事故的最主要原因,所以国家有关部门对此进行了专门研究,下面列举一部分。

生产场地是员工直接从事生产工作的场所,其环境的优劣直接影响到产品的质量和事故率的高低,所以生产场地环境的优劣至关重要。生产(施工)场地环境不良包括如下几方面:

1.照明不良:

(1)照度不足;

(2)作业场地烟、雾、尘弥漫,视物不清;

(3)光线过强。

2.通风不良:

(1)无通风;

(2)通风系统效率低;

(3)风流短路;

(4)停电停风时放炮作业;

(5)在瓦斯排放未达到安全浓度的情况下放炮作业;

(6)瓦斯超限;

(7)其他。

3.作业场所狭窄。

4.作业场所(地)杂乱：

(1)工具、制品、材料堆放不安全；

(2)采伐时未开“安全道”；

(3)迎门树、坐殿树、搭挂树未做处理；

(4)其他。

5.交通线路的配置不安全。

6.操作工序设计或配置不安全：

(1)地面有油或其他液体；

(2)冰雪覆盖；

(3)地面有其他易滑物。

7.储存方法不安全。

8.环境湿度、温度过高或过低。

第四节 事故的直接和间接原因及其关系

在上节中是按照事故形成的原因找出了事故的四种基本原因，在事故管理中，尤其是在具体的事故分析以及事故的报告中，是按照事故的性质来划分事故原因的。即在实际的工作中必须找出事故的直接原因和事故的间接原因，以便分清事故的最直接和真正的触发原因，从而采取切实可行的防范措施，防止类似的事故重复发生。换句话说，上述的四种基本原因，不可能都是事故的直接原因，必须是根据每次事故的实际情况，从中找出一到两条或三条最具体、最直接的原因。

一、事故的直接原因

事故的直接原因又称一次原因，是指直接导致事故发生的原因，或者说是在时间上最接近事故发生的原因。前面所谈的人的不安全行为（人的原因）、物的不安全状态（物的原因）、环境的不安全因素（环境原因）和管理缺陷与混乱（管理原因），基本上都属于事故的直接原因。但是，必须根据具体的事故，进行具体的分析，从而确定具体的直接原因，不能统统予以确定。所以对事故进行严肃而细致的分析是非常重要的。需要说明的是，事故的管理原因既是直接原因，在某种情况又是间接原因。但是一般情况下，管理原因基本上属于间接原因的范畴之内。

二、事故的间接原因

事故的间接原因，是指引起事故原因的原因。事故是由直接原因产生的，而直接原因又是由间接原因引起的。换句话讲，事故最初就存在着间接原因，由于间接原因的存在而产生了直接原因，然后通过某种触发的加害物而引起了事故发生。间接原因又与人的技术水平、受教育的程度、身体健康状况、精神状况以及管理、社会等因素有关。下面简明扼要介绍几种间接原因。

（一）技术原因

技术原因，是指由于技术上的缺陷引起事故的原因。如工程、装置或设施的设计不合理，没有考虑安全系数和物质的自然规律，结构材料选择不当，设备的检查及保养技术不科学，操作标准技术水平低，设备布置和作业场所（地面、空间、照明、通风技术）有缺陷，机械工具的设计与保养技术不良，危险场所的防护及警报技术不过关，防护设施及用具的维护与使用不当，设置设备的性能存在问题，以及使用的材料达不到要求或者是假冒伪劣材料、产品等。

（二）教育原因

教育原因，主要是指对上岗人员缺乏应有的安全教育。如缺乏安全知识和安全技术教育，对作业过程中的危险性及应当掌握的安全操作、运行方法不了解或安全训练不够，不安全的坏习惯未克服，存在或根本就没有进行安全教育与培训（如采用替考或弄虚作假进行安全培训）等。

（三）身体原因

身体原因，是指操作人员的健康状况。如生病（头痛、头晕、腹痛、癫痫等）、身体缺陷（色盲、近视、耳聋等）、疲劳（睡眠不足、局部器官较长时间工作等）、饮食失调（醉酒、饥饿、口渴等）等因素。

（四）精神原因

精神原因，通常分为三种类型：一是精神状态不良，例如思想松懈、反感、不满、幻觉、错觉、冲动、忘却、紧张、恐怖、烦躁、心不在焉等；二是性格方面的缺陷，例如固执、心胸狭窄和“内向”，不愿交流等；三是智力方面的缺陷，如智力低下、脑膜炎患者和反应迟钝等。

（五）管理原因

管理原因，是指管理不善、缺陷与混乱造成的事故。管理原因造成的事故是多种多样的。如领导者的安全责任心不强，安全管理机构不健全，安全技术措施不落实，安全教育与培训不完善，安全标准不明确，安全对策的实施不及时，作业环境条件不良，劳动组织不合理，职工劳动热情不高，管理者的急功近利行为严重等。

（六）社会及历史原因

社会及历史原因，是指造成事故的社会原因和历史原因。社会及历史原因涉及的面很广，情况也比较复杂。如学校对安全教育不重视，国家或政府部门没有切实可行的或没有制定健全的安全法律及政策，安全行政机构不健全，社会对安全的重要性认识不清，生产技术水平落后等。

总而言之，导致事故发生或事故发生的间接原因，大体上是上述诸原因中的一种或几种。在实际的工作中，技术原因、教育原因和管理原因是较常出现的，身体原因和精神原因也时有出现，而社会及历史原因由来深远，牵涉面较广，直接提出针对性的对策也比较困难。但这绝不是说社会及历史原因就不应当受到重视，恰恰相反，更应当深刻认识并重视社会及历史原因，只有这样，我们国家国民的安全素质才能得到真正提高，事故发生率才会真正彻底减少。

三、事故原因与过程的因果关系

据上面事故原因的分类，可以找出事故原因及事故发展过程的因果关系。依据这种关系，人们可以去认识和掌握事故，从而指导事故管理工作的开展。事故与原因的关系是：

间接原因（二次原因）——直接原因（一次原因）——起因物——加害物——事故

直接原因多是由间接原因引起的。例如，人的不安全行为可能是由技术原因引起的，也可能是由教育原因引起的，或者是由身体原因、精神原因及管理原因引起的。因此，在事故分析中，一概指责作业者失误或违章的做法是片面的，因为这常常不是事故的真正原因和全部原因。实践已经证明，显而易见的原因很少是事故的真正原因，必须进行全面、深入的调查和分析，才能找出事故的根本原因。图 6—3 是事故原因与事故过程关系的示意图。

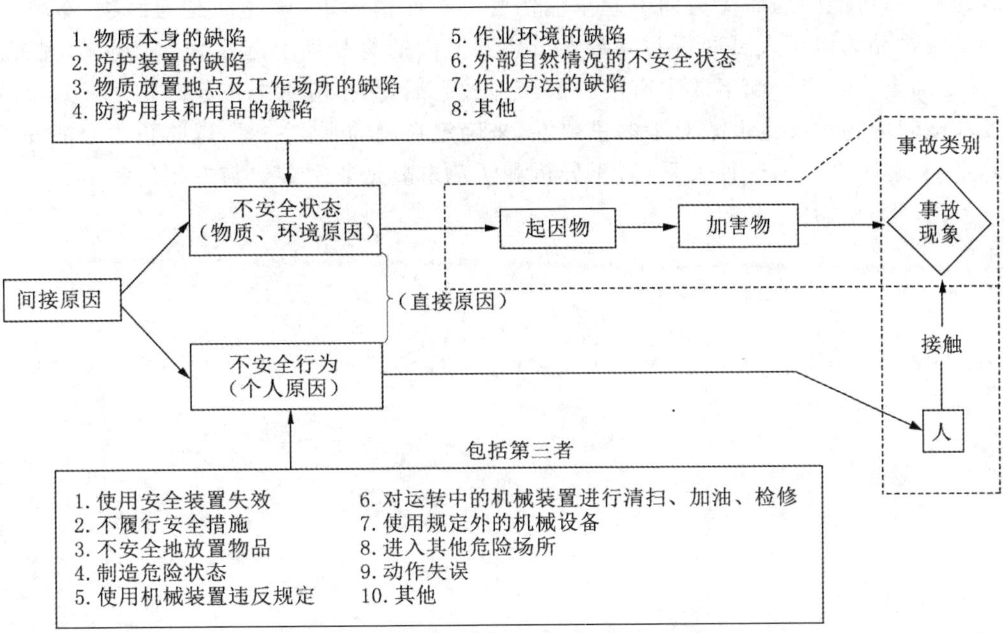

图 6—3　**事故原因与事故过程关系示意图**

必须强调的是，物质与环境条件的不安全状态同管理缺陷相结合，就构成了生产过程中的事故隐患。而事故隐患一旦被人的不安全行为或其他因素所触发，就必然发生事故（图 6—1）。有了这种基本认识，对于分析事故的产生和防范是极为重要的。下面依据事故流程讲解事故的起因物和事故的加害物。

（一）事故的起因物

事故的起因物，是指导致事故发生的物体。一般把起因物分为以下几大类：

1.机械、装置、工具；

2.建筑物、构筑物和临时设施；

3.不适用或有缺陷的安全防护装置；

4.物质、材料；

5.作业环境；

6.其他物品。

（二）事故的加害物

事故的加害物是指直接与人体发生碰撞或接触而引起伤害的物体，也称之为事故的危害物。事故的加害物一般也可以同起因物一样，分为 6 个大类。但“不适用或有缺陷的安全防护装置”和“作业环境”成为加害物的情况是少见的。当然，也不能排除它们直接伤害人体的情况。诸如人员作业时可能由于碰到有缺陷的安全罩而引起伤害，安全防护罩坠落引起的人员伤害以及作业场所的强烈噪声，就可能直接引起作业人员的听力功能障碍或导致操作失误（类似这种情况，在管理落后或管理混乱的企业，是时有发生的）。

在同一起事故中,起因物可能又是加害物,但大多数情况下是不一致的。如作业通道上违章堆放的物品,可能因妨碍交通而引起车辆伤害。在此情况下,该物品是起因物,车辆是加害物。如果因物品妨碍了人员通行并导致人员碰到上面的物品而引起了伤害,则该物品既是起因物,又是加害物。当一起事故中有两种甚至多种起因物时,应考虑按起因物而导致事故的严重程度和该起因物对决定事故对策的重要性,来确定它们的主次关系,以防止事故的发生。

总之,了解了事故的这种关系,对于分析和防范事故是非常重要与方便的。

第七章

事故的认定、责任、处理

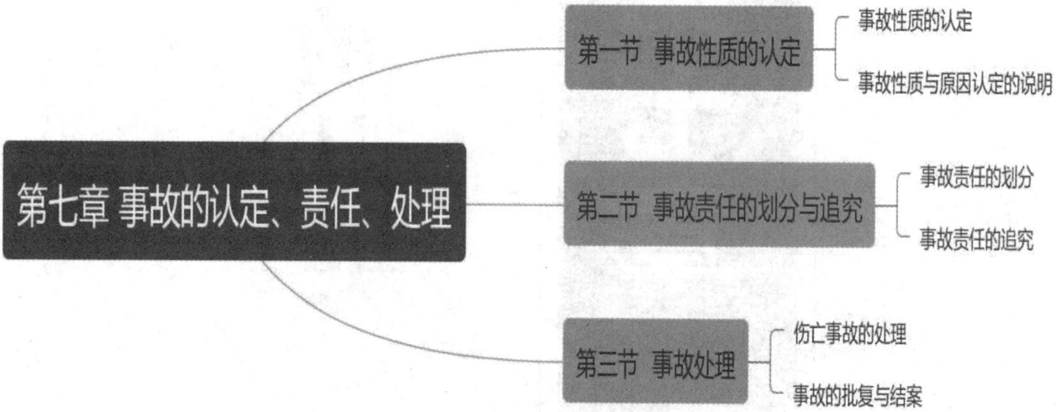
第七章 事故的认定、责任、处理
第一节 事故性质的认定
事故性质的认定
事故性质与原因认定的说明
第二节 事故责任的划分与追究
事故责任的划分
事故责任的追究
第三节 事故处理
伤亡事故的处理
事故的批复与结案

相当一部分人认为事故不是人为有意造成的，所以当事故在认定时、在责任分析中、在核对经济损失时，尤其是在事故处理上睁一只眼闭一只眼就行了，不要太认真。由于这种观念的存在，在某些方面，也导致了我国的伤亡事故难以杜绝。而安全系统工程的观点则恰好相反，认为生产系统是人造系统，只要认真科学设计，认真施工与运行，就能不出事故；即使出了事故，只要认真处理，吸取教训，事故就不可能再发生。

第一节 事故性质的认定

一、事故性质的认定

事故的性质一般分为责任性事故和非责任性事故。通常情况下，凡是在生产领域或人们在改造和利用大自然过程中发生的事故，一般都是责任事故。因为现代的工业生产系统都是根据人的意志和人的能力设计的，因此，任何生产或生活过程中发生的各类事故从理论和客观上讲，都是可以预防的，发生了事故都是由于人的责任没有尽到而酿成的。

大量的实践已经证明，凡是将工业生产系统中发生的事故，归属于非责任事故或自然事故的，此类事故必将还会重复发生或难以杜绝。对于事故性质的认定，可依据《中华人民共和国安全生产法》《生产安全事故报告和调查处理条例》《企业职工伤亡事故调查分析规则》和《企业职工伤亡事故分类标准》等国家法律、法规和标准或文件来评定。一般情况下，事故性质的认定是在尊重客观事实的基础上，依据国家法律法规和标准，由事故调查组负责认定。所以《生产安全事故报告和调查处理条例》第二十五条中做出了明确规定，“事故调查组履行下列职责：一、查明事故发生的经过、原因、人员伤亡情况及直接经济损失；二、认定事故的性质和事故责任。”

二、事故性质与原因认定的说明

对于事故性质的认定，一般是由事故原因决定的，找准了事故的原因，事故的性质也就清楚了。但是在个别的事故中，事故的真实原因是很难查清的，如瓦斯爆炸事故、火灾事故和水灾事故等，由于此类事故的发生基本是毁灭性的，处在现场的人、物和各类能够证明调查的相关材料来推测或模拟实验而作出事故原因或性质的结论。

在此，需要说明的是，对于在生产过程中难以查清的事故原因或出现几种说法与争议，事故性质或原因难以定夺时，一般是由安全生产监督管理机构组织专家再进行调查、研究、讨论后进行认定，最后由负责事故调查的当地人民政府或安全生产监督管理机构审定并向社会公布。

第二节　事故责任的划分与追究

一、事故责任的划分

事故责任的划分或者分析是在事故原因分析的基础上进行的，进行责任的划分或分析的目的是使责任者吸取事故教训，改进工作。

事故责任的划分和分类如下。

（一）事故的直接责任者

事故的直接责任者，是指其行为与事故的发生有着直接关系的人员。

（二）事故的主要责任者

事故的主要责任者，是指对事故的发生起着主要作用的人员。发生下列情况之一的，其有关人员负直接责任或主要责任：

1.违章指挥或违章作业、冒险作业而造成事故的；

2.违反安全生产责任制和操作规程而造成事故的：

3.违反劳动纪律，擅自开动机械设备，擅自更改、拆除、毁坏、挪用安全装置或设备而造成事故的。

（三）对事故负有领导责任者

对事故负有领导责任者，是指对事故的发生负有领导责任的人员。发生下列情况之一的，应负领导责任：

1.由于安全生产责任制、安全生产规章和操作规程不健全而造成事故的；

2.未按规定对职工进行安全教育和技术培训，或未经考试合格上岗工作而造成事故的；

3.机械设备超过检修期或超负荷运行或设备有缺陷不采取相应措施而造成事故的；

4.作业环境恶劣、混乱、不安全，未采取措施而造成事故的；

5.新建、改建、扩建工程项目的安全设施，未与主体工程同时设计、同时施工、同时投入生产和使用而造成事故的。

总之，对事故责任的划分或分析，在实际的事故处理中是非常困难而又必须做好的事情，必须以严肃认真的态度对待。要根据事故调查所确认的事实，通过对直接原因和间接原因的分析，确定事故的直接责任者和领导责任者。然后在此基础上，在直接责任和领导责任者中，根据其在事故发生过程中的作用，确定事故的主要责任者（直接责任者、主要责任者、领导责任者)。最后,根据事故后果和责任者应负的责任,提出处理意见和防范措施建议。

在确定事故责任者时,应注意定性的准确性,把直接责任者、主要责任者、领导责任者很好地区分开来。

事故发生后,区分具体实施人员(操作者)的直接责任与领导人员的直接责任的界限:如具体实施人员按领导人员的指示实施,或实施中提出纠正意见未被领导人员采纳而造成伤亡事故的,由领导人员负直接责任;如具体实施人员提出了违反有关法规规定的主张、做法,由于领导人员同意实施,或者具体实施人员明知领导的指示却违反有关法规规定,但不向领导人员反映,仍继续实施而造成伤亡事故的,则具体实施人员和领导人员都负直接责任。

分清职责范围与直接责任的关系:在自己的规定职责范围和特定义务范围之外,发生伤亡事故的,不负直接责任;如果分工不清,职责不明,就以其实际工作范围和群众公认的职责范围作为认定责任的依据。

如果是由集体研究做出错误决定而造成伤亡事故的,应由主持研究拍板定案者负主要责任。在安全生产工作方面,负有领导责任者一般可分为:负有直接领导责任者;负有重要领导责任者;负有一般领导责任者。对于有关领导责任人员的责任区分如下。

(1)直接领导责任者,是指在法定职责范围内,对其直接主管的工作不负责任,不履行或不正确履行自己的职责,对事故预防和发生负主要领导责任的领导干部或经营管理者。

(2)重要领导责任者,是指在法定职责范围内,对自己应管的工作或应由其参与决定的工作,不履行或不正确履行自己职责,对事故预防和发生负次要领导责任的领导干部或经营管理者。

(3)一般领导责任者,是指对下属单位存在的问题失察或发现后纠正不力,对事故预防和发生负一定领导责任的领导干部或经营管理者。

二、事故责任的追究

事故责任追究,是指因安全生产责任者未履行与安全生产有关的法定责任或义务,根据其行为的性质及后果的严重性,追究其行政责任、民事责任或刑事责任的一种制度(安全生产违法行为的法律责任追究方式基本是这三种)。

(一)行政责任

行政责任,是指行为人因违反行政法规或因行政法规定而应承担的法律责任。行政责任一般分为职务过错责任和行政过错责任。前者是指行政机关工作人员在执行公务中因滥用职权或违法失职行为而应承担的法律责任;后者是指行政管理相对人因违反行政管理法规而应承担的法律责任。

1.行政责任的种类

(1)行政处分。根据《国务院关于国家行政机关工作人员的奖惩暂行规定》第六条的规定,对国家工作人员的行政处分分为警告、记过、记大过、降级、降职、撤职、留用察看、开除八种。根据《企业职工奖惩条例》第十二条的规定,对企业职工的行政处分分为警告、记过、记大过、降级、降职、留用察看、开除七种,并可给予一定的经济处罚(罚款)。

(2)行政处罚。根据《中华人民共和国安全生产法》和《生产安全事故报告和调查处理条例》等法律法规规定,一般分为:警告;罚款;没收违法所得、没收非法财物;责令停产、停业;暂扣或者吊销许可证、暂扣或者吊销执照;行政拘留六种。

2.事故责任的行政处分规定，主要是对职务性过错的制裁，它包括不作为失职处分和作为失职处分。《国务院关于特大安全事故行政责任追究的规定》（国务院令第 302 号）对各种不作为失职行为和作为违法、违纪行为的处分都做了明确规定；《中华人民共和国安全生产法》第六章对安全生产监督管理人员的行政法律责任也有明确的规定。主要有以下几类：

①防范性工作失职处分；

②确保中小学生社会实践活动安全的失职处分；

③安全审批失职处分；

④监督管理失职处分；

⑤事故调查处理失职处分。

3.事故责任的行政处罚规定在《中华人民共和国安全生产法》《中华人民共和国突发事件应对法》《国务院关于特大安全事故行政责任追究的规定》《中华人民共和国消防法》《中华人民共和国矿山安全法》《中华人民共和国建筑法》《中华人民共和国环境保护法》《中华人民共和国治安管理条例》和《生产安全事故报告和调查处理条例》等法律、法规中，对违反安全规定或因违法行为造成事故的责任人（公民、法人或其他组织）的行政处罚，都有具体规定，在此不再叙述。

（二）刑事责任

刑事责任，是指行为人违反安全生产法律规定构成犯罪的，由司法机关依照刑事法律给予刑罚的法律责任。在我国，认定和追究刑事责任的主体只能是国家审判机关，即各级人民法院；承担刑事责任的主体只能是刑事违法者本人。

根据我国刑法中的规定，与安全生产有关的犯罪主要有危害公共安全罪，渎职罪，生产、销售伪劣商品罪和重大环境污染事故罪。其中危害公共安全罪是一类社会危害性非常严重的犯罪，是《刑法》分则规定的犯罪中除危害国家安全罪外，客观危险性最大的一类犯罪。罪名包括重大飞行事故罪、铁路运营事故罪、交通肇事罪、重大责任事故罪、重大劳动事故罪、危险物品肇事罪、工程重大事故罪、教育设施重大事故罪、消防责任事故罪等。

《中华人民共和国安全生产法》第七十七条、七十九条、八十条、八十一条、八十二条、八十四条、八十五条、八十八条、九十条、九十一条和九十二条，对追究刑事责任做了具体规定；同时，《生产安全事故报告和调查处理条例》第二十八条、三十五条、三十六条、三十九条、四十条和四十一条也做出了相应规定。在此不再叙述。

（三）民事责任

民事责任，是指行为人违反民事法律规定而造成民事损害，由人民法院依照民事法律强制其进行民事赔偿的法律责任。民事责任主要表现为财产责任，是一种救济责任，用于救济当事人的权利，赔偿或补偿当事人的损失，多数可通过当事人协商解决。民事责任大体可分为违约民事责任和侵权民事责任两大类。

安全生产的民事责任主要是侵权民事责任，包括财产损失赔偿责任和人身伤害民事责任。《中华人民共和国安全生产法》第七十九条、八十六条、九十五条和四十八条，以及《生产安全事故报告和调查处理条例》相关条款对有关民事责任都做出了具体规定，在此不再叙述。

第三节 事故处理

一、伤亡事故的处理

事故的处理工作是一项极其严肃的工作，必须认真对待，真正查明事故原因，才能明确责任，吸取教训，进而避免同类事故的重复发生。《中华人民共和国安全生产法》明确规定了生产事故调查处理的原则是：实事求是、尊重科学、及时准确。

伤亡事故处理的目的是通过对事故责任者的处罚来教育广大干部和群众，使其认真执行国家安全生产方针，遵守安全生产法规，杜绝"三违"现象，防止相同或类似事故的发生。所以事故处理工作必须坚持"四不放过"的原则，就是"事故原因不查清不放过；防范措施不落实不放过；职工群众没有受到教育不放过；事故责任者没受到处理不放过"。

国务院关于《生产安全事故报告和调查处理条例》和有关规定，对伤亡事故的处理也做出了原则规定，下面进行简单归纳。

（一）事故调查组提出的事故处理意见和防范与整改措施，由发生事故的单位（企业）和主管部门负责组织落实，并接受单位工会组织和职工的监督。当地安全生产监督管理部门和负有安全生产监督管理职责的有关部门，对事故发生单位落实防范和整改措施的情况进行监督检查。

（二）因忽视安全生产、违章指挥、违章作业、玩忽职守或者发现事故隐患、危害员工生命安全情况而不采取有效措施以致造成伤亡事故的，由单位（企业）主管部门和安全生产监督管理部门按照国家有关规定，对单位（企业）负责人和直接责任人员给予行政处分；构成犯罪的，由司法机关依法追究刑事责任。

（三）违反安全生产有关规定，在伤亡事故发生后隐瞒不报、谎报、故意迟延不报、故意破坏事故现场，或者无正当理由，拒绝接受调查以及拒绝提供有关情况和资料的，由安全生产监督管理部门和负有安全生产监督管理职责的有关部门按照国家规定，对有关单位负责人和直接责任人员给予行政处分；构成犯罪的，由司法机关依法追究刑事责任。

（四）一般事故、较大事故和重大事故，负责事故调查的人民政府在收到事故报告之日起15日内做出处理批复；特别重大事故，30日内做出批复，特殊情况下，批复时间可以适当延长，但延长时间最长不超过30日。

（五）伤亡事故处理情况，应当由负责事故调查的人民政府或者授权的有关部门、机构及时向社会公布。在具体进行伤亡事故处理时，应注意以下几点。

1.在处理事故时，应当依据《中华人民共和国安全生产法》，并结合各级安全生产责任制的规定，分清事故的直接责任者（指其行为与事故的发生有直接关系的人员）、主要责任者（指对事故的发生起主要作用的人员）和领导责任者（指对事故的发生负有领导责任的人员）。

2.凡是因错误指挥，缺乏安全生产规章制度，使职工无章可循，不按规定对职工进行安全技术教育和考核，安全管理混乱，实行经济承包、租赁，承包合同没有劳动保护内容；机械设备和设施不按时检修或明知设施有隐患而不及时消除；劳动条件和作业环境恶劣而不采取措施、又不按规定提取和使用安全措施经费，或者自然环境发生变化导致作业环境出现危险和出现事故预兆而不采取紧急措施；新建、改建、扩建工程和技术改造项目，安全卫生设施不与主体工程实行“三同时”，以致造成伤亡事故的，应当追究单位主要负责人和有关领导人的责任。

3.凡是因违章指挥、违章作业、玩忽职守、违反劳动纪律，或发现危急情况既不报告也不采取应有措施，不按规定配备、穿戴防护用品和用具以致造成伤亡事故的，应当追究事故直接责任者或主要责任者的责任。

4.对事故责任者的处理，应当以教育为主，或者给予适当的行政处分和经济处罚。对事故责任者的处罚并不是事故调查的最终目的，其目的是使其吸取事故教训，避免再犯类似错误。但如果事故责任者的情节恶劣，后果严重，触犯了刑法，则应提请司法部门依法追究刑事责任。

总之，对事故进行处理（对事故责任者的教育与处理），是对人民、对国家的一种高度负责的责任感，是保护人民和国家财产、防止类似事故重复发生的重要手段，是教育当事人和职工群众的一种方法，应该引起足够的重视。

二、事故的批复与结案

根据国家有关规定，职工伤亡事故的处理应按以下原则进行审批结案（指生产事故）。

（一）轻伤事故由事故发生单位（企业）处理结案。

（二）重伤事故由事故发生单位（企业）调查组提出处理意见，并由事故发生单位所在地的县（区）级安全生产监督管理部门批复结案，或根据事故调查组的事故调查报告做出处理决定（应征得企业所在地的政府安全生产监督管理部门的意见，由企业主管部门批复）。

事故发生单位对于上述两种事故发生和处理情况，即所发生的轻伤和重伤人员名单以及处理结案，还要及时呈报所在地的劳动和社会保障部门及劳动保险部门备案，以便及时做好受伤人员的评残和工伤福利工作。

（三）一般事故（死亡事故）由事故调查组提出处理意见，报请事故发生单位所在地的县（市、区）级人民政府批复结案（或地市级安全生产监督管理部门批复结案或处理）。

（四）较大事故（死亡事故）由事故调查组提出处理意见，报请事故发生单位所在地的地（市）级人民政府批复结案（或省、自治区、直辖市安全生产监督管理部门批复结案或处理）。

（五）重大死亡事故由事故调查组提出处理意见，由省、自治区、直辖市人民政府（或国家安全生产监督管理部门）批复结案。

（六）特别重大事故由事故调查组提出处理意见，由省、自治区、直辖市人民政府或国务院有关部门呈报事故调查报告，由国务院或国家安全生产监督管理部门批复结案。

对于伤亡事故处理，如企业或企业主管部门对安全生产监督管理部门的审查答复持有不同意见时，报上一级安全生产监督管理部门处理，如仍有不同意见，报请同级人民政府裁决，按最后裁决意见执行，企业和企业主管部门不得自行处理结案。

职工伤亡事故处理结案后，要在全体职工大会上或以通知、通告或公开宣布处理结案。对有关人员的处分决定，要装入本人档案。安全生产监督管理部门和有关部门对处理结果执行情况要进行监督检查。

伤亡事故处理结案后，按照 GB 6442—86《企业职工伤亡事故调查分析规则》的规定，应将下列事故资料归档保存：

1.职工伤亡事故登记表；

2.职工死亡、重伤事故调查报告书及批复；

3.现场调查记录、图纸、照片；

4.事故技术鉴定和试验报告；

5.事故的物证、人证材料；

6.事故的直接和间接经济损失材料；

7.事故责任者自述材料；

8.医疗部门对伤亡人员的诊断书；

9.发生事故的工艺条件、操作情况和设计资料；

10.处分决定和受处分人员的检查材料；

11.事故通报、简报及文件；

12.注明参加事故调查组的人员姓名、职务和单位。

事故资料的保存（归档）方式，除书面记录、照片（图片）等普通方式外，一些重要的资料应尽可能利用现代化的手段，如磁盘、光盘、细微胶片等进行保存，既便于查阅，又能长期保存。通常情况下，每起事故应单独建立相应的事故档案。建立事故档案时，应按照国家的有关档案标准进行，使事故档案工作标准化，为事故的统计分析工作发挥其应有的作用（相关事故档案将在第十章中阐述）。

在此，应该指出的是，很多事故发生单位，对于轻伤事故和重伤事故，尤其是轻伤事故不予重视，不计入统计范围之内，不纳入事故的处理与管理之中，尤其是目前一些事故发生单位，所出现的死亡事故人数多于轻伤事故人数，这是一种非常不正常的可怕现象！

第八章 应急救援装备

第八章 应急救援装备

- 第一节 应急装备概述
  - 应急救援装备的作用
  - 应急救援装备分类
  - 应急救援装备保障要求
- 第二节 监测装备
  - 有毒有害气体监测仪
  - 红外烟雾探测仪
  - 红外热成像仪
  - 环境监测仪器
  - 生命探测器
  - 核放射探测仪
  - 漏电探测仪
  - 侦检机器人
  - 地下管线、电缆影像仪
  - 无人飞机
- 第三节 预警装备
  - 监测报警器
  - 手摇式报警器
  - 呼救器
  - 手表式近电报警器
  - 信号枪
  - 手持发射火箭
  - 手持发射伞式信号弹
  - 安全标志
- 第四节 个体防护装备
  - 头部防护装备
  - 眼面部防护装备
  - 呼吸器官防护装备
  - 听觉器官防护装备
- 第五节 通信信息装备
  - 应急通信信息装备种类
  - 通信信息装备的功能与使用
  - 无线微波摄像监控系统
- 第六节 医疗救护装备
  - 普通救护车
  - ICU救护车
  - 担架的种类及应用
  - 头部固定器
  - 夹板
  - 急救训练模拟人
- 第七节 灭火装备
  - 便携灭火装备------灭火器
- 第八节 辅助灭火装备
  - 消防栓
  - 消防泵
  - 消防照明
  - 三项射流水枪
  - 排烟装备
  - 逃生装备
  - 破拆器具

第 一 节 应急装备概述

工欲善其事，必先利其器！

应急救援装备，是应急救援的作战武器。要提高应急救援能力，保障应急救援工作的高效开展，迅速化解险情，控制事故，就必须为应急救援人员配备专业的应急救援装备。救援无装备，如作战没武器，想要打胜仗，绝不可能。而有了先进的应急装备，不能正确选择使用，充分施展其功能，再好的应急装备也会大打折扣，降低救援效果。应急救援装备是应急救援的有力武器与根本保障。应急救援装备的配备与使用，是应急救援能力的根本基础与重要标志。因此，必须深刻理解应急救援装备的重要作用，并加强装备选择与使用培训，做到会选择、会使用、会维护、会排除故障，充分发挥应急装备的应急救援保障作用。

一、应急救援装备的作用

应急救援装备的作用，主要体现在以下 4 个方面：

(一)高效处置事故

高效处置事故，尽可能地避免、减少人员的伤亡和经济损失，是应急救援的核心目标。险情、事故的多样性、复杂性，决定了在应急救援行动中必须使用种类不一的应急救援装备。如发生火灾，要使用灭火器消防车；发生毒气泄漏，要使用空气呼吸器、防毒面具；发生停电事故，要使用应急照明；管线穿孔，易燃易爆物质泄漏，必须立即使用专业器材进行堵漏等。如果没有专业的应急救援装备，火灾将得不到遏制，泄漏将无法控制，抢险人员的生命将得不到保障，低下的应急救援能力将使事故不断升级恶化，造成难以估量的恶果。在险情突发之时，如果监测装备、控制装备能够及时投入使用，消除险情，避免事故，便可有效避免人员伤亡。事故初发之时，高效的应急救援装备，会将事故尽快予以控制。应急救援装备，是高效处置事故的重要保障。

(二)保障生命安全

在险情突发之时，如果监测装备、控制装备能够及时启动，消除险情，避免事故，就可从根本上消除对相关人员的生命威胁、避免人员伤亡。譬如，油气管线泄漏，若可燃气体监测仪能及时监测报警，就可以在泄漏初期及早处置，避免火灾爆炸事故的发生。同样，事故发生之后，及时启用相应的应急救援装备，也可以有效控制事故，有效避免、减轻相关人员的伤亡，从而避免事故的恶化、扩大。如果救援装备配备不到位，功能不到位，一起小事故仍可能恶化成一场群死群伤的灾难。

(三)消减财产损失和生态破坏

高效的应急救援装备,会将事故尽快予以控制,避免事故恶化,在避免、减少人员伤亡的同时,有效避免、减少财产损失。譬如,成功处置了易燃易爆管线、容器的泄漏,避免了火灾爆炸事故的发生,不仅能避免人员的伤亡,同样也会使设备、装备免受损害,避免造成重大的财产损失,避免企业赖以生存的物质基础受到破坏。

许多事故发生之后,都会对水源、大气造成污染,如运输甲苯、苯等危险化学品运输车辆翻进河流,发生泄漏,就会直接对水源造成污染。如果运输液氨、液氯、硫化氢等危险化学品的车辆发生泄漏,就会直接对大气造成污染。如果应急救援不及时,就会造成不可估量的后果。即便没有造成人员伤亡,直接间接的处理、善后费用,往往都是一个惊人的数字。

(四)维护社会稳定

许多事故发生之后,往往会引起局部地区的社会恐慌,甚至引发社会动荡。如危险化学品运输车辆翻进河流,发生泄漏,对水源造成污染,就会使相应地区的居民产生恐慌,严重者会引发局部地区的社会动荡。如 2005 年 11 月 13 日,吉林省吉林市某石化公司双苯厂苯、胺装置硝化单元发生着火爆炸事故,造成当班的 6 名工人中 5 人死亡、1 人失踪,60 多人不同程度受伤,事故还造成松花江严重污染,哈尔滨因此全市停水 4 天,严重影响了沿江居民的正常生活。如果当初能配置先进的应急救援装备,迅速扑灭,就会避免大量污染水的外排,从而在相当程度上弱化对社会的影响。先进的应急救援装备,能有效提高应急救援的能力,消减人员的伤亡和财产损失,有效保护环境和社会稳定,充分体现生命至上、安全发展、科学发展的时代理念。

二、应急救援装备分类

应急救援装备,指用于应急管理与应急救援的工具、器材、服装、技术力量等。如消防车、监测仪、防化服、隔热服;应急救援专用数据库、GPS 技术、GIS 技术等各种各样的物资装备与技术装备。应急救援装备种类繁多,功能不一,适用性差异大,可按其具体功能、适用性、使用状态进行分类。

(一)按照适用性分类

应急装备种类繁多,有的适用性很广,有的则具有很强的专业性。一般可将应急装备分为通用性应急装备、特殊应急装备。通用性应急装备,主要包括:个体防护装备,如呼吸器、护目镜、安全带等;消防装备,如灭火器、消防锹等;通信装备如固定电话、移动电话、对讲机等;报警装备,如手摇式报警,电铃式报警等装备。

特殊应急装备,因专业不同而各不相同,可分为灭火装备、危险品泄漏控制装备、专用通信装备、医疗装备、电力抢险装备等。具体又细分为很多种小类,如:

1.危险化学品抢险用的防化服,易燃易爆有毒有害气体监测仪等;

2.消防人员用的高温避火服、举高车,救生垫等;

3.医疗抢险用的铲式担架、氧气瓶、救护车等;

4.水上救生用的救生艇、救生圈、信号枪等;

5.电工用的绝缘棒、电压表等;

6.煤矿用的抽风机、抽水机等；

7.环境监测装备，如水质分析仪，大气分析仪等；

8.气象监测仪，如风向标，风力计等；

9.专用通信装备，如卫星电话、车载电话等；

10.专用信息传送装备，如传真机、无线上网笔记本电脑等。

(二)按照功能分类

根据应急救援各种装备的功能，可将应急救援装备分为预测预警装备、个体保护装备、通信与信息装备、灭火抢险装备、医疗救护装备、交通运输装备、工程救援装备、应急技术装备八大类及若干小类。

1.预测预警装备。具体可分为：监测装备、报警装备、联动控制装备、安全标志等。

2.个体防护装备。具体可分为：头面部保护装备、眼睛防护装备、听力防护装备、呼吸器官防护装备、躯体防护装备、手部防护装备、脚部防护装备、坠落防护装备等。

3.通信与信息装备。具体可分为：防爆通信装备、卫星通信装备、信息传输处理装备等。

4.灭火抢险装备。具体可分为：灭火器、消防车、消防炮、消防栓、破拆工具、登高工具、消防照明、救生工具、常压、带压堵漏器材等。

5.医疗救护装备。具体可分为：多功能急救箱、伤员转运装备、现场急救装备等。

6.交通运输装备。如运输车辆、装卸设备等。

7.工程救援装备。如地下金属管线探测设备、起重设备、推土机、挖掘机、探照灯等。

8.应急技术装备。如用于支撑应急救援的通信、地理信息、堵漏等技术装备，如 GPS（Global Positioning System，全球卫星定位系统）技术、GIS（ Geographical Information System，地理信息系统）技术、无火花堵漏技术等。

(三)根据使用状态分类

根据应急救援装备的使用状态，应急救援装备可分为日常应急救援装备和战时应急救援装备两类。

1.日常应急装备

日常应急装备，是指日常生产、工作、生活等正常情况下，仍然运行的应急通信、视频监控、气体监测等装备。

日常应急装备，主要包括用于日常管理的装备，如随时进行监控、接受报告的应急指挥大厅里配备的专用通信设施、视频监控设施等，以及进行动态监测的仪器仪表，如固定式可燃气体监测仪、大气监测仪、水质监测仪等。

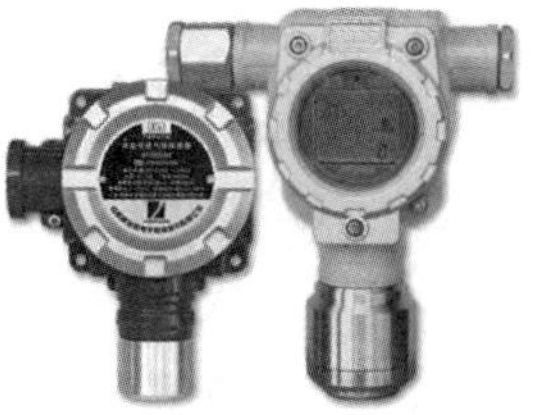

图 8—1　定式可燃气体检测仪

图 8—2　大气检测仪

2.战时应急装备

战时应急装备，即指在出现事故险情或事故发生时，投入使用的应急救援装备。如灭火器、消防车、空气呼吸器、抽水机、排烟机等。

图 8—3　灭火器

图 8—4　空气呼吸器

日常应急救援装备与战时应急装备不能严格区分，非此即彼，许多应急救援装备既有日常应急救援装备特点，又有战时应急救援装备特点。如水质监测仪，在生产、工作、生活等正常情况下主要是进行日常监测预警，在事故发生时，则是进行动态监测，确定应急救援行动是否结束。

三、应急救援装备保障要求

应急救援保障系统，包括通信与信息保障、人力资源保障法制体系保障、技术支持保障、物资装备保障、培训演练保障、应急经费保障等诸多系统。应急装备保障是物资装备保障的重要内容。

应急救援装备保障总体要求，主要包括种类选择、数量确定、功能要求、使用培训、检修维护等方面。

(一)应急救援装备种类选择

应急救援装备的种类很多，同类产品在功能、使用、质量价格等方面也存在很大差异，特别是国内外产品差距最为明显。那么如何进行类型选择呢？

1.根据法规要求进行配备

对法律法规明文要求必备的，必须配备到位。随着应急法治建设的推进，相关的专业应急救援规程、规定、标准必将出现。对于这些规程、标准、规定要求配备的装备必须依法配备到位。

2.根据预案要求进行种类选择

应急预案是应急准备与行动的重要指南,因此,应急救援装备必须依照应急预案的要求进行选择配备。

应急预案中需要配备的装备,有些可能明确列出,有些可能列出通用性要求。对于明确列出的装备直接照方抓药即可,而对于没有列出具体名称,只列出通用性要求的设备,则要根据要求,根据所需要的功能与用途认真选定,充分满足应急救援的实际需要。

3.应急救援装备选购

应急救援的装备种类很多,价格差距往往也很大。在选购时,首先要明确需求,从功能上正确选购;其次要考虑到运用的方便,从实用性上进行选购;再次,要保证性能稳定,质量可靠,从耐用性、安全性上选购;最后要经济性合理。从价格和维护成本上货比三家,在满足需要的前提下,尽可能地少花钱多办事。

4.严禁采用淘汰类型的产品

应急救援装备也有一个产生、改进、完善的过程,在这个过程中,可能出现因设计不合理,甚至存在严重缺陷而被淘汰的产品,对这些淘汰产品必须严禁采用。如果采用这些淘汰产品,在应急救援行动过程中,就会降低救援的效率,甚至引发不应发生的次生事故。

(二)应急救援装备数量要求

应急救援装备的配备数量,应坚持三个原则,确保应急救援装备的配备数量到位。

1.依法配备

对法律法规明文要求必备数量的,必须依法配备到位。

2.合理配备

对法律法规没做明文要求的,按照预案要求和企业实际,合理配备。

3.备份配备

任何设备都可能损坏,因此,应急装备在使用过程中突然出现故障,无论从理论上分析,还是从实践中考虑,都会发生。一旦发生故障,不能正常使用,应急行动就可能被迫中断。譬如,总指挥的手机突然损坏,或电池耗尽,不能正常使用,指挥通信系统的中断,就很可能使应急救援行动处于等待指示的中断状态之中。再如,遇到氨气泄漏,如果只有一具空气呼吸器,此空气呼吸器出现故障不能正常使用或者余量不足,现场救援处置行动必将因此而停止。

遇到上述种种情况怎么办?最好的方法,就是事先进行双套备份配置,当设备出现故障不能正常使用时,立即启用备用设备。

因此,对于一些特殊的应急装备,必须进行双套配置,如移动通信话机突然坏了,不能正常进行指挥,只有靠备用移动通信工具;空气呼吸器如果突然出现严重故障,不能正常使用,谁也不能冒险进入毒气区进行操作,如若不然,就必然造成事故的恶化。

对于双套配置的问题,要根据实际全面考虑。既不要怕花钱,也不能一概而论,造成过度投入,浪费资金。要遵循三个准则:一是保证救援行动不出现严重的中断,不受到严重影响;二是量力而行,有能力,尽可能双套配置,对一些关键设备如通信话机电源、事故照明等必须双套配置,如能力不足则循序渐进,逐步配齐;三是考察装备稳定性,如稳定性很高,难以损坏,则可单套配置。

（三）应急救援装备的功能要求

应急救援装备的功能要求，就是要求应急救援装备应能完成预案所确定的任务。

特别注意，对于同样用途的装备，会因使用环境的差异出现不同的功能要求，这就必须根据实际需要提出相应的特殊功能要求。譬如，在高温潮湿的南方，在寒冷低温的北方，可燃气体监测仪、水质监测仪能否正常工作。许多情况下，应急装备都有其适用温度、湿度范围等限制，因此，在一些条件恶劣的特殊环境下，应该特别注意装备的适用性。如果不适用，就非但无益，反而有害了。

（四）应急救援装备的使用要求

应急救援装备是用来保障生命财产安全的"生命装备"，必须严格管理，正确使用，仔细维护，使其时刻处于良好的备用状态。同时，有关人员必须会使用，确保其功能得到最大限度的发挥。

应急救援装备的使用要求，主要包括以下几个方面。

1.专人管理，职责明确

应急救援装备，大到价值数百万的抢险救援车，小到普普通通的防毒面具，都应指定专人进行管理，明确管理要求，确保装备的妥善管理。

2.严格培训，严格考核

要严格按照说明书要求，对使用者进行认真的培训，使其能够正确熟练地使用，并把对应急救援装备的正确使用作为对相关人员的一项严格的考核要求。要特别注意一些貌似简单，实为易出错环节的培训与考核。譬如，对于防毒面具，许多人一看就明白，认为把橡胶面具拉开往脸上一戴就万事大吉了。其实不然，必须先拔开气塞，保证呼吸畅通，才能戴面具，如若不然，就可能发生窒息事故。这种不拔气塞就戴面具并憋得面红耳赤的事情，在紧急状况下屡见不鲜，主要原因就是心理紧张和操作不熟练。再如，对于可燃气体监测仪，使用前，必须先校零，只有消除零位飘移，才能保证监测数据的准确，如若不然，就会得出错误的结果，作出错误的决策。

（五）应急救援装备的维护要求

对应急装备，必须经常进行检查，正确维护，保持随时可用的状态，否则，就可能不仅造成装备因维护不当而损坏，同时，会因为装备不能正常使用，而延误事故处置。应急装备的检查维护，必须形成制度化、规范化。应急装备的维护，主要包括两种形式：

1.定期维护

根据说明书的要求，对有明确的维护周期的，按照规定的维护周期和项目进行定期维护，如可燃气体监测仪的定期标定、泡沫灭火剂的定期更换、灭火器的定期水压试验等。

2.随机维护

对于没有明确维护周期的装备，要按照产品说明书的要求，进行经常性的检查，严格按照规定进行管理。发现异常，及时处理，随时保证装备完好可用。

第二节 监测装备

在石油、石化行业，用于应急救援的监测装备，主要包括有毒有害气体监测仪，红外烟雾探测仪，红外热成像仪，环境监测仪器，生命探测器，红外测温仪，核放射探测仪，漏电探测仪，侦检机器人，地下管线、电缆影像仪，无人飞机等。

一、有毒有害气体监测仪

(一)生产过程中常见有毒有害气体

在石油化工生产过程中，对财产与人的健康、生命造成危害的因素大体上可以分为物理、化学与生物三类，其中，化学因素的影响危害性最大，而有毒有害气体又是化学因素中最普遍、最常见的部分。

有毒有害气体分为可燃气体与有毒气体两大类。有毒气体又根据它们对人体不同的作用机理分为刺激性气体、窒息性气体和急性中毒的有机气体三大类。其中，刺激性气体包括氯气、光气、双光气、二氧化硫、氮氧化物、甲醛、氨气、臭氧等气体。刺激性气体对机体作用的特点是对皮肤、黏膜有强烈的刺激作用，其中一些同时具有强烈的腐蚀作用。刺激性气体对机体的损伤程度与其在水中的溶解度与作用部位有关。

一般来说，水溶性大的化学物，如氯气、氨气、二氧化硫等对眼睛和上呼吸道迅速产生刺激作用，很快出现眼睛和上呼吸道的刺激症状；水溶性较小的化学物，如光气、二氧化氮等，对下呼吸道及肺泡的作用较明显。刺激性气体造成病变的严重程度除化学物本身的性质外，最重要的是与接触化学物的浓度和时间密切相关。短期接触高浓度刺激性气体，可引起严重急性中毒，而长期接触低浓度则可造成慢性损伤。

急性刺激性气体中毒通常先出现眼睛及上呼吸道刺激症状，如眼结膜充血、流泪、流涕、咽干、咳嗽、胸闷等症状，随后这些症状可减轻或消失，经过几小时至几天不等的潜伏期后症状突然重现，并很快加重，严重者可发生化学性支气管肺炎、肺水肿，表现为剧烈咳嗽、咯白色或粉红色泡沫痰、呼吸困难、发绀等，可因肺水肿或并发急性呼吸窘迫症等导致残废。窒息性气体包括一氧化碳、硫化氢、氰氢酸、二氧化碳等。这些化合物进入机体后导致的组织细胞缺氧各不相同。一氧化碳进入体内后主要与红细胞的血红蛋白结合，形成碳氧血红蛋白，致使红细胞失去携氧能力，组织细胞得不到足够的氧气。

氰化氢进入机体后，氰离子直接作用于细胞色素氧化酶，使其失去传递电子能力，结果导致细胞不能摄取和利用氧，引起细胞内窒息。甲烷本身对机体无明显的毒害，其造成的组织细胞缺氧实际是由于吸入气中氧浓度降低所致的缺氧性窒息。硫化氢进入机体后的作用是多方面的。硫化氢与氧化型细胞色素氧化酶中的价铁结合,抑制细胞呼吸酶的活性,导致组织细胞缺氧,硫化氢可与谷胱甘肽的巯基结合,使谷胱甘肽失活,加重了组织细胞的缺氧程度。另外,高浓度硫化氢通过对嗅神经、呼吸道黏膜神经及颈动脉窦和主动脉体的化学感受器的强烈刺激,导致呼吸麻痹,甚至猝死。

急性中毒的有机溶剂有正己烷、二氯甲烷等。这些有机挥发性化合物同以上无机有毒气体一样,也会对人体的呼吸系统与神经系统造成危害,有的致癌,如苯。由于有机化合物大多为可燃物质,所以对于有机化合物的检测以前大多检测它的爆炸性,但有机化合物的最低爆炸极限远远大于它的MAC(空间最大允许浓度)的值。也就是说,对有机化合物的毒性进行检测是必要的,也是必需的。

可燃性气体的危害主要是气体燃烧引起爆炸,从而对财产与人的生命造成危害。但可燃气体发生爆炸必须具备一定的条件。定量的可燃气体、足够的助燃气体与点火能量。以上三个条件缺一不可。通常将可燃气体发生爆炸的气体浓度称为最低爆炸极限,一般用 LEL 表示。对于可燃气体的检测一般检测它的 LEL。

(二)有毒有害气体的检测原理与分类

气体检测器的关键部件为传感器。气体传感器从原理上可以分为三大类:

1.利用物理化学性质的气体传感器:如半导体、催化燃烧、固体导热、光离子化等。

2.利用物理性质的气体传感器:如热导、光干涉、红外吸收等。

3.利用电化学性质的气体传感器:如电流型、电势型等。

下面结合有毒有害气体检测常用的几种检测器来介绍它们的原理。

对于常见的可燃气体 LEL(爆炸下限)的检测,现在一般用催化燃烧检测器。通过该方法检测可燃气体,分辨率较低,分辨率一般为 1%LEL,大约为 100ppm(ppm $=1\times10^{-6}$),所以,对于有机气体毒性的检测不能采用该检测方法。

对于常见有毒气体的检测,特别是无机毒气,一般采用专用的传感器进行检测。既定性又定量进行检测。该类传感器大多为电化学传感器。电化学传感器一般为三电极的形式,采用三电极的传感器的输出更稳定,寿命更长。

对于有机挥发性气体毒性的检测,以前一般采用检测管的方法,但由于检测管的种类有限,且准确度不高,操作麻烦,所以实际应用受到影响。目前,世界上比较先进的检测方法为光离子化检测方法,它的原理为,通过一紫外灯将目标气体电离,离子通过一传感器收集形成电流,该电流与目标气体的浓度成正比,从而实现对有机挥发性气体的定量检测,由于是离子级别的检测,所以该方法的分辨率高、响应时间快。

(三)有毒有害气体监测仪分类

1.按检测对象分类,有可燃性气体(含甲烷)检测报警仪有毒气体检测报警仪、氧气检测报警仪。

2.按检测原理分类,可燃性气体检测有催化燃烧型、半导体型、热导型和红外线吸收型等;有毒气体检测有电化学型、半导体型等;氧气检测有电化学型等。

3.按使用方式分类,有便携式和固定式。

4.按使用场所分类,有常规型和防爆型。

5.按使用功能分类,有气体检测仪、气体报警仪和气体检测报警仪。

6.按采样方式分类,有扩散式和泵吸式。

7.按检测气体种类分类,有单一式和复合式。

在石油化工生产中,使用最多的是可燃气体监测仪,一般而言,一台仪器一般能监测出甲烷、乙炔、氢气等几种甚至 30 多种易燃易爆气体浓度。现在国内外的此类产品非常多,市场需求量大,可供选择的产品也多。

(四)气体检测仪的选择

对于各类不同的生产场合和检测要求,选择合适的气体检测仪很重要。要根据具体情况进行选择,具体如下:

1.确认所要检测气体种类和浓度范围

在选择气体检测仪时就要考虑到所有可能发生的情况。如果甲烷和其他毒性较小的烷烃类居多,选择可燃气体检测仪无疑是最为合适的。这不仅是因为可燃气体 LEL 检测仪原理简单,应用较广,同时它还具有维修、校准方便的特点。

如果存在一氧化碳、硫化氢等有毒气体,就要优先选择一个特定气体检测仪才能保证工作人员的安全。

如果更多的是有机有毒有害气体,考虑到其可能引起人员中毒的浓度较低,如芳香烃、卤代烃、氨(胺)、醚、醇、脂等就应当选择光离子化检测仪,而绝对不要使用可燃气体 LEL 检测器应付,因为这可能会导致人员伤亡。

如果气体种类覆盖了以上几类气体,选择一个复合式气体检测仪可能会达到事半功倍的效果。

2.根据使用场合进行选择

工业环境的不同,选择气体检测仪种类也不同。

(1)固定式气体检测仪。这是在工业装置上和生产过程中使用较多的检测仪。它可以安装在特定的检测点上对特定的气体泄漏进行检测。固定式检测器一般为两体式,有传感器和变送组成的检测头为一体安装在检测现场,有电路、电源和显示报警装置组成的二次仪表为一体安装在安全场所,便于监视。它的检测原理同前节所述,只是在工艺和技术上更适合于固定检测要求的连续、长时间稳定等特点。它们同样要根据现场气体的种类和浓度加以选择,同时还要注意将它们安装在特定气体最可能泄漏的部位,如要根据气体的比重选择传感器安装的最有效的高度等。

(2)便携式气体检测仪。由于便携式仪器操作方便,体积小巧,可以携带至不同的生产部位,电化学检测仪采用碱性电池供电,可连续使用 1000h;新型 LEL 检测仪、PID 和复合式仪器采用可充电电池(有些已采用无记忆的镍氢或锂离子电池),使得它们一般可以连续工作近 12h,所以,作为这类仪器在各类工厂和卫生部门的应用越来越广。如果是在开放的场合,比如敞开的工作车间使用这类仪器作为安全报警,可以使用随身佩戴的扩散式气体检测仪,因为它可以连续、实时、准确地显示现场的有毒有害气体的浓度。这类的新型仪器有的还配有振动警报附件,以避免在嘈杂环境中听不到声音报警,并安装计算机芯片来记录峰值、STEL(15min 短期暴露水平)和 TWA(8h 统计权重平均值),为工人健康和安全提供具体的指导。

如果是进入密闭空间,如反应罐、储料罐或容器、下水道或其他地下管道、地下设施、农业密闭粮仓、铁路罐车、船运货舱、隧道等工作场合，在人员进入之前，就必须进行检测，而且要在密闭空间外进行检测。此时，就必须选择带有内置采样泵的多气体检测仪。因为密闭空间中不同部位(上、中、下)的气体分布和气体种类有很大的不同。比如，一般意义上的可燃气体的相对密度较轻，它们大部分分布于密闭空间的上部；一氧化碳和空气的相对密度差不多，一般分布于密闭空间的中部；硫化氢、二氧化碳等较重气体则存在于密闭空间的下部。

同时，氧气浓度也是必须要检测的种类之一。另外，如果考虑到罐内可能的有机物质的挥发和泄漏，一个可以检测有机气体的检测仪也是需要的。因此，一个完整的密闭空间气体检测仪，应当是一个具有内置泵吸功能，以便可以非接触、分部位检测；具有多气体检测功能，以检测不同空间分布的危险气体，包括无机气体和有机气体；具有氧检测功能，防止缺氧或富氧；体积小巧，不影响工人工作的便携式仪器。只有这样才能保证进入密闭空间的工作人员的绝对安全。

另外，进入密闭空间后，还要对其中的气体成分进行连续不断的检测，以避免由于人员进入、突发泄漏、温度等变化引起挥发性有机物或其他有毒有害气体的浓度变化。

如果用于应急事故、检漏和巡视，应当使用泵吸式、响应时间短、灵敏度和分辨率较高的仪器，这样可以很容易判断泄漏点的方位。在进行工业卫生检测和健康调查的情况时，具有数据记录和统计计算以及可以连接计算等功能的仪器应用起来就非常方便。

目前，随着制造技术的发展，便携式多气体(复合式)检测仪也是我们的一个新选择。由于这种检测仪可以在一台主机上配备所需的多个气体(无机/有机)检测传感器，所以它具有体积小、质量轻、响应快、同时多气体浓度显示的特点。更重要的是，泵吸式复合式气体检测仪的价格要比多个单一扩散式气体检测仪便宜一些，使用起来也更加方便。需要注意的是，在选择这类检测仪时，最好选择具有单独开关各个传感器功能的仪器，以防止由于一个传感器损害影响其他传感器使用。同时，为了避免由于进水等堵塞吸气泵情况发生，选择具有停泵警报的智能泵设计的仪器也要安全一些。

图 8—5　固定式气体检测仪

图 8—6　便携式气体检测仪

(五)使用气体检测仪时需要注意的问题

1.注意经常校准和检测

有毒有害气体检测仪也同其他分析检测仪器一样，都是用相对比较的方法进行测定的：先用一个零气体和一个标准浓度的气体对仪器进行标定，得到标准曲线储存于仪器之中，测定时，仪器将待测气体浓度产生的电信号同标准浓度的电信号进行比较计算得到准确的气体浓度值。因此，随时对仪器进行校零，经常性对仪器进行校准都是保证仪器测量准确的必不可少的工作。需要说明的是：目前很多气体检测仪都是可以更换检测传感器的，但是，这并不意味着一个检测仪可以随时配用不同的检测仪探头。无论何时，在更换探头时除了需要一定的传感器活化时间外，还必须对仪器进行重新校准。另外，建议在各类仪器使用之前，对仪器用标气进行响应检测，以保证仪器真正起到保护的作用。

2.注意各种不同传感器间的检测干扰

一般而言，每种传感器都对应一个特定的检测气体，但任何种气体检测仪也不可能是绝对特效的。因此，在选择一种气体传感器时，都应当尽可能了解其他气体对该传感器的检测干扰，以保证它对于特定气体的准确检测。

3.注意各类传感器的寿命

各类气体传感器都具有一定的使用年限，即寿命。一般来讲，在便携式仪器中，LEL 传感器的寿命较长，一般可以使用 3 年左右；光离子化检测仪的寿命为 4 年或更长一些；电化学特定体传感器的寿命相对短一些，一般在 1—2 年；氧气传感器的寿命最短，一般在 1 年左右。电化学传感器的寿命取决于其中电解液的干涸，所以如果长时间不用，将其密封放在较低温度的环境中可以延长一定的使用寿命。固定式仪器由于体积相对较大，传感器的寿命也较长一些。因此，要随时对传感器进行检测，尽可能在传感器的有效期内使用，一旦失效，要及时更换。

4.注意检测仪器的浓度测量范围

各类有毒有害气体检测器都有其固定的检测范围。只有在其测定范围内完成测量，才能保证仪器准确地进行测定。而长时间超出测定范围进行测量，就可能对传感器造成永久性的破坏。比如，可燃气体 LEL 检测器，如果不慎在超过 100％LEL 的环境中使用，就有可能彻底烧毁传感器。而有毒气体检测器，长时间工作在较高浓度下也会造成损坏。所以，固定式仪器在使用时如果发出超限信号，要立即关闭测量电路，以保证传感器的安全。

总之，有毒有害气体检测仪是保证工业安全和工作人员健康的保障工具。要根据具体的使用环境场合以及需要的功能，选择合适的气体检测仪。

二、红外烟雾探测仪

利用红外线进行火灾烟雾探测的仪器现在应用得非常普遍而且安装简单，价格低廉的烟雾探测器适用安装在少烟、禁烟场所探测烟雾离子，烟雾浓度超过限量时，传感器发出声光告警，并向采集器输出告警信号。

红外烟雾探测仪，一般使用 12V、24V 电压，可用锂电、镍电及交流转换电压等。安装一般采用吸顶固定式，用几个螺栓就可固定好。不可安装于高温度、高风速的地方，否则会影响其灵敏度。

报警器通电之后，就处于工作状态，在工作状态发光二极管每分钟闪烁一次，当探测到烟雾时，本探测器发出清楚的脉动声光警讯，并同时输出信号供采集器识别，直到烟雾散去为止。按下测试器按钮并保持 3s 以上，烟雾传感器会发出清脆响亮的脉动报警信号，同时发光二极管快速闪烁；把烟雾吹入探测器中，同时烟雾传感器会发出警告信号。

为保持传感器工作效率良好，每隔一段时间（一般为半年）需清洁传感器，先把电源关掉，再用软毛刷轻扫灰尘即可，再把电源启动。

三、红外热成像仪

红外热成像仪是一种将不同温度的物体发出的不可见红外线转变成可视图像的设备。

红外热成像仪原理，是通过红外摄像机将物体发出的红外线转变为可视黑白图像，物体之间相对温度的差别在其探测所得的黑白图像上体现为不同的灰度，物体温度高则相对较为明亮，反之则较暗，其分辨率可达0.4℃。例如，用热成像仪来观测一杯60℃的水，在常温背景下很亮，而在25℃的房间里则很暗。

图8—7　红外热成像仪

在失火现场可能有温度较高的火源，火焰的燃烧可能带来浓烈的烟雾，同时还有受困人员在失火现场需要救助。为了扑灭火源，需要了解火源的位置，火势燃烧情况，以及高温可燃气体的流动方向；为了救助人员，需要在遮挡视线的烟雾中搜寻。此时，红外热成像仪将发挥其可以测温、可穿透烟雾性及成像的作用。

红外热成像仪可以发现火源，并对火势做出温度分布显示，使救火人员对火势进行判断。由于火焰燃烧使得火焰周围的气体温度升高，并产生热流动，这样可以使用红外热成像仪通过观察火焰周围气体的流动来预测火势的发展，避免因对火势认识不足造成无谓的人员伤亡及损失。

红外光可以穿透烟雾，因此，可以在有烟雾的失火现场通过红外热成像仪的成像搜寻救助受困人员。消防人员利用红外热成像仪在充满烟雾的房间内能看清险情，有助于他们躲避危险，并在最短时间内找到伤亡人员。在灭火时还可以推测扑灭未熄的火焰和余烬，以防止复燃。

红外热成像仪可以通过它的测温功能监测防火现场的温度，当需要进行防火的区域温度升高到一定的程度，并有可能引发火灾时，热成像仪可以报警。例如，红外热成像仪可以检测森林、粮食、棉花以及煤炭等的温度分布，它们在发生火灾前通常有低强度的隐火存在，利用红外热成像仪可以发现隐火的位置、面积和强度。在灭火救援战斗中它具有广泛的应用前景，主要用于在浓烟或黑暗环境中进行火情侦察和灭火战斗，亦可用于发现残火，预防复燃等。

（一）红外热成像仪的主要应用功能

1.在灾害现场搜救遇险人员、寻找火源

在火情侦察中，灵活地运用热成像仪可以为侦察工作带来很大便利，可帮助侦察人员透过烟雾看清前进道路，寻找受难人员，迅速察明起火部位和燃烧范围，发现潜在危险和火灾蔓延方向等。在利用热成像仪进行观测时，如果发现门、窗、墙的明亮程度不同，则可根据明亮程度的变化，判断出火势的强弱和蔓延方向。但同时也要注意分辨某些假象，如玻璃能吸收和反射红外线，因此热成像仪无法透过玻璃观测火情，所探测到的图像可能是被玻璃反射而形成的，就像一面镜子，容易给侦察人员造成错觉。

2.帮助战斗员控制射水方向，降低水流损失

在灭火过程中，由于受到火灾烟气减光性的影响，战斗员很难看清火焰的具体位置，而热成像仪可为战斗员控制射水方向提供帮助。在火焰背景下，水流的温度相对较低，在探测图像上相对较暗，而火焰则较亮，可据此调整射水方向，将水枪射流直接喷射到火焰根部，使水流发

挥最佳效能，迅速扑灭火灾，减少水流损失。

3.帮助救援人员发现潜在的危险

在抢险救援现场，由于情况十分复杂，潜在危险很多，稍有不慎就可能产生严重的后果，热成像仪可帮助战斗人员及时发现危险，并采取相应的措施。如果在火场上发现某个关闭完好的门、窗整体发亮，则说明其内部可能存在猛烈燃烧，在没有足够的供水强度为保障的情况下，不能贸然开启该处门、窗，以防止火势迅速蔓延。另外，热成像仪可以帮助侦察人员发现某些化学物品的无焰燃烧，如甲醇燃烧时，肉眼很难发现其火焰，因而给火情侦察工作带来很大困难，甚至造成人员伤亡，而通过热成像仪可以准确观测到燃烧发出的红外线，从而使侦察人员远离此类危险。

4.观测油罐火灾的热波，预测沸溢和喷溅

在扑救油罐火灾时，由于油罐内油面上下温度存在较大差异，可用热成像仪进行观测，判断出罐内液面高度。在原油、重油火灾扑救过程中，通过热成像仪可以发现重质油品燃烧时产生的热波，并随时观测热波的下降状况，为火场指挥员判断沸溢和喷溅何时发生提供科学的依据，以防造成更大的损失。

5.快速清理火场

由于发生阴燃处的物体表面温度相对较高，在探测所得的图像上体现为相对较亮，在清理火场时，运用热成像仪对火场进行清理。

(二)热成像仪的维护保养

1.在用热成像仪进行观测时，应注意不能将其镜头完全对准高温物体或火焰，应使图像中包含有部分低温物体。物体之间的温度差越大，图像清晰度也就越高，并且能够有效防止过高温度引起内部电流异常，导致仪器自动停机保护功能启动，从而无法正常使用。

2.开机启动时，镜头不能对着高温物体(如太阳、火焰等)，防止仪器因自动保护功能未启动而发生损坏。

3.每周至少启动热成像仪 1—2 次，每次运行几分钟，防止仪器因长期不使用而发生故障。

4.镜头应注意保护，必须用专用镜头纸进行擦拭。

5.保存环境要通风、干燥，避免阳光暴晒。

四、环境监测仪器

石油化工生产事故，一般都会对周围的大气、水源造成或轻或重的污染。如果监测不及时，处理不及时，就会引发次生伤害，如饮用水源污染，会导致人群的集体中毒，造成不可估量的后果。因此，石油化工事故发生后，必须对大气、水质进行严格监测。大气、水质分析仪器，有固定式、便携式，系统式、单机式等多个种类。对石油化工突发性环境污染事故监测，一般使用便携式现场应急监测仪器，其主要特点为小型、便于携带及快速监测。

1.便携式分光光度计

用于现场监测的便携式分光光度计，测试组件一般包括氧化物、氨氮、酚类、苯胺类、砷、汞及钡等毒性强的项目。

2.小型有毒有害气体监测仪

用于现场有毒有害气体监测的小型便携式仪器，主要监测项目有 CO、Cl_2、H_2S、SO_2 及可燃气体监测等。

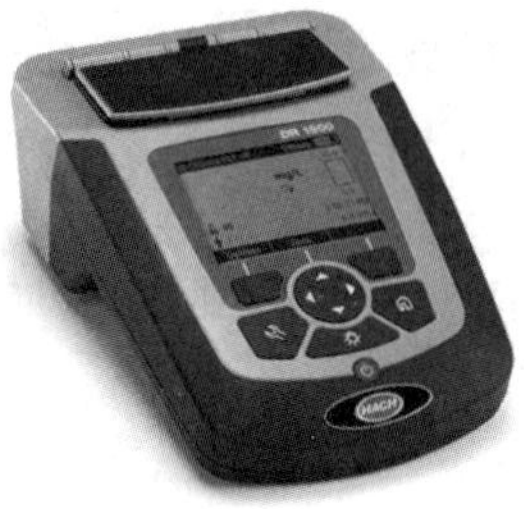

图 8－8　便携式分光光度计

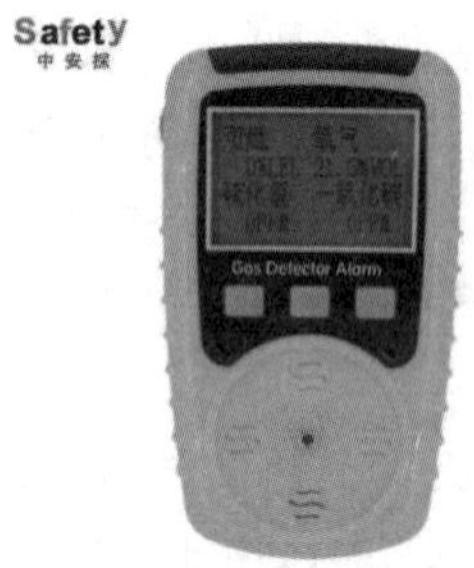

图 8－9　小型有毒有害气体检测仪

3.简易快速检测管

用于快速定量或半定量检测水中或空气中有害成分的现场用简易装置，主要监测项目有 CO、Cl_2、H_2S、SO_2、可燃气体、氨氮、酚、六价铬、氰、硫化物及 COD 等。

水质监测项目一般分为水质常规五参数和其他项目，水质常规五参数包括温度、pH 值、溶解氧(DO)、电导率和浊度，其他项目包括高锰酸盐指数、总有机碳(TOC)、总氮(TN)、总磷(TP)及氨氮(NH_3－N)等。

对于大范围的环境污染状况与生态环境状况的监测，可采用环境遥感监测系统。如监测河上、海上溢油；监测各排污口排污状况；远距离监测污染源烟尘、烟气排放情况以及发生赤潮的面积、程度等，实现环境预报监测。

目前，环境监测仪器将向高质量、多功能、集成化、自动化、系统化和智能化，物理、化学、生物、电子、光学等技术综合应用的高技术领域发展。

五、生命探测器

生命探测器是采用不同的电子探头即微电子处理器，识别空气或固体中传播的微小振动，如呼吸、呻吟、敲击等，以探测搜索被倒塌建筑物、树丛等遮挡、掩埋的生命，是一种在坍塌建筑和狭窄空间中快速、精确营救被困人员的仪器。目前有音频和视频两种。

生命探测器提供抢救人员在进入搜救现场时，先行确认其内部是否有人存活，降低抢救人员搜救时的危险程度，并在第一时间侦测出任何遮挡物背后的生存者。

(一)音频生命探测仪

当幸存者被混凝土、瓦砾或其他固体结构层层包围或埋在地下时，他们发出的声波会被周围结构吸收或阻隔，因而救援者不会接收到任何声音信息。而生命探测器利用特殊的电子收听装置(微电子处理器)，识别在空气或固体中传播的微小振动(来自受害者的声音，如呼喊、敲声等)，并将其多极放大转换成视听信号，同时可将背景噪声过滤掉。在数层厚的坍塌建筑中，它能探测而且能确定幸存者的具体位置。如果将对讲机探头放在幸存者被困的位置，则可捕捉到清醒或昏迷的幸存者的声音信号，并可实现双向对话。

由于生命探测器可探测低至 1Hz 的次声波的特殊性能，还可用于矿业救援，可在土壤和岩石结构中探测到异乎寻常的深度。生命探测器还可用于环境监视、人质动向的监控及对企图通过隧道或其他障碍物越狱罪犯的监控。

1.性能特点

体积小，质量轻，携带方便，操作简单；全方位声音传感器，探测频率：1～3000Hz；可同时接收六个传感器的信息；可同时波谱显示任意两个传感器的信息；单声道立体声监听可选；配有小型对讲机(带麦克风)，可探测以空气为载体的声波，可同幸存者对话。

2.构造

由主机、传感器、电池、连接电缆、多向麦克风组成。

3.使用前的准备工作

(1)检查电池状态：打开电源开关，此时有持续 2s 的蜂鸣声，同时电池低电压报警灯不亮，证明电池状态完好。

(2)关闭电源开关。

(3)连接传感器：将传感器电缆插头同主机上对应号码的插孔连接。

(4)传感器分布：根据搜索现场情况及所购系统的传感器数量，合理放置传感器，使之达到最佳的搜索效果。

(5)连接侦听耳机：将耳机插头插入主机上的耳机插孔内，完成连接。

(6)接通电源：打开电源开关，此时主机开始工作。

(7)检查传感器连接状态：通过传感器选择开关，检查是否所有传感器在屏幕上均有信号显示。如果某一个传感器无信号显示，需要更新连接及检查。

(8)滤波功能检查：所有滤波选择开关均为触摸键，按下之后指示灯亮，证明滤波功能完好。

(9)检查侦听耳机：利用某一传感器的人为敲击，打开耳机开关，如果听到敲击声，则证明耳机工作正常。

(10)连接对讲探头和检查：必要时将对讲探头同主机连接，如果在耳机中听到对讲探头声音，证明连接状态正常。

4.搜索

(1)布置传感器

根据现场情况和传感器的数量，合理分布传感器。

(2)定位

根据遇险人员发出的声音等，移动传感器的位置及选择不同传感器的显示，以确定幸存者的位置。

(二)蛇眼生命探测仪

1.用途

主要用于建筑物倒塌、地震等灾害现场寻找被困人员，可以和超声波生命探测仪配套使用。

2.组成

由显示器、充电器、电池、手柄、摄像头、光缆、手指环等组成。

3.操作

装上电池，连接好摄像头、手柄、光缆、显示器，然后打开显示器开关，就可以操作了。

图 8—10　音频生命探测仪

图 8—11　蛇眼生命探测仪

(三)生命探测仪的储存

关闭主机电源；卸下各个传感器电缆；将电缆同传感器盘上。生命探测器的存放、运输与使用，应轻拿轻放，严格按产品说明书要求进行使用与维护。

红外测温仪可用于测量火场上建筑物、受辐射的液化石油气储罐、油罐及其他化工装置等的温度。测温范围一般可从零下数十摄氏度到零上数千摄氏度。

六、核放射探测仪

核放射探测仪是检测环境中的 α、β、γ 和 X 射线的安全检测仪器。现今的核放射探测仪可直接将探测的结果显示在 LCD 上，用户可根据需要，选择合适的计量单位。

核放射探测仪使用注意事项：

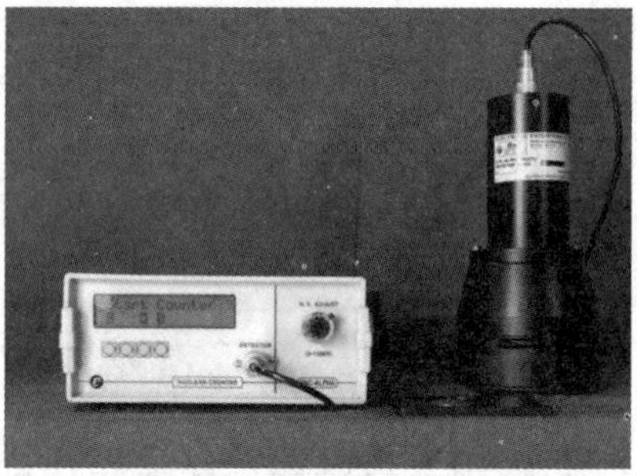

图 8—12　核放射探测仪

(一)不要接触放射性物质或其表面，以免污染核放射探测仪。

(二)不要将核放射探测仪置于 38℃高温下或直接暴露在阳光下过长时间。

(三)避免将核放射探测仪弄潮弄湿。进水会导致短路或损坏盖革记数管的云母(一种硅酸铝化合物)表面的涂层。

(四)避免将传感探测口在阳光直接照射下直接测量。

(五)严禁将核放射探测仪放入微波炉内。它不可以用来测量微波，这样做可能会损坏仪器或微波炉。

(六)避免在高频无线电、微波、静电、电磁场环境下使用核放射探测仪，仪器在此类环境中会极其敏感，从而导致工作失常。

(七)如果估计在 1 个月以内都不会用到核放射探测仪，应将电池取出，以防止电池腐烂，损坏仪器。

(八)当显示屏上电池电量读数过低时，要迅速更换电池。

(九)在使用、储存过程中，应轻拿轻放。

七、漏电探测仪

漏电探测仪主要用来探测漏电位置及确定断路短路等情况。

图 8—13　漏电探测仪

漏电探测仪无须接触电源，即可探测安全距离范围内的交流泄漏电源，接近泄漏电源时，声光报警。漏电探测仪对直流电无效。一般探测仪可探测电压：120V/60Hz 或 220V/50Hz；7.2kV/50Hz 或 15kV/50Hz。探测仪还可鉴别电源断路或短路。

八、侦检机器人

在石油、石化等生产作业中，一旦发生有毒有害气体、液体泄漏，如果人进入泄漏区监测，即便佩戴了一定的防护装备，也容易因监测时间过长、设备密闭性减弱、在监测过程中突发爆炸等意外因素对人员造成伤害。如果运用侦检机器人，就可以远距离遥控操作，既可以长时间连续监测，并进行简单的处理操作，又可以从根本上保障救援人员的安全，防止事故的扩大。

侦检机器人，一般配备有毒有害气体监测仪、摄像机、简单的操作臂，并能进行一定的转向爬坡等操作。

九、地下管线、电缆影像仪

地下管线、电缆影像仪是具有多组全方位天线阵组合特点的、具有绘图功能的管线探测仪器。这使得它的抗干扰能力更强，探测精度更高。是一款全自动、高智能但操作却异常简单的傻瓜机器。

地下管线、电缆影像仪的主要特点：

(一)全方位天线阵组合，抗干扰能力更强，探测精度更高。

(二)管线影像实时显示和左右箭头指示功能，更方便判断管线的方向和位置。

(三)连续显示管线深度和当前电流，便于区别复杂区域的管线。

(四)强大的区间频率，使得该仪器具有强大的无源探测能力。

(五)对有支管或构成网状的管线也能进行有效的检测，对地埋管线的定位和破损点检测由同一仪器同时进行，提供管线状况的全面资料，能迅速准确地检测出电缆所发生的故障。

(六)操作简单、携带方便，一人可完成操作。

地下管线、电缆影像仪的主要功能：

(一)带电与不带电电缆的路径查找。

(二)金属管线的路径查找。

(三)地埋电缆的故障定位。

（四）在不开挖的条件下检测，对直埋电缆的外皮破损点进行定位。

十、无人飞机

无人飞机主要功能是侦察火情，在这方面具有不可替代的优势。无人飞机上安装有摄像、照相设备，可以在高空直接摄录火灾现场的情况，并及时反馈到地面指挥台，为火场指挥员制定灭火抢险救援战术提供可靠依据。

图 8—14　无人飞机

第三节　预警装备

报警器的种类很多，主要包括与易燃易爆气体浓度、液位、温度、压力等监测仪表相连接的监测报警器、手摇式报警器、报警电话、防爆喇叭、脉冲呼救器等。根据报警器的设置方式，报警器可分为移动式（也叫便携式）、固定式。随着电子信息技术的发展，又开发出了遥控式报警器。

一、监测报警器

监测报警器，是与监测仪器联动的报警装置。即事先为报警器设定一个参数，监测报警器接收来自监测仪表的信号，当监测数值达到设定值时，报警器随之启动，发出警报信号。老式报警器一般采用闪光式或蜂鸣式。现代报警器则一般都是同时采取声光两种报警方式。这种报警器，主要用来监测易燃易爆气体浓度、氧气浓度、烟雾浓度、液位、压力、温度、漏电量等是否超标。在应急救援工作中，便携式报警器最为常用。监测报警器，一般只是向生产操作人员、随机监测人员提供报警，以及时采取相应的措施进行处置。当前，监测报警器在石油化工、电力等生产中的应用越来越普遍。

二、手摇式报警器

手摇式报警器，无须电源，可以在无电源支持的场所如公路、山间、水上等，提供一种有效的警报。通过摇动手柄提供动力，警报声音大小取决于摇动手柄的速度，一般警报距离可达数公里。该警报器在一些偏僻的加油站、公路运输、施工作业场所等具有良好的报警功能。这种报警器，主要用来向周边的居民人员提供事故状态、紧急撤离等事故示警作用，避免人员伤亡。在断电情况下，手摇报警器具有不可替代的重要作用。

手摇报警器，也可以用来表示方位，以顺利获得外界救助。

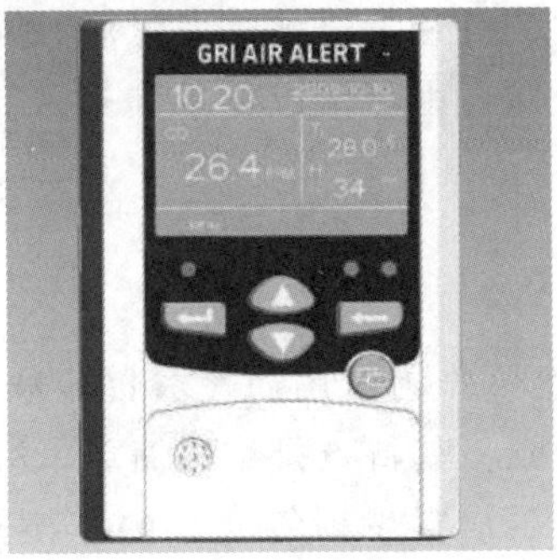

图 8－15　监测报警器

图 8－16　手摇式报警器

三、呼救器

现在开发应用的较为成熟的是脉冲呼救器报警，主要用在消防专业人员装备上。这种呼救器呈方块状、大如香烟盒，类似传呼机，可别在腰间皮带上，设有脉冲开关，具有报警和联络的主要功能。

当进入火场后，消防员因烟熏、窒息、中毒、建筑物砸撞等情况受伤昏迷时，从人体基本静止起 10s，该呼吸器即发出报警音响信号，以便搜救人员获悉准确位置进行救援；当消防员进入火场，因抢救受难人员迷失方向，或遇其他紧急情况需要召唤同伴时，可开启手动开关进行必要联络。

四、手表式近电报警器

手表式近电报警器，是指在接近危险电压时，能够自动报警的手表。

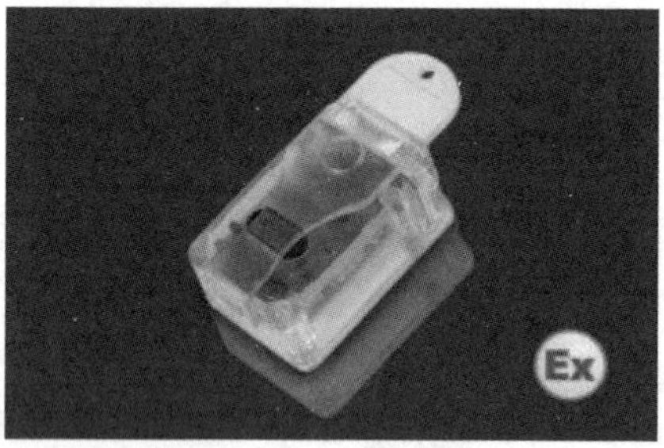

图 8－17　呼救器

图 8－18　手表式近电报警器

五、信号枪

信号枪作为军事上的辅助装备，主要用于夜间战场小范围的信号、照明与观察，指示军事行动或显示战场情况以帮助指战员作出正确判断，因而是一种必不可少的装备。现在，信号枪在工业生产中也被使用，如在海上或沙漠中搜索、营救以及夜间管理等。

六、手持发射火箭

手持发射火箭采用旋转稳定式工作原理，精度较高。星光体的颜色有红、绿、黄三种，可单独或组合成各种不同的信号。

该信号火箭的管状壳体内装有发射机构、固体燃料发动机和信号弹。发射后，抛出一个单色、无伞的星光体，当它飞行到弹道最高点后，发光的星光体自由下落以显示信号。

该信号火箭既可垂直发射，也可以一定的角度发射。

七、手持发射伞式信号弹

手持发射伞式信号弹，既可作为军事通信联络信号，也可作为民用遇险求救信号。信号弹由塑料发射管、伞式红色星光体抛射药及摩擦点火装置组成。其特点是结构简单，发光持续时间长，亮度大，且最小射高可达 300m。发射时，利用隐藏在塑料发射管底部的摩擦点火装置发射。点火装置约有 2s 的延迟时间，足以保证发射者在拉出点火绳、并用双手紧握发射管后，信号弹才被发射出去。

图 8—19　信号枪

图 8—20　手持发射火箭

图 8—21　手持发射伞式信号弹

八、安全标志

安全标志，主要包括安全标志牌和安全标志带两大类。

(一)安全标志牌

安全标志，是用以表达特定安全信息的标志，由图形符号安全色、几何形状(边框)或文字构成安全标志是指操作人员容易产生错误而造成事故的场所，为了确保安全，提醒操作人员注意所采用的一种特殊标志。目的是引起人们对不安全因素的注意，预防事故的发生，安全标志不能代替安全操作规程和保护措施。在事故应急处置中，也要用到许多安全标志，以规范相关人员的行为，提高应急救援的效率，防范事故的恶化。

1.安全色及其含义

国家规定的安全色有红、蓝、黄、绿四种颜色，其含义是：红色表示禁止，停止(也表示防火)；蓝色表示指令或必须遵守的规定；黄色表示警告、注意；绿色表示提示、安全状态、通行。

2.安全标志分类

(1)按其含义分类

安全标志，按其含义可分为禁止标志、警告标志、指令标志和提示标志四大类型。禁止标志的含义是禁止人们不安全行为的图形标志，其基本形式是带斜杠的圆边框。

警告标志的基本含义是提醒人们对周围环境引起注意，以避免可能发生危险的图形标志，其基本形式是正三角形边框。

指令标志的含义是强制人们必须做出某种动作或采用防范措施的图形标志，其基本形式是圆形边框。

提示标志的含义是向人们提供某种信息(如标明安全设施或场所等)的图形标志，其基本形式是正方形边框。

在上述四种基本类型中，常要用到文字辅助标志，以使表达的含义更明确，更清晰。文字辅助标志的基本形式是矩形边框。

文字辅助标志有横写和竖写两种形式。

横写时，文字辅助标志写在标志的下方，可以和标志连在一起，也可以分开。禁止标志、指令标志为白色字；警告标志为黑色字。禁止标、指令标志衬底色为标志的颜色，警告标志衬底色为白色。

竖写时，文字辅助标志写在标志杆的上部。禁止标志、警告标志、指令标志、提示标志均为白色衬底黑色字。标志杆下部色带的颜色应和标志的颜色一致。

(2)按照使用目的分类

安全标志根据使用目的,可以分为 9 种:

①防火标志(有发生火灾危险的场所,有易燃易爆危险的物质及位置,防火、灭火设备位置);

②禁止标志(所禁止的危险行动);

③危险标志(有直接危险性的物体和场所并对危险状态作警示);

④注意标志(由于不安全行为或不注意就有危险的场所);

⑤救护标志;

⑥小心标志;

⑦放射性标志;

⑧方向标志;

⑨指导标志。

3.安全标志牌的结构及材质

(1)安全标志牌要有衬边。除警告标志边框用黄色勾边外,其余全部用白色将边框勾一窄边,即为安全标志的衬边,衬边宽度为标志边长或直径的 0.025 倍。

(2)标志牌的材质。安全标志牌应采用坚固耐用的材料制作,一般不宜使用遇水变形、变质或易燃的材料。有触电危险的作业场所应使用绝缘材料。

(3)标志牌应图形清楚,无毛刺、孔洞和影响使用的任何瑕疵。

4.安全标志牌的设置高度

标志牌设置的高度,应尽量与人眼的视线高度一致。悬挂式和柱式的环境信息标志牌的下缘距地面的高度不宜小于 2m;局部信息标志的设置高度应视具体情况确定。

5.使用安全标志牌的要求

(1)标志牌应设在与安全有关的醒目地方,并使大家看见后,有足够的时间来注意它所表示的内容。环境信息标志宜设在有关场所的入口处和醒目处;局部信息标志应设在所涉及的相应危险地点或设备(部件)附近的醒目处。

(2)标志牌不应设在门、窗、架等可移动的物体上,以免这些物体位置移动后,看不见安全标志。标志牌前不得放置妨碍认读的障碍物。

(3)标志牌的平面与视线夹角应接近 90°,观察者位于最大观察距离时,最小夹角不低于 75°。

(4)标志牌应设置在明亮的环境中。

(5)多个标志牌在一起设置时,应按警告、禁止、指令、提示类型的顺序,先左后右、先上后下地排列。

(6)标志牌的固定方式分附着式、悬挂式和柱式三种。悬挂式和附着式的固定应稳固不倾斜,柱式的标志牌和支架应牢固地连接在一起。

(7)定期检查,定期清洗,发现有变形、损坏、变色、图形符号脱落、亮度老化等现象存在时,应立即更换或修理,从而使之保持良好状况。

(8)安全标志不应设置于移动物体上,如门。因为物体位置的任何变化都会使对标志观察变得模糊不清。

(二)安全标志带

主要用于划定警戒区域及引导逃生路线使用,安全标志带有普通彩带及夜光膜安全标志指示带等种类。

夜光膜安全标志指示带,是用受光、蓄光、发光型的长余辉夜光材料制作而成,具有发光系数高的特点,可作为隧道、地铁、煤井、山洞及大型建筑物的应急逃生指示标志。

普通彩带一般只起简单的区域警戒作用。对于夜间仍须限定警戒区域的操作,应采用夜光膜安全标志指示带。

第四节 个体防护装备

一、头部防护装备

头部受到撞击,受伤和死亡的危险性最大。头部受到冲击很容易引起脑震荡、颅内出血、脑膜挫伤、颅骨伤害等,轻则致伤,重则致死。因此,在石油化工企业必须严格佩戴安全帽,以免头部受到意外伤害危及生命安全与健康。

头部防护用品是为防御头部不受外来物体打击和其他因素危害而配备的个人防护装备。

根据防护功能要求,目前主要有一般防护帽、防尘帽、防水帽、防寒帽、安全帽、防静电帽、防高温帽、防电磁辐射帽、防昆虫帽等类型产品。

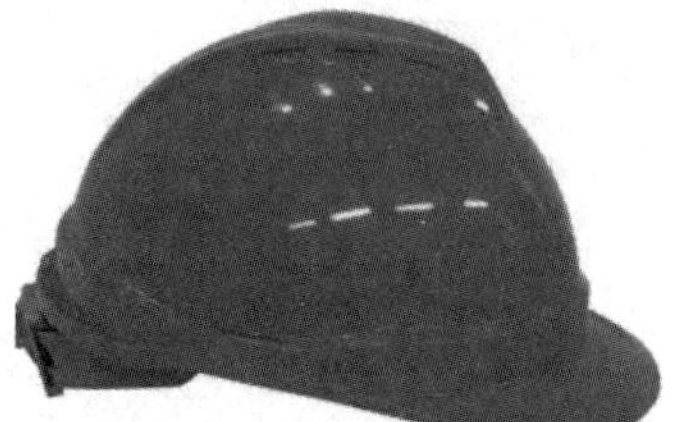

图 8—22 安全帽

安全帽是避免或减轻坠落物及其他特定因素等外来冲击物伤害人体头部的主要防护用品。安全帽由有一定强度的帽壳和帽衬、下颌带及附件组成。在帽衬与帽壳的衔接处留有一定的空间、构成空间缓冲层,以承受和分散坠落物的瞬间冲击力。被缓冲层吸收的力可达三分之二以上,余下部分经帽衬的整个面积传导给人头部,使受力得到缓冲,避免或减轻头部的伤害。

安全帽的构成、技术参数、正确选用、使用期等情况如下。

(一)安全帽构成

1.帽壳

安全帽的帽壳,包括帽舌、帽檐、顶筋、透气孔、插座、拴衬带孔及下颌带挂座等。

(1)帽舌。帽壳前部伸出的部分。

(2)帽檐。帽壳除帽舌外周围伸出的部分。

(3)顶筋。用来增强帽壳顶部强度的部分。

2.帽衬组成

(1)帽衬。即帽壳内部部件的总称。包括帽箍、衬带、吸汗带、缓冲垫等。

(2)帽箍。绕头围部分起固定作用的带圈。

(3)衬带。与头顶部直接接触的带子。

(4)吸汗带。附加在帽箍外面的带状吸汗材料。

(5)缓冲垫。帽箍和帽壳之间起缓冲作用的垫。

3.下颌带及其结构

(1)下颌带。系在下巴上,起辅助固定作用的带子。由系带锁紧卡组成。

(2)锁紧卡。调节与固定系带有效长度的零部件。

(3)插接。帽壳和帽衬采用插合连接的方式。

(4)拴接。帽壳和帽衬采用拴绳连接的方式。

4.结构形式要求

帽壳顶部应加强。可以制成光顶或有筋结构。帽壳制成无檐、有檐或卷边。塑料帽衬应制成有后箍的结构,能自由调节帽箍大小。无后箍帽衬的下颌带制成Y形,有后箍的,允许制成单根。接触头前额部的帽箍,要透气、吸汗。帽箍周围的缓冲垫,可以制成条形或块状,并留有空间使空气流通。

(二)安全帽分类

各种安全帽按照不同材料、外形、作业场所进行分类。

1.按照材料分类

可分为工程塑料、橡胶料、纸胶料、植物料等。

2.按照外形分类

可分为无檐、小檐、卷边、中檐、大檐等。

3.按照作业场所分类

可分为一般作业和特殊作业。Y表示一般作业类别的安全帽,T表示特殊作业类别的安全帽。

(三)安全帽选用

1.防寒安全帽

适用于北方严寒地区冬季露天作业,它有保暖性好的特性。

2.大檐帽

适用于露天作业,可以兼防日晒和雨淋。小檐帽适用于室内、隧道、井巷、涵洞、森林、脚手架上等活动范围小、易出现帽檐碰撞的场所。

3.特殊作业场所用安全帽

特殊作业场所,应根据作业要求,针对特殊安全帽的电绝缘性、阻燃性、侧向刚性、抗静电性以及耐辐射热性选用。

4.安全帽的颜色选择

安全帽的颜色应根据作业环境的场所和作业人员来选用。如在森林中,红色、橘红色安全帽醒目,作业人员易于被发现;爆炸性作业场所,宜戴大红安全帽;作业场所人员职务不同,安全帽的颜色可以有所区别,这样便于组织施工。

(四)安全帽使用和保管应注意的问题

不正确佩戴会导致在事故状态下,安全帽不能起到充分的防护作用。据不完全统计,坠落物伤人事故中,有15%是由于安全帽使用不当造成的。因此,不能认为戴上安全帽就能保证头部安全了。在使用过程中,必须注意以下问题:

1.使用之前，严格仔细检查外观是否有裂纹，帽衬是否完整等缺陷。如有缺陷，及时检验，该更换的及时更换。

2.不能随意拆卸安全帽的各部件，以免影响整体防护功能。

3.不能随意调节帽衬的尺寸，避免降低承力标准。

4.安全帽要戴正、戴牢，不能晃动，特别是下颌带要系紧，调节好后箍，以防脱落。

5.不能私自在安全帽上打孔，以增加透气性。也不能将安全帽当凳坐，以免造成磨损，降低强度。

6.受过一次冲击或做过试验的安全帽应报废，不能再继续使用。

7.不放在酸、碱、高温、日晒、潮湿等环境中，以防老化，更不可和硬物放在一起，以免撞击损坏。

8.必须看好使用期。超过使用期，即便外观完好，也应在检测后才能使用。如未检测，必须坚决报废。

二、眼面部防护装备

眼面部防护用品种类很多，依据防护部位和性能，分为紧急洗眼器、防护眼镜和防护面罩3种。

(一)洗眼器

当出现有毒有害化学液体物质或者有毒物质颗粒物喷溅到工作人员的眼部、面部、脖子或者手臂等地方的时候，使用洗眼器的洗眼系统进行清洗上述部位；根据美国ANSI Z358－1 2004洗眼器标准，洗眼的流水量应为12—18L/min。

图8－23　洗眼器

1.洗眼器类型

根据功能不同，洗眼器可以分为复合式洗眼器、单一式洗眼器两种。复合式洗眼器，既可以通过喷淋清洗染毒的服装与身体，也可以清洗眼部、面部、脖子或者手臂等地方。

根据洗眼器的供水源不同，可以分为固定式洗眼器、移动式洗眼器。移动式洗眼器，又称便携式洗眼器。

2.洗眼器的选择步骤

(1)根据使用洗眼器现场的化学物质来确定。假如使用洗眼器的现场存在氯化物、氟化物、硫酸和浓度超过50％的草酸等化学品物质，那么就需要选择进口ABS洗眼器或者选择高性能抗腐蚀系列洗眼器。因为制造洗眼器产品的材料一般是采用304不锈钢。304不锈钢是一种通用性的不锈钢，它广泛地用于制作要求良好综合性能(耐腐蚀和成型性)的设备和机件。可以抗一般性的酸、碱、盐和油类等化学品物质的腐蚀，但是没有抗氯化物、氟化物、硫酸和浓度超过50％的草酸等化学品物质腐蚀的能力。

(2)根据使用洗眼器的现场温度来选择。使用现场的温度主要是取决于冬天使用洗眼器的环境温度，假如冬天使用洗眼器的环境温度在0℃以下，水会结冰的地区就需要考虑使用防冻型洗眼器、电伴热洗眼器或者是电加热洗眼器，可以有效地防止洗眼器里面的积水结冰，而影响洗眼器的正常使用。

特别提醒:电伴热洗眼器只有保温防冻作用,没有办法提高洗眼和喷淋的水温。需要有效地提高洗眼和喷淋水温的,必须使用电加热洗眼器。

(3)根据使用洗眼器的系统来决定。需要喷淋和洗眼的,可以选择复合式洗眼器系列产品;只需要洗眼系统的,可以选择除了复合式洗眼器以外的其他洗眼器系列产品。

(4)根据使用洗眼器的现场是否有固定水源来选择。现场有固定水源的,可以选择固定式洗眼器;现场没有固定水源的,需要选择便携式洗眼器(移动式洗眼器)。

(二)防护眼镜

防护眼镜是在眼镜架内装有各种护目镜片,防止不同有害物质伤害眼睛的眼部防护具,如防冲击、辐射、化学药品等防护眼镜。

1.防护眼镜种类

防护眼镜、眼罩按照外形结构分别分为普通型、带侧光板型、开放型和封闭型。防护眼镜的标志由防护种类、材料和其他信息(包括遮光号、波长、密度等)组成。

2.化学护目镜

化学护目镜,是用来保护眼部免受化学品伤害和化学品溅入眼睛的专用眼镜。

化学护目镜一般采用聚乙烯材料,质量轻,佩戴舒适。单片聚碳酸镜片,视野宽广。化学护目镜一般有防雾、不防雾两种。

较为先进的是采用间接通风设计,内侧防雾,防化学飞溅、灰尘及撞击。

3.防冲击眼镜

防冲击眼镜是用来防止高速粒子对眼部的冲击伤害的,主要是大型切削、破碎、研磨、清砂、木工、建筑、开山、凿岩等各种机械加工行业的作业人员使用。

(1)有机玻璃眼镜(眼罩)

这种眼罩护具透明度良好,质性坚韧,有弹性,耐低温,质量轻,耐冲击强度比普通玻璃高10倍。但是,耐高温、耐磨性差。

主要用于金属切削加工、金属磨光、锻压工件、粉碎金属或石块等作业场所。

(2)CR－39眼镜(眼罩)

这是一种强度性能较好的塑胶片,特点是质量轻、强度高、抗冲击性能好,耐磨性能仅次于玻璃。

(3)钢双纱外网防护眼镜

这是用金属制成的圆形镜架,镜框分内外两层,内层配装圆形平光玻璃镜片,安装镜脚。外层配装钢丝经纬网纱,上缘与内层框架上缘以可控扣件连接,下缘设有钩卡,镜架两侧外缘至太阳穴处,内外镜架连接。

佩戴时,双层镜框重叠,可防止正面和侧面飞溅物对眼睛的冲击伤害。钢丝纱网会降低能见度,在需要时可以把外层网框下缘的卡钩启开,向上推动90°与视线平行,其上缘可控扣件能稳定外框角度,控制下垂。这种防护镜适用于金属切削、碾碎物料的作业场所,但不宜在高温和有触电危险的作业场所使用。

(4)钢化玻璃眼镜

这是由普通玻璃经800—900℃高温加热以后,再进行急剧冷却处理,使其内部结构应力发生改变,提高抗冲击强度制成的眼镜。这种钢化玻璃片能承受较大的冲击,即使破裂也不产生碎片，其光学性能不发生任何改变。

(三)防护面罩

防护面罩是防止有害物质伤害眼面部(包括颈部)的护具，分为手持式、头戴式、全面罩、半面罩等多种形式。

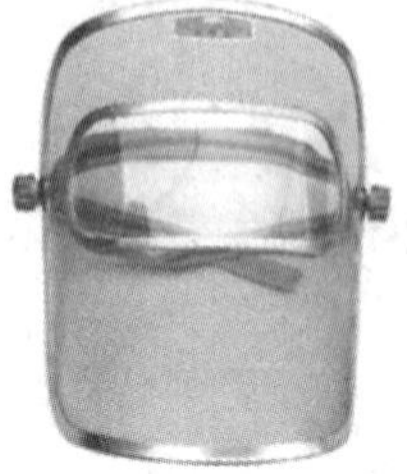

图 8—24 防护面罩

(四)焊接眼面护具

焊接眼面护具是指各类焊接工用来防御有害弧光、熔融金属飞溅或粉尘等有害因素对眼睛、面部(含颈部)伤害的护具。

1.焊接眼护具分类

焊接眼护具分类，包括普通型、带侧光板型、开放型。

2.焊接面罩分类

焊接面罩分类，包括手持式、头戴式、安全帽与面罩连接式、头盔式。

3.焊接眼护具材料

焊接眼护具的各部分材料必须满足下列条件：

(1)应具有一定的强度、弹性和刚性。

(2)不能用有害于皮肤或易燃的材料制作。

(3)眼罩头带使用的材料应质地柔软、经久耐用。

(4)焊接面罩材料。必须使用耐高低温、耐腐蚀、耐潮湿、阻燃，并具有一定强度和不透光的非导电材料制作。

4.焊接眼面护具结构

(1)焊接眼护具结构

a.表面光滑，无毛刺，无锐角或可能引起眼面部不适应感的其他缺陷；

b.可调部件应灵活可靠，结构零件应易于更换；

c.应具有良好的透气性。

(2)焊接面罩结构

a.铆钉及其他部件要牢固，没有松动现象，金属部件不能与面部接触；

b.掀起部件必须灵活可靠。

(五)眼部防护用具的选择、使用和维护

使用者在选择眼面部防护用品时，应注意选择符合国家相关管理规定、标志齐全、经检

验合格的眼面部防护用品，应检查其近期检验报告，并且要根据不同的防护目的选择不同的品种。

1.选型正确

根据不同的使用目的，正确选择眼睛防护用具。

2.产品合格，质量过硬

各类眼睛防护用具都有其各自的性能要求，要按照相关的标准对相关的性能参数进行抽样验证，确保质量过硬。

3.经常进行检查维护，确保灵敏好用

应经常检查眼睛防护用具的零部件是否灵活、可靠，镜片是否完好。如果镜片严重磨损、视物不清、表面出现裂纹等任何影响防护质量的问题时，应及时检查或更换。

4.精心保管，科学存放

对眼睛防护用具，应精心保管，科学存放，避免受到不应有的损坏。应保持防护眼镜的清洁卫生，禁止与酸、碱及其他有害物接触，避免受压、受热、受潮及阳光照射，以免影响其防护性能。

三、呼吸器官防护装备

(一)呼吸器官防护器具分类

1.按防护原理分类

主要分为过滤式和隔绝式两大类。

(1)过滤式呼吸器。过滤式呼吸器是依据过滤吸收的原理，利用过滤材料过滤去除空气中的有毒、有害物质，将受污染空气转变为洁净空气供人员呼吸的一类呼吸防护用品。如防尘口罩、防毒口罩和过滤式防毒面具。

(2)隔绝式呼吸器。隔绝式呼吸器是依据隔绝的原理，使人员呼吸器官、眼睛和面部与外界受污染空气隔绝，依靠自身携带的气源或靠导气管引入受污染环境以外的洁净空气为气源供气，保障人员正常呼吸和呼吸防护用品，也称为隔绝式防毒面具、生氧式防毒面具、长管呼吸器及潜水面具等。

图 8—25　过滤式呼吸器

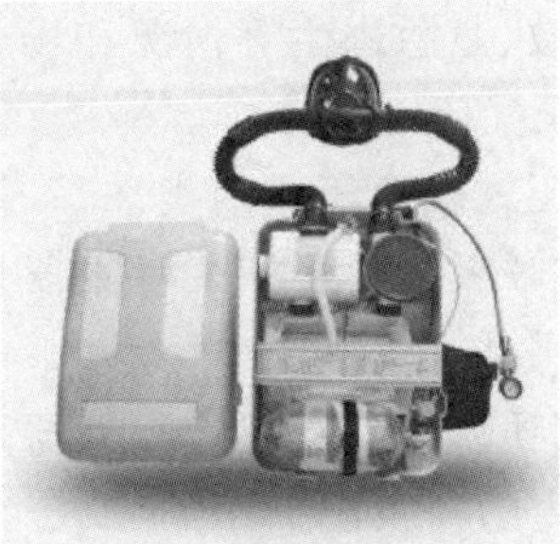

图 8—26　隔绝式呼吸器

(3)过滤式和隔绝式呼吸器的选择使用。过滤式呼吸防护用品的使用要受环境的限制，当环境中存在过滤材料不能滤除的有害物质，或氧气含量低于 18%，或有毒有害物质浓度较高(>1%)时均不能使用，这种环境下应使用隔绝式呼吸防护用品。

2.按供气原理和供气方式分类

主要分为自吸式、自给式和动力送风式三类。

(1)自吸式呼吸器。自吸式呼吸器是指靠佩戴者自主呼吸克服部件阻力的呼吸防护用品，如普通的防尘口罩、防毒口罩和过滤式防毒面具。其特点是结构简单、质量轻、不需要动力消耗;缺点是由于吸气时防护用品与呼吸器官之间空间形成负压,气密和安全性相对较差。

(2)自给式呼吸器。自给式呼吸器是指以压缩气体钢瓶为气源供气,使人的呼吸器官、眼睛和面部完全与外界受污染空气隔离,依靠面具本身提供的氧气(空气)来满足人的呼吸需要的一类防护面具,主要由面罩、供气系统和背具构成。面罩的结构和性能与过滤式防护面具面罩基本相同。呼吸器按供气系统的供气原理可分为储气式、储氧式和生氧式三种。

自给式呼吸器主要用于有害物质浓度较高(体积浓度≥1%时),有害物质种类不明,环境空气中氧气浓度小于16%,以及空气中含有大量一氧化碳等状况,过滤式防毒面具无法发挥作用的场合。自给式呼吸器的优点是不论毒剂的种类、状态和浓度大小,均能有效地予以防护。自给式呼吸器的缺点是质量重、体积大、结构复杂、价格昂贵,使用、维护、保管要求高。

(3)动力送风式呼吸器。动力送风式呼吸器是指依靠动力克服部件阻力、提供气源,保障人员正常呼吸防护用品,如军用过滤送风面具、送风式长管呼吸器等。其特点是以动力克服呼吸阻力,人员在使用中的体力负荷小,适合作业强度较大、环境气压较低(如高原)及情况危急、人员心理紧张等环境和场合使用。

3.按防护部位及气源与呼吸器官的连接方式分类

主要分为口罩式、面具式、口具式三类。

(1)口罩式呼吸防护用品。口罩式呼吸防护用品主要是指通过保护呼吸器官口、鼻来避免有毒、有害物质吸入对人体造成伤害的呼吸防护用品,包括平面式、半立体式和立体式多种,如普通医用口罩、防尘口罩、防毒口罩。

(2)面具式呼吸防护用品。面具式呼吸防护用品在保护呼吸器官的同时,也保护眼睛和面部,如各种过滤式和隔绝式防毒面具。

(3)口具式呼吸防护用品。口具式呼吸防护用品通常也称口部呼吸器,与前两者不同之处在于,佩戴这类呼吸防护用品时,鼻子要用鼻夹夹住,必须用口呼吸,外界受污染空气经过滤后直接进入口部。其特点是结构简单、体积小、质量轻、佩戴气密性好,但使用时无法发声、通话。可用于矿山自救、紧急逃生等情况和场合。

4.按人员吸气环境分类

可分为正压式和负压式两类。

(1)正压式呼吸器。正压式呼吸器是指使用时呼吸循环过程中,面罩内压力均大于环境压力的呼吸防护用品。

(2)负压式呼吸器。负压式呼吸器是指使用时呼吸循环过程中,面罩内压力在呼吸气阶段均小于环境压力的呼吸防护用品。

隔绝式和动力送风式呼吸防护用品多采用钢瓶或专用供气系统供气，一般为正压式;过滤式呼吸防护用品多靠自主呼吸，一般为负压式。

正压式呼吸防护用品可避免外界受污染或缺氧空气的漏入,防护安全性更高,当外界环境危险程度较高时,一般应优先选用。

5.按气源携带方式分类

按气源携带方式,可分为携气式和长管式两大类。

(1)携气式呼吸器。携气式呼吸器,使用者随身携带气源(如储气钢瓶、生氧装置),机动性较强,但身体负荷较大。

(2)长管式呼吸器。长管式呼吸器,以移动供气系统为气源,通过长导气管输送气体供人员呼吸,不需自身携带气源,使用中身体负荷小,但机动性受到一定程度的限制。

6.按呼出气体是否排放到外界分类

按呼出气体是否排放到外界,可分为闭路式和开路式两类。

(1)闭路式呼吸器。闭路式呼吸器,使用者呼出的气体不直接排放到外界,而是经净化和补氧后供循环呼吸,安全性更高,但结构复杂。

(2)开路式呼吸器。开路式呼吸器,使用者呼出的气体直接排放到外界,结构较前者简单,但安全性及防护时间常会受到一定影响。

7.按用途分类

呼吸防护用品按用途可分为防尘、防毒和供气式三类。

(二)面罩结构与分类

1.面罩的结构

面罩是防毒面具的重要组成部分,是使人员面部与外界染毒空气隔离的部件。面罩一般由罩体、阻水罩(导流罩)、眼窗通话器、呼(吸)气活门及头带组成,有的还根据需要设置有视力矫正镜片。

2.面罩的分类

面罩根据固定系统的不同,可分为头盔式、头带式和网罩式三种;根据眼窗的数量和大小,可分为双目式、单目式和全脸式三种。

头盔式面罩的主体与头顶部分连在一起,具有佩戴方便、稳定性和气密性好等特点,但缺点是对头面部的压痛较大,影响听力,且对人员面型的尺寸变异范围适应性差,满足全体人员面型所需要的面罩规格较多。

头带式面罩是用头带或头罩将面罩固定在人员的面部,优点是对人员头型和尺寸的适应性强,面罩规格少,不影响听力,缺点是佩戴相对较复杂,增加了对密合框的压力。

网罩式则综合了上述两种固定系统的优点。

3.防护原理

面罩的防护效果取决于面罩各个接口的气密性,如眼窗、通话器、过滤罐等部位接口的气密性,即平常所说的面罩装配气密性。另外,面罩密合框与人员头面部的密合部位也是一个接口,这是面罩的最大接口,其气密性问题是面罩在使用时最重要的问题。

在面罩罩体的内侧周边有密合框,它是面罩与佩戴者面部贴合的部分或部件,由橡胶材料制成。在双目式和单目式面罩结构中,密合框与罩体主体是一个整体部件;在全脸式面罩结构中,密合框是一个独立的部件。密合框的功能是将面罩内部空间与外部空间隔绝,防止有毒、有害气体漏入面罩内部空间,保障防毒面具的呼吸系统正常工作,确保防毒面具的防护性能。密合框根据结构可分为单片型密合框、反折边型密合框(又称 T 形密合框)、双反折边型密合框(又称双 T 形密合框)、气垫管型密合框、海绵塑料垫密合框、波纹状密合框六种。设计合理、性能优良的密合框能适应人头面型的变化,使绝大多数人佩戴面具后既达到气密的要求,又满足长期佩戴舒适性的要求。

4.佩戴方法

佩戴防毒面具时,使用者首先要根据自己的头型大小选择合适的面具。将中、上头带调整到适当位置,并松开下头带,用两手分别抓住面罩两侧,屏住呼吸,闭上双眼,将面罩下巴部位罩住下巴,双手同时向后上方用力撑开头带,由下而上戴上面罩并拉紧头带,使面罩与脸部确实贴合,然后深呼一口气,睁开眼睛。

检查面罩佩戴气密性的方法是:用双手掌心堵住呼吸阀体进出气口,然后,猛吸一口气,如果面罩紧贴面部,无漏气即可,否则应查找原因,调整佩戴位置直至气密。佩戴时应注意不要让头带和头发压在面罩密合框内,也不能让面罩的头带爪弯向面罩内。另外,使用者在佩戴面具之前应当将自己的胡须剃刮干净。

5.滤毒罐的防毒原理

滤毒罐内的装填物是由吸附剂层和过滤层两部分构成。其中,吸附剂层是过滤有毒蒸气的,过滤层是过滤有害气溶胶的。

滤毒罐根据装填方式的不同,分为轴流式(层装式)和径流式(套装式)两种。轴流式滤毒罐内的吸附剂层是以床层方式装填的截面不变,气体沿滤毒罐轴向流动。径流式滤毒罐内的吸附剂层是套装的,截面是变化的,气体沿滤毒罐直径方向流动。

(三)滤毒罐分类与选择

1.滤毒罐分类

根据滤毒罐与面罩的连接方式不同,滤毒罐可分为直接式和导气管式两类。直接式滤毒罐直接与面罩相连,一般放置在面罩的嘴部正下方或左颊处,也有一些滤毒罐放置在面罩的右颊处以便于左撇子佩戴者使用。还有一些面具左右颊均设有滤毒罐接口,可根据使用者的需要将滤毒罐放置在任意一处,未利用的接口可安装 1 副通话器;也可在左右两侧均装上滤毒罐而形成双罐型面具。直接式滤毒罐一般为轴流式结构。导气管式滤毒罐通过一波纹状橡胶导气管与面罩相连,一般为径流式结构,其体积重量比轴流式的大,防毒性能也较轴流式有所增强。

对蒸汽状毒剂的吸着和对有害气溶胶的过滤是两种不同的过程。只有在进一步弄清防毒原理的基础上,才能正确理解滤毒罐的防毒性能,正确使用防护面具。

2.吸附剂层防毒原理

有毒蒸汽是工业毒物的基本状态之一,主要通过呼吸器官、眼睛和皮肤伤害人员。不论何种工业毒物,也不论采用何种使用方法,有毒蒸汽总是存在的。因此,对于有毒蒸汽的防护是基本的,防毒面具都必须有吸着有毒蒸汽用的吸附剂层。

防毒面具的吸附剂层,采用的是载有催化剂或化学吸着剂的活性炭。这种活性炭通常称为浸渍活性炭或浸渍炭,或称为防毒炭或催化炭。

活性炭是浸渍炭的基础,浸渍炭的防毒性能在很大程度上取决于活性炭的性能与质量。在活性炭的过渡孔和大孔表面上,载有铜、银、铬或钼、锌等金属氧化物,这就是浸渍活性炭。这些金属氧化物的加入数量,对防毒性能影响较大。除添加这些金属氧化物外,为进一步提高防毒性能和稳定性,有的浸渍炭上还加有少量的碱(氢氧化钠)、氮苯、葡萄糖、三乙二胺之类的化学药剂。

浸渍活性炭通过如下三种作用来达到防毒目的。

(1)物理吸附作用。所谓吸附，是指流体分子在固体表面增稠或凝聚的现象。物理吸附是由吸附质与吸附剂分子间的力相互吸引发生的，被吸附分子保持原来的化学性质，吸附热较低，无选择性，吸附和脱附速度较快，如活性炭对沙林、芥子气、氯等毒剂蒸气就是物理吸附作用。

(2)化学吸附作用。化学吸附是由吸附质与吸附剂分子之间以类似化学链的力相互吸引发生的，吸附质与吸附剂形成表面化合物，吸附热较高，有选择性，通常不可逆。浸渍炭借助添加金属氧化物来提高对难吸附毒剂的防毒能力。

在浸渍炭吸附光气时，炭上的水分能与之发生水解反应。所以，当滤毒罐受潮后，对光气的防护能力会有所提高。由于化学吸附作用是在炭上发生化学变化，所以过滤罐吸收氰化氢之类的毒剂失效以后，是不能用普通办法使之再生的。而借助物理吸附作用进行防护时，过滤罐失效以后还可以再生。

(3)催化作用。催化作用是指某些难被物理吸附和化学吸附的有毒蒸汽，采用催化剂使之发生催化反应，可以显著提高化学反应速度，如铜和铬的氧化物与难以吸附的氯化氰、砷化氢等起水解反应。浸渍炭上发生的催化反应，主要是空气中的氧和水，在催化剂的作用下与毒剂发生反应。

应当注意，催化剂在反应中只是提高了化学反应的速度，本身并未发生化学变化，且会逐渐被反应生成物覆盖，而失去催化作用。所以，利用催化作用进行防毒，其防毒能力是有限的。

同时，某种催化剂只能对一两种毒剂起催化作用，某一种化学吸附剂也只限于吸附某一类毒剂，而物理吸附则具有广谱性(可在不同程度上吸附所有的毒剂)。浸渍活性炭就是依靠物理吸附化学吸附和催化这三种作用，对毒剂进行可靠的防护。

3.过滤层的防毒原理

过滤层是专门用来过滤有害气溶胶的。生产过程中产生的毒烟(固体微粒)、毒雾(液体微粒)、放射性灰尘和含细菌、病毒的微粒等，称为有害气溶胶。过滤层对有害气溶胶的过滤过程与气溶胶微粒的化学性质关系不大，主要与其物理性质、运动特性有关。

过滤层过滤气溶胶的过程。目前常用的玻璃纤维过滤层是由许多层纵横交错的纤维网格组成，气溶胶微粒通过时，总有机会接触到纤维而被阻留。发生这种接触的诸多效应中，主要是截留效应、惯性效应、扩散效应和静电效应四种，其中起主要作用的是前三种效应。

滤烟层有两种：完全的与非完全的。完全的滤烟层采用过滤材料除去空气中的粒子，也就是说，过滤材料将大于孔隙的粒子挡在外面。然而，大部分面具的滤烟层是非完全滤烟层，这意味着它们含有比要除去的粒子直径大的孔隙，利用截留、沉降、惯性、扩散和静电效应的组合来去除粒子。真正发挥作用的组合过滤机理取决于粒子通过滤烟层的速率和粒子的尺寸，起主要作用的是截留效应、惯性效应和扩散效应。

过滤层的防毒性能。气溶胶和蒸汽是两种不同的物态，其物理和运动特性也不尽相同，所以，过滤层过滤气溶胶和吸附剂层吸着毒剂蒸汽，具有完全不同的特点。吸附剂层吸着毒剂时，开始在吸附剂层的尾气流中没有毒剂分子透过，一段时间以后，尾气中开始有毒剂分子出现，毒剂浓度由小变大，逐渐增加，最终达到防护的阈值而穿透面具过滤罐。而气溶胶通过过滤层时，开始就有烟雾透过，发生瞬时穿透，并且在通常情况下穿透浓度基本不变，不随时间的延长而增大。

4.滤毒罐的选择

在使用防毒面具时，应根据生产环境中不同种类和性质的有毒蒸汽、气体、有害气溶胶选择合适的滤毒罐。

(四)长管呼吸器

长管呼吸器，即长管面具，又称供气式呼吸器，是一种使佩戴者呼吸器官与周围染毒环境隔离，依靠佩戴者的呼吸力或借助机械力，通过吸气软管引入清洁空气的呼吸防护装备，适用于长时间内缺氧，充满有毒有害气体、蒸气、有害气溶胶环境中进行的定岗作业或流动范围小的作业。它的突出特点是可以长时间甚至无限长时间地进行供气。

1.长管呼吸器种类

长管呼吸器一般由面罩、固定带和供气系统组成。根据工作原理，长管呼吸器分为洁净空气输入式和压气式两种。洁净空气输入式又分为自吸式和送风式两种；压气式分为恒流供气式、按需供气式和复合供气式三种。另外，根据供气设备的不同，又可分为移动(推车)式、固定(泵、压缩机)式。

2.长管呼吸器使用基本要领

(1)导气管的连接与使用长管呼吸器时，一是应注意空气的质量和导气软管的放置，防止导气管出现弯折，甚至打死结现象，以避免供气不畅，甚至中断，使佩戴者窒息，造成人员伤亡，采用波形导气管可以有效预防此种意外的发生；二是应注意检查吸气软管接头的连接牢固性，防止在使用时接头处因拖拽而脱落，导致人员中毒伤亡；三是应注意检查长管是否有破裂。

(2)面罩。长管呼吸器使用的面罩包括密合型、非密合型面罩和送风头罩。

密合型面罩应与人体的面部或头部密合良好，无明显压痛感。

开放型面罩应能遮盖住眼、鼻和口，不影响头部、身体运动，气流入口处设分流装置，无呼气阀。面罩的眼窗应使用无色透明材料制作，透光率不小于85%，视物清晰无畸变，应配有保明措施，固定系统应有足够弹性和强度，零部件易互换。

送风头罩应能遮盖头、眼、鼻、口至颈部(可与防护服连用)，不影响头部、身体运动，气流入口处设有分流装置；设置呼气阀，为密合型。

(3)选择。在选择长管呼吸器时，应综合考虑有害化学品的性质、作业场所污染物可能达到的最高浓度、作业场所的氧含量、使用者的面型和环境条件等因素。在选用结构较为复杂的长管呼吸器时保证安全使用，佩戴前需要进行一定的专业训练。

3.自吸式长管呼吸器

自吸式长管呼吸器由全面罩、固定带、吸气软管、空气入口(或过滤器)和支架(或警示板)等组成。这种呼吸器是将导气管的进气口端远离有毒有害气体污染的环境，固定于新鲜无污染的场所，另一端则与全面罩相连，以佩戴者自身的呼吸力为动力，将清净的空气通过呼吸软管吸入面罩呼吸区内供人员呼吸，人员呼出的气体通过排气阀排入环境大气中。在空气的入口处应设置可防止有害物质进入的低阻力过滤器。这是一种负压式呼吸器，要求面罩和连接系统有良好的气密性，同时吸气软管的长度不宜超过10m，适用于毒物危害不太大的场所。

自吸式呼吸器的缺点之一是吸气阻力大，其吸气阻力随着吸气软管长度的增加而增大；二是眼窗镜片极易被呼出的水汽模糊，造成视线不清，影响操作。

4.送风式呼吸器

送风式呼吸器由面罩、固定带、流量调节器、吸气软管、过滤器和送风机等组成，根据动力的来源可分为电动送风式和手动送风式两种。这种呼吸器送风量可根据使用者的要求调节，呼吸阻力很小，可在面罩内形成微正压，防止有害气体漏入面罩内，佩戴舒适安全。紧急情况时，无论送风机是否工作，应能保证佩戴者呼吸。电动送风式呼吸器的特点是使用时间不受限制，供气量较大，可以同时供 1—5 人使用，送风量依人数和吸气软管的长度而定。电动送风机分防爆型和非防爆型两种，非防爆型电动送风机不能用于有甲烷气体、液化石油及其他可燃气体浓度接近或超过爆炸极限的场所。手动送风式呼吸器不需外接电源，其送风量与送风机的转数相关。

5.压气式呼吸器

压气式呼吸器是由空气压缩机或高压空气瓶经压力调节装置，将高压降为中压后，再把气体通过吸气软管送到面罩内供佩戴者呼吸，富余气体和人员呼出的气体通过排气阀排入环境大气中。

6.恒流供气式呼吸器

恒流供气式呼吸器由面罩、吸气软管、流量调节装置、腰带、过滤器、油水分离器和压缩气源等组成，是以压缩空气为气源，经过呼吸软管和流量调节装置连续不断地向佩戴者提供可呼吸空气，适用于缺氧和不立即危害人体生命安全和健康的环境。

使用这种呼吸器时，应对压缩空气进行净化处理，除去其中的油分和水分，保证气源清洁，不缺氧。

7.按需供气式呼吸器

按需供气式呼吸器由面罩、供气阀、连接接头、固定带、吸气软管和压缩气源等组成。这种呼吸器的特点是采用供气阀，根据佩戴者的需要来调节供气量。根据供气阀的类型，可分为正压式和负压式两种；根据气源类型，又可分为移动式和固定式两种。

8.移动式长管呼吸器

移动式长管呼吸器由数个高压气瓶并成一组使用，安装在可移动的推车上，通过较长的吸气软管供佩戴者使用。这种呼吸器适合在大范围的化学、生物污染环境中完成长时间、大工作量的复杂工作。其供气源一般由 2—6 个容积为 6—12L，额定工作压力为 30MPa 的复合气瓶、报警器、输气软管、压力表和手推车等组成，可供 1 人或多人使用。2 人以上使用时，应等全部佩戴好呼吸器后一同进入，并注意保持距离和方向，防止发生相互牵拉供气管而出现意外。

9.复合供气式呼吸器

复合供气式呼吸器有两路供气气源，一路通过吸气长管供气，另一路为使用者可随身携带的小型高压气瓶。这种呼吸器具有比较高的使用可靠性，当长管气路由于某种原因发生供气故障时，可立即改由小型气瓶供气，确保使用者的生命安全。

(五)过滤式呼吸防护器

1.防尘口罩

防尘口罩主要是以纱布、无纺布、超细纤维材料等为核心过滤材料的过滤式呼吸防护器，用于滤除空气中的颗粒状有毒、有害物质，但对于有毒、有害气体和蒸气无防护作用。

其中,不含超细纤维材料的普通防尘口罩只有防护较大颗粒灰尘的作用,一般经清洗、消毒后可重复使用;含超细纤维材料的防尘口罩除可以防护较大颗粒灰尘外,还可以防护粒径更细微的各种有毒、有害气溶胶,防护能力和防护效果均优于普通防尘口罩,基于超细纤维材料本身的性质,该类口罩一般不可重复使用,多为一次性产品,或需定期更换滤棉。

防尘口罩的形式很多,包括平面式(如普通纱布口罩)、半立体式(如鸭嘴形折叠式)、立体式(如模压式、半面罩式)。

无论哪种形式,其保护部位均为口罩。从气密效果和安全性考虑,立体式、半立体式气密效果更好,安全性更高,平面式稍次之。

防尘口罩适用领域和场合主要包括:医疗卫生、电子工业、食品工业、美容护理、清洁打理等。其适用的环境特点是,污染物仅为非挥发性的颗粒状物质,不含有毒、有害气体。

2.防毒口罩

它是以超细纤维材料和活性纤维等吸附材料为核心过滤材料的过滤式呼吸防护用品。其中超细纤维材料用于滤除空气中的颗粒状况物质,包括有毒有害溶胶、活性炭、活性纤维等。与防尘口罩相比,防毒口罩既防阻空气中的大颗粒灰尘、气溶胶,同时对有害气体也具有一定的过滤作用。

防尘口罩的形式主要为半面式,此外也有口罩式。

防尘口罩的使用领域和场合主要包括:化工生产石油加工、橡胶、制革、冶金、焊接切割、卫生消防、实验研究等。其适用的环境特点是:工作或作业场所含有较低浓度的有害气体,同时可能含有有害物质的颗粒(气溶胶)。

3.过滤式防毒面具

它也是以超细纤维材料和活性炭、活性炭纤维等吸附材料为核心过滤材料的过滤式呼吸防护用品。包括滤毒罐、滤毒盒过滤元件两部分,面具与过滤部件有的直接相连,有的通过导气管连接,分别称为直接式防毒口罩和间接式防毒口罩。

从防护对象考虑,过滤式防毒面具与防毒口罩具有相近的防护功能,既能防阻大颗粒灰尘、气溶胶,又能防阻毒害气体。它们的差别在于过滤式防毒面具滤除有害气体、蒸气浓度范围更宽,防护时间更长,所以更安全可靠。另外,从保护部位考虑,过滤式防毒面具除可以保护部位呼吸器官(口、鼻)外,同时还可以保护眼睛及面部皮肤避免有毒有害物质的直接伤害,且通常密合效果更好,具有更高和更全面的防护效能。

过滤式防毒面具适用的主要领域和场合有:化学工业、石油工业、军事、矿山、仓库、海港、科学研究机构等。

图 8—27　防尘口罩

图 8—28　防毒口罩

图 8—29　过滤式防毒面具

(六)隔绝式呼吸防护器

1.空气呼吸器

又称储气式防毒面具,有时也称为消防面具。它以压缩气体钢瓶为气源,但钢瓶中盛装气体为压缩空气。根据呼吸过程中面罩内的压力与外界环境压力间的高低,可分为正压式和外压式两种。正压式在使用过程中面罩内始终保持正压,更安全,目前已基本取代了后者,应用广泛。

(1)空气呼吸器分类。空气呼吸器根据供气方式的不同分为动力式和定量式。动力式是根据人员的呼吸需要供给所需的空气,定量式是在使用过程中按一定的供气速率向佩戴者供给所需的空气。

(2)空气呼吸器工作原理。压缩空气由高压气瓶经高压快速接头进入减压器,减压器将输入压力转为中压后经中压快速接头输入供气阀。当人员佩戴面罩后,吸气时在负压作用下供气阀将洁净空气以一定的流量进入人员肺部;当呼气时,供气阀停止供气,呼出气体经面罩上的呼气活门排出。这样形成了一个完整的呼吸过程。

对于常见的正压式空气呼吸器,使用时,打开气瓶阀门,空气经减压器、供气阀、导气管进入面罩供人员呼吸;呼出的废气直接经呼气活门排出。由于其不需要对呼出废气进行处理和循环使用,所以结构相对氧气呼吸器简单。

随着技术的进步,先进的空气呼吸器增加了许多安全功能。例如,如果使用者在戴上呼吸器后忘记打开气瓶阀,会自动地以低压报警通知使用者。在使用的末期,气压达到低限压力时,则进行报警、以警告使用者预期的使用时间快要结束了。

空气呼吸器的工作时间一般为 30—360min,根据呼吸器型号的不同,防护时间的最高限值有所不同。总的来说,空气呼吸器的防护时间比氧气呼吸器稍短。

空气呼吸器主要用于消防指战员以及相关人员在处理火灾有害物质泄漏、烟雾、缺氧等恶劣作业现场进行火源侦察、灭火、救灾、抢险和支援。另外,也可用于重工业、海运、民航、自来水厂和污水处理站、油气勘探与开发、石化工业、石油精炼、化学制品、环境保护、军事等领域及场合。

2.生氧呼吸器

生氧呼吸器又称生氧式防毒面具,是利用人员呼出气中的二氧化碳和水蒸气与含有大量氧的生氧药剂反应生成氧气,使呼出气体经补氧和净化后,供人员使用的一种闭路循环式呼吸器。

生氧呼吸器的组成包括生氧系统(含生氧罐、启动装置和应急装置)、降温系统(含冷却管、降温增湿器)、储气装置(含储气囊及排气阀)、保护外壳及背具等。其中,生氧系统中的生氧罐是面具的重要部件,内装超氧化钾、超氧化钠、过氧化钾或过氧化钠等生氧剂,这类碱性氧化物能够与二氧化碳产生生氧的作用。由于生氧和脱除二氧化碳的化学反应,会导致通过气流温度过高,因此需要有降温装置对气流进行降温以供人员呼吸。

使用时,呼出气体经呼吸活门、导气管进入生氧罐废气中的二氧化碳和水蒸气与生氧药剂反应生成氧气,经净化和补充氧的气流进入气囊供人员呼吸。生氧式呼吸器的工作时间一般为 30—60min,比氧气呼吸器和空气呼吸器都短。

生氧呼吸器的适用场合主要包括:消防、矿山救护、气体泄漏事故处理等。

(七)紧急逃生呼吸器

该类呼吸防护用品是专门为紧急情况下逃生设计的,包括专门的火灾逃生面具及可用于多种危急情况的隔绝式逃生呼吸器等。

火灾逃生面具属于过滤式呼吸防护用品,它除可过滤粉尘、气溶胶和一般有害气体蒸汽外,还具有滤除一氧化碳的功能。

与隔绝式逃生呼吸器相似,仅设计形式及防护时间存在一定差异。根据该类呼吸器的使用目的,为减少器材的质量,减少逃生人员在逃生过程中的体力消耗,方便携带、穿戴,增大其获救机会和可能,这类呼吸器主要有以下几个特点:轻便,便于穿戴;有效使用时间一般为 10—15min,可确保提供足够的逃生时间;同时器材质量较轻;视觉效果明显,颜色鲜艳或带有可发光的荧光物质,便于被发现。

(八)呼吸防护器的选用原则和注意事项

1.根据有害环境的性质和危害程度,如是否缺氧、毒物存在形式(如蒸汽、气体和溶胶)等,判定是否需要使用呼吸防护用品和应用选型。

2.当缺氧(氧含量<18%)、毒物种类未知、毒物浓度未知或过高(含量>1%)或毒物不能使用过滤式呼吸防护用品,只能考虑使用隔绝式呼吸防护用品。

3.在可以使用过滤式呼吸防护用品的情况下,当有害环境中污染物仅为非挥发性颗粒物质,且对眼睛、皮肤无刺激时,可考虑使用防尘口罩;如果颗粒物质为油性颗粒物质,则有害环境中污染物为蒸汽和气体,同时含有颗粒物质(包括气溶胶)时,可选择防毒口罩或过滤式防毒面具;如果污染物浓度较高,则应选择过滤式防滤式防毒面具。

4.选配呼吸防护用品时大小要合适,使用中佩戴要正确,以使其与使用者脸型相匹配和贴合,确保气密性,保障防护的安全性,达到理想的防护效果。

5.佩戴口罩时,口罩要罩住鼻子、口和下巴,并注意将鼻梁上的鼻子(金属条)固定好,以防止空气未经过滤而直接从鼻梁两侧漏入口罩内。另外,一次性口罩一般仅可以连续使用几个小时到一天,当口罩潮湿、损坏或沾染上污物时需要及时更换。

6.选用过滤式防毒面具和防毒口罩时要特别注意,配备某种滤盒的防毒面具口罩通常只对某种或某类蒸汽或气体滤盒以不同的颜色进行标识,要根据作业环境中有害蒸汽或气体的种类进行选配。

7.佩戴呼吸防护用品后应进行气密检查,确定气密良好后再进入含有毒害物质的作业场所,以确保安全。

8.在选用动力送风面具、氧气呼吸器、空气呼吸器、生氧呼吸器等结构较为复杂的面具时,为保证安全使用,佩戴前需要进行一定的专业训练。

9.选择和使用呼吸防护用品时,一定要认真阅读相应的产品说明书,并对照熟悉,最后做到熟练运用。

(九)防尘口罩

防尘口罩的主要防阻对象是颗粒物,包括粉尘(机械破碎产生)、雾(液态的)、烟(燃烧等产生)和微生物,也称气溶胶。

能够进入人体肺脏深部的颗粒非常微小，粒径通常在 7 微米以下，称作呼吸性粉尘，对健康危害大，这些粉尘进入呼吸系统，能逃避人体自身的呼吸防御（如咳嗽、鼻毛、黏液等），而直接进入肺泡并且积聚于肺泡内，日久便破坏换气功能，是导致各类尘肺病的元凶。所以，防尘口罩通过覆盖人的口、鼻及下巴部分，形成一个和脸密封的空间，靠人吸气迫使污染空气经过过滤。粉尘颗粒越小，它在空气中停留的时间就越长，被吸入的可能性就越大。

防尘口罩的种类很多，按其结构与工作原理，分为两大类：空气过滤式口罩与供气式口罩。空气过滤式口罩，或简称过滤式口罩的，工作原理是使含有害物的空气通过口罩的滤料过滤净化后再被人吸入；供气式口罩是指将与有害物隔离的干净气源，通过动力作用如空压机、压缩气瓶装置等，经导气管及面罩送到人的面部供人呼吸。

过滤式口罩的结构分为两大部分，一个是面罩的主体，它是一个口罩的架子；另一个是滤材部分，包括用于防尘的过滤棉以及防毒用的化学过滤盒等。

空气过滤式口罩又包括多种类型，如半面型，即只把呼吸器官（口和鼻）盖住的口罩；全面型，即口罩可把整个面部包括眼睛都盖住；电动送风型，即通过电池和马达驱动，将含有有害物质的空气抽入滤材过滤后供人呼吸。半面型口罩又分为免保养型、低保养型和一般保养型。免保养型，这种口罩多以防尘为主，其主体与滤材是合二为一的，不可更换滤材；低保养型，这种口罩的主体没有可更换的部件，如损坏时要更换整个面具，这样可节省人力与保养费用；一般保养型，即面具的各个部件有损坏时可逐一更换，平时也要注意保养。根据过滤材料不同，有硅胶口罩、橡胶口罩等。

1.口罩结构

口罩本体通常用防颗粒物的过滤材料制成，靠头带或耳带固定，人脸鼻处的密封通常借助金属鼻夹帮助塑造，但也有依靠其他方法实现的，有些还在口罩内鼻夹部位增加密封垫。由于口罩没有可以更换的部件，所以失效后需要整体废弃，也称随弃式面罩或免保养口罩。

由于是密合的结构，防尘口罩通常有两种式样，即杯罩式和折叠式，杯罩式依靠一个预先模压成型的结构支撑过滤材料，优点是不容易塌陷，易保持形状；而折叠式利于单个包装，不用时便于携带。

2.过滤材料

不同的防尘口罩使用的过滤材料不同。过滤效果一方面和颗粒物粒径有关，还受颗粒物是否含油的影响。防尘口罩通常要按照过滤效率分级，并按是否适合过滤油性颗粒物分类。不含油的颗粒物，如粉尘、水基雾、漆雾、不含油的烟（焊接烟）、微生物等。“非油性颗粒物”的过滤材料虽比较常见，但它们不适合油性颗粒物，如油雾、油烟、沥青烟、焦炉烟等。而适合油性颗粒物的过滤材料也可用于非油性颗粒物。常用过滤材料有硅胶、聚丙烯纤维、聚酯纤维等。

3.附加功能

除了防阻颗粒物外，有些防尘口罩还有附加功能，满足不同的使用条件或需求。使用中由于不断有粉尘等颗粒物沉积在口罩表面，使用一段时间后呼吸阻力会自然增加，使用者会感觉越来越不舒适，因此，有的口罩在表面增加一个单向开启的呼气阀，以降低呼气阻力，并帮助排出湿热空气，所以更适合温度较高的环境。

如焊接这种典型的含尘作业，除了高温，作业中还存在大量电焊火花，应该选择具有阻燃性的口罩以避免口罩被烧穿。焊接作业现场还会产生一些有害气体，最常见的是臭氧，另外有些作业环境只单独存在一些气体异味，浓度虽没有达到有害健康的水平（没有超标），但使人感觉不舒适，一种带活性炭层的防尘口罩就很适用，不仅适合焊接产生焊烟和臭氧，也很轻便和能有效排除异味。

防尘口罩除工业用外，也有医用，主要用于呼吸道传染病的预防，如SARS、结核杆菌、炭疽和流感等。虽然微生物属于非油性的颗粒物，但在医院使用有其特殊要求。首先不允许有呼气阀设计，防止手术时医生呼气带细菌污染手术创面；另外，外层材料必须具有抗一定压力液体的穿透，防止传染性液体对医护人员的危害。

4.选择方法

防尘口罩有各种各样的，必须针对不同的作业需求和工作条件进行选择。口罩的选择有三个原则。

(1)口罩的阻尘效率。口罩阻尘效率的高低是以其对微细粉尘，尤其是对5微米以下的呼吸性粉尘的阻隔效率为标准。

应根据粉尘的浓度和毒性选择。根据GB/T 18664—2002《呼吸防护用品的选择、使用与维护》，作为半面罩，所有防尘口罩都适合有害物浓度不超过10倍的职业接触限值的环境，否则就应使用全面罩或防护等级更高的呼吸器。如果颗粒物属于高毒物质、致癌物和有放射性，应选择过滤效率最高等级的过滤材料。

如果颗粒物具有油性，务必选择适用的过滤材料。如果颗粒物为针状纤维，如矿渣棉、石棉、玻璃纤维等，由于防尘口罩不能水洗，粘上微小纤维的口罩在面部密封部位易造成脸部刺激，也不适合使用。

对高温、高湿环境，选择带呼气阀的口罩会更舒适，选择可除臭氧的口罩用于焊接可提供附加防护，但若臭氧浓度高于10倍职业卫生标准可更换面罩，配尘、毒组合过滤元件。对不存在颗粒物，而仅仅存在某些异味的环境，选择带活性炭层的防尘口罩比戴防毒面具要轻便得多，如某些实验室环境，但由于国家标准不对这类口罩进行技术性能规范，选择时最好先试用，判断是否真正能够有效过滤异味。

(2)口罩与人脸型适合性。适合性，即口罩与人脸形状的密合程度。没有一个万能的设计能适合所有人的脸型。目前，防尘口罩的认证检测并不保证口罩适合每个具体的使用者，如果存在泄漏，空气中的污染物就会从泄漏处进入呼吸区。选择适合的口罩的方法是使用适合性检验，它利用人的味觉，用专用工具发生苦味或甜味的颗粒物，如果戴口罩后仍然能够感觉到味道，说明口罩存在泄漏。工人应定期进行口罩密合性测试，目的是保证工人选用合适大小的口罩并按正确步骤佩戴口罩。

(3)佩戴舒适。其要求包括呼吸阻力要小，质量要轻，佩戴卫生，保养方便。这样工人才会乐意在工作场所坚持佩戴并提高其工作效率。

5.佩戴方法

防尘口罩结构虽然简单，但使用并不简单。选择适用且适合的口罩只是防护的第一步，要想防护真正起到作用，必须正确使用，这不仅包括按照使用说明书佩戴，确保每次佩戴位置正确不泄漏，还必须在接尘作业中坚持佩戴，及时发现口罩的失效迹象，及时更换。不同接尘环境粉尘浓度不同，每个人的使用时间不同，各种防尘口罩的容尘量不同，以及使用维护方法的不同，这些都会影响口罩的使用寿命，所以没有办法统一规定具体的更换时间。当防尘口罩的任何部件出现破损、断裂和丢失（如鼻夹、鼻夹垫），以及明显感觉呼吸阻力增加时，应废弃整个口罩。

无论是防毒还是防尘，任何过滤元件都不应水洗，否则会破坏过滤元件。使用中若感觉其他不舒适，如头带过紧、阻力过高等，不允许擅自改变头带长度，或将鼻夹弄松等，应考虑选择更舒适的口罩或其他类型的呼吸器，好的呼吸器不仅适合使用者更应具有一定的舒适度和耐用性，表现在呼吸阻力增加比较慢（容尘量大）、面罩轻、头带不容易松垮、面罩不易塌陷、鼻夹或头带固定牢固、选材没有异味和对皮肤没有刺激性等，这通常只有那些长期使用防尘口罩的工人最有体会和最有发言权。

6.使用误区

最大的误区：把纱布口罩当防尘口罩使用。纱布口罩在我国职业防护技术落后的年代，确实被普遍用于防尘，但近年来，随着我国在防护标准、检测技术及制造技术上的进步，以及社会防护意识的普遍增强，已经清楚地认识到纱布的低效。在2003年SARS期间，由于受错误的导向，医护人员使用纱布口罩防护，导致大量医护人员因防护不当受到传染，代价巨大，教训深刻。

现在虽然从标准、法规对纱布口罩有定论，但是长期使用纱布口罩，产生了诸多错误的防护理念，如更强调便宜、应吸汗、应能水洗和透气等“好处”，却不重视密合性、有效的过滤等应有的防护效果。

另一个常见误区：与橡胶防尘半面罩相比，防尘口罩的防护效果低，密合性差，许多人感觉橡胶的材料更具有弹性，认为这更容易和脸部密合。其实影响密合效果的不只在于材料的弹性，更在于面罩的设计，面罩头带选材确定的松紧度、易拉伸性，以及面罩质量和头带的匹配等，这些都影响着密合的效果。很多年以前，国外就已经通过大量的现场实验，调查这两类面罩在实际应用中的防护效果，研究证明，防尘口罩具有和橡胶防尘半面罩相同的防护水平，这主要就是指密合性。所以在国外和国内标准中（GB/T 18664—2002），这两类面罩的指定防护因数都是10，都适用于颗粒物浓度不超过10倍的职业卫生标准的环境。

（十）阻尘鼻腔护洁液

阻尘鼻腔护洁液，通过增湿、保湿作用，增加粉尘吸附力能够阻留粉尘进入深部呼吸道，阻留可吸入性悬浮物颗粒进入肺部。

四、听觉器官防护装备

听觉器官防护用品，是指能够防止过量的声音侵入外耳道使人耳避免噪声的过度刺激，减少听力损失，预防由噪声对人身引起的不良影响的个体防护用品。

工作场所高噪声主要来自机械的转动、振动、气流等，如压缩机房、大型转动设备、高压气体泄漏，在这些高噪声场所，进行应急处理操作，需要佩戴保护人耳，使其避免噪声过度刺激的护耳器，切实避免对听力造成损伤。在过去，人们对此都不太重视，但是，随着社会的进步和人们物质文化生活水平的提高，必须从人性化的角度，最大限度地保护相关人员的听力不受到伤害。

护耳器主要包括耳塞、耳罩和防噪声头盔三大类。

(一)耳塞

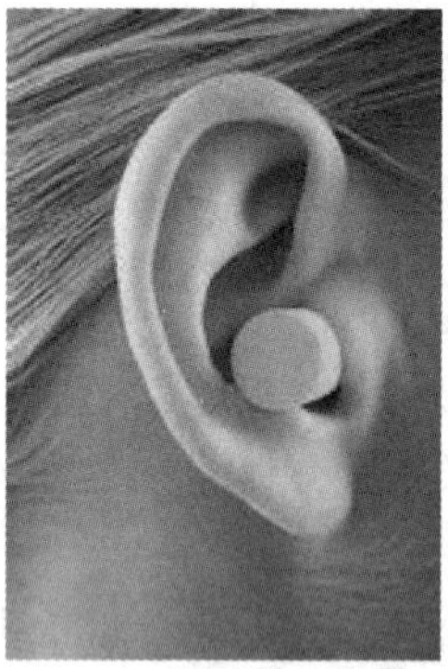

图 8—30 耳塞

耳塞,是插入外耳道内,或置于外耳道口处的护耳器。

1.耳塞种类

耳塞的种类,按其声衰减性能分为低、中、高频声均隔耳塞和只隔高频声耳塞两大类。

2.耳塞的结构

耳塞的结构设计应考虑到在佩戴时容易放进和取出,使用时不容易滑脱失落。耳塞的造型应考虑到不能插入外耳道太深,与外耳道各壁应轻柔贴合密封。耳塞的结构要使多数人可以佩戴,携带方便。为防止丢失,可以将两只耳塞用一条细绳连接。

3.耳塞材料

耳塞应选用隔声性能好的材料,在一般使用情况下,不易破损,强度、硬度和弹性适当,容易清洗,消毒。在恶劣环境中使用不易产生永久性变形,老化和破裂。与皮肤接触时必须无刺激性。

对塑料、橡胶及橡塑材料的物理性能按国家标准进行试验满足标准的规定。

4.耳塞性能

佩戴耳塞后无明显的痒、胀、疼痛和其他不舒适感,佩戴者能够适应佩戴。

耳塞的声衰减量,塑料和橡塑材料的耐热性、耐寒性、耐油性,橡胶材料的比重、扯断强度和扯断伸长率、硬度、耐热性、耐油性、老化系数等必须按相应的国家标准进行检验满足要求。

耳塞产品必须经国家指定的监督检验部门按本标准进行鉴定,取得许可证后,方可批量生产。耳塞产品应有下列内容的永久性标志:制造厂名称及商标产品型号;制造日期;许可证编号。

(二)耳罩

图 8—31 耳罩

1.耳罩结构

耳罩是由压紧每个耳郭或围住耳郭四周而紧贴在头上遮住耳道的壳体组成的一种护耳器。耳罩壳体可用专门的头环、颈环或借助安全帽或其他设备上附着的器件而紧贴在头部。

(1)头环

头环是用来连接两个耳罩壳体,具备一定夹紧力的佩戴器件。

(2)耳罩壳体

耳罩壳体,是用来压紧每个耳郭或围住耳郭四周而遮住耳道的具有一定强度和声音衰减作用的罩壳。

(3)耳垫

耳垫,是覆在耳罩壳体边缘上和人头接触的环状软垫。

耳罩的头环需弹性适中,长短应能调节,佩戴时没有压痛或明显的不舒服感。

耳罩壳体必须能在相互垂直的两个方向上转动。耳垫必须是可更换的,接触皮肤部分应无刺激,且能经受消毒液的反复清洗。耳垫材料必须柔软,具有一定的弹性,以增加耳罩的密封和舒适性。

2.耳罩性能

耳罩声衰减量、耳罩插入损失值、左右两个耳罩壳体间的插入损失之差值、耳罩夹紧力、抗疲劳性能、抗跌落性能、耐潮性能、耐高温性能、耐低温性能、耐腐蚀性能等必须满足国家标准要求。耳罩产品必须经国家指定的监督检验部门按本标准进行鉴定,取得许可证后才可批量生产。

3.耳罩

每副耳罩产品应有下列内容的永久性标志:制造厂名称及商标;产品型号;制造日期;许可证编号。

(三)防噪声头盔

防噪声头盔,是通过头盔壳体、内衬等的吸声、隔音达到降噪的效果。由于使用不便,因此,应用得较少。

(四)个性化护耳器

传统的隔音护耳器,只能达到阻隔外界声音的功能,在阻隔有害噪声的同时,也屏蔽了工作、生活中的有用声音——交流的声音,意外的声响,这样会给人们的交流带来许多障碍和麻烦,甚至可能引发危险。

随着科学技术的发展,新材料的出现,基于人性化与高效率的设计理念,现在国外发达国家已经生产出完全根据某人的耳道生理结构及工作场所需要设计的产品。此种个性化护耳器,能选择性地过滤高频有害噪声,减少噪声疲倦。在嘈杂的环境中,顺畅交流,消除佩戴传统隔音设备造成的“孤立感”。适用于各种环境,可全天候、全过程佩戴,包括可以保留立体声功效,在佩戴的同时,可以接听耳机。现代个性化护耳器,主要类型为耳塞,也有精巧的耳罩。

但是,其造价堪称“昂贵”,一副高级个性化耳塞,其价格是普通耳塞的上百倍。但是,与此同时,个性化耳塞有一个特点,就是经久耐用,最长的可用10多年,这是普通耳塞无法比拟的。

第五节 通信信息装备

快速、有效的通信，是事故应急救援的重要保障。许多工业生产如石油化工、矿山开采往往是气候条件恶劣、地理条件复杂的大漠、戈壁、山区、河湖等野外场所，涉及偏远无人的公路，也涉及繁华拥挤的城市街道。无论是在城区，还是在野外，出现险情，抑或发生事故之后，及时的通信报告与救援指挥，对于应急救援的及时性、准确性、高效性，都具有重要的保障作用。

一、应急通信信息装备种类

当前，应急救援通信信息装备包括通信装备与信息处理装备两大类。

(一)通信装备

通信装备包括有线、无线电话通信两大类。每一类又分许多小类。

1.有线通信装备

有线通信装备，主要包括普通固定电话机、专用防爆电话机、有线视频对讲机、专用保密通信装备。

2.无线通信装备

无线通信装备，主要包括普通对讲机、专用防爆对讲机；普通移动电话机、专用移动电话机；固定卫星站、移动卫星小站等。

(二)信息处理装备

信息处理装备，是指进行信息传输与处理的装备。主要包括多路传真和数字录音系统；摄影、摄像装备；计算机，无线上网卡等。

二、通信信息装备的功能与使用

有些通信信息装备是普通生活中就经常用到的，如电话机、传真机、计算机等。下面着重介绍一些生活中不常用的专用通信信息装备。

(一)防爆电话机

在石油化工企业的易燃易爆场所，因为存在易燃易爆气体，液体泄漏的可能性，如果电话不防爆，就可能成为火灾爆炸事故的促发剂。因此，在这种场所，必须使用防爆电话机。

现在，防爆电话机的生产厂商已经很多，技术上也比较成熟。防爆电话机一般都是防爆兼本质安全型防爆电话机，在使用上，直接连到电话交换机即可，很方便。

图 8—32　防爆电话机

图 8—33　无线防爆对讲机

(二)无线防爆对讲机

无线电对讲机是一种只需轻按一键,便可与一个或一组人通话的设备。对讲机是应急救援指挥中一个人与一组人联络所必备的工具,仅需一个呼叫,这个人便可以和组内的所有人通话,不论他们分布在何处。对讲机也可与市话相联。无线对讲机从技术上已经很成熟,石油化工企业中使用的防爆对讲机,也由一些技术成熟的厂家生产。

无线电对讲机具有许多优点:

1.节省成本

对讲机不同于移动电话,它不用根据通话时间计费。比较移动电话和双向对讲机的成本,用户会发现对讲机更经济实用。

2.对讲机不受网络限制

对讲机不受网络限制,在网络未覆盖到的地方,对讲机可以让使用者轻松沟通;对讲机提供一对一、一对多的通话方式,一按就说,操作简单,令沟通更自由,尤其是紧急调度和集体协调工作的情况下,这些特点是非常重要的,通话成本低。

3.通话距离远

常规对讲机的通话距离一般为 3—5km,但在有高大建筑物或高山阻挡的情况下,通话距离会相对短些。当有网络支持时对讲机的通话范围可达几十公里。

4.申领方便

大众消费者也是可以买对讲机的,但以前购买和使用对讲机都必须向当地无线电管理委员会申请,领取电台执照并交纳频率占用费。从 2001 年 12 月 6 日起,我国开放民用对讲机市场,使用 400Hz,发射功率小于 0.5W 的民用对讲机,无须办理任何手续。

但是,为保证绝大多数用户通话不受干扰以及合理利用频率资源,国家无线台管理委员会对频率的使用进行了划分,规定不同的行业使用相应的频率范围。因此,在特殊情况下,用户在购买对讲机的时候,要向当地的无线电管理委员会申请频点。

5.无线对讲机能打电话

在有网络支持的条件下,对讲机可以用来打电话。但若只是单机之间的常规通话,就不能实现打电话的功能。

(三)影像采集装备

影像采集,对于应急救援信息的现场指挥、事后评价等提供重要的支持。传统上一般采用胶卷照相机、卡带摄像机，现在应用最广泛、处理速度最快、效果最好的是数码摄像机(DV)、数码照相机(DC)。

1.数码摄像机(DV)

DV是Digital Video的英文缩写，DV机是一种应用数字视频格式记录音频、视频数据的数码摄像机。

DV机提供了一次拍摄工具的重大革新，新的摄像机记录视频不再采用模拟信号，而是以压缩的数字信号为记录、制作和传递视频素材的方式。DV摄像机轻便灵巧，便于携带，操作方便、易学易懂。DV摄像机的最大优势，一是大大提高了视频制作的速度，二是大幅度降低了视频制作的成本。

2.数码照相机(DC)

DC机是Digital Camera的英文缩写，DC机是一种应用数字视频格式记录画面的数码照相机，随着数码相机内存的增大，许多数码相机也具有DV的摄像功能，但是摄像的时间短暂，镜头取景也往往大受限制。

图 8—34 数码摄像机(DV)

图 8—35 数码照相机(DC)

3.数码摄像机、数码照相机的数据传送

数码照相机的数据传送只能在相机、电视、计算机进行观看，也可以洗成纸质相片。但不能进行实时数据传送。

数码摄像机可以通过数码摄像机、电视、计算机进行观看。其数据传送方式有两种，一种是有线传送，另一种是无线传送。

有线传送，即用专用数据传送线将数码摄像机与指挥部的电视、计算机等视频工具连接，前方摄取的画面可以随时传送到指挥部。

无线传送，即通过专用无线传送设备与摄像机连接，摄像机通过该专用传送设备实时传送到指挥部的接受系统上，这样，大大增加了摄像机的机动性和应急救援的效率与效果。这种技术由于成本较高，应用得还很不广泛。

4.数码摄像机、数码照相机在应急救援中的应用

DY、DC技术在对应急救援工作具有十分广泛的应用价值，如对火灾、泄漏等事故现场可采集到真实动态的画面，并可实现有线、无线远程传输，这种对事故现场、抢险救援现场的实时监测，对辅助指挥决策具有非常直观、高效的作用。

消防部队是和平时期出动频率最高的部队，面对的往往是与死神打交道的危险现场。在危机四伏的现场，必须严格控制人员的进入，避免不必要的伤亡。但是现场指挥员往往只有靠侦察人员的描述作出判断，指挥员作出抉择的依据是经过侦察人员大脑过滤后的信息，而且语言的描述不具备直观、形象的特点。前方侦察人员如果有DV的协助，就可以使指挥部更加全面直观地掌握事故中心的实际情况。DV小巧便携、操作简单，非专业摄像人员只需要通过简单的学习就可以掌握其使用方法，这就使DV在事故处置中有了极大的用武之地。

例如，某化工厂发生爆炸，现场残存 200 多吨乳化炸药和硝酸铵等原材料。由于在处置过程中仍然存在爆炸危险，只有少量必需的工作人员留在爆炸中心区，其余人员全部撤离到安全区域。

这时 DV 的优势又一次得到了展现。救援人员将 DV 架设在爆炸中心的开阔处，通过有线传输的方式将信号传送到位于安全区域的移动通信指挥车。现场指挥部只需要在指挥车中通过观看实时视频，就可与前方抢险人员取得联系，指挥搜救排险工作。使得应急救援过程中次生伤害的概率与严重程度大大降低。

随着我国经济实力的进一步提高，DV 成本的降低，DV 技术必将在应急救援工作中发挥越来越大的作用。

三、无线微波摄像监控系统

众所周知，在厂区、山区、江河、湖泊、沙漠等场所，对生产现场、事故现场实现全方位的远程安全视频监控，如果采用传统方式埋设光缆、架空线路来用于传输远程视频监控信号，一方面该方式造价极高、工程量大、不利于维护管理，另一方面也会带来某些隐患如火灾。而采用远程无线数字微波技术，就可以大大地减少工程量，提高信息采集速度，远程数字微波无线监控系统，要在各个监控要点架设远程数字微波高速监控摄像镜头，通过无线微波将模拟视频、音频信号转换为数字信号，传输到远程监控中心，采用高倍、高速一体化彩转黑超低照度球机，可观察方圆 10km 内的人员、车辆活动情况。

通过远程无线数字微波将各个要点的监控视频、音频信号传至中央控制室，中央控制室可以通过远程遥控各观察点的高速摄像机，监控观测各监控点的实时动态图像，从而作出实时的判断决策，来防止监控区内突发事件的发生或对已发生的突发事件进行及时的处理，做到及时准确，减少损失。

该系统具有下列优点：

(一)中央监控控制预警系统将会发出报警指令，时实录制现场实况，时实将现场实况传输到相关领导办公室的接收电视里，并自动报警。

(二)数字微波无线远程监控系统可以使用控制键盘对每台远程图像集中监控主机进行完全控制，包括参数设置、录像回放、录像查询、云台镜头控制等。远程监控点可以使用 PC 机上的键盘或后端译码矩阵控制键盘进行画面监控、云台镜头控制、录像查询、文件下载等。

(三)网络监视和回放：远程图像集中监控系列产品的网络传输是不同画面分别打包传输的，因此无论是网络监视还是网络录像回放，每个信道都可以获得优良画质。

(四)远程图像集中监控系统可显示操作的历史记录，包括系统设置、录像、回放、备份、远程访问及控制等详细数据，有助于安全保卫工作；开机关机、进入设置菜单、回放录像、停止录像、网络访问有密码限定。

数字微波传输比模拟微波传输方式具有更大的优越性。

在微波信道方面，无线微波摄像机的信号传输分为模拟与数字两种传输方式。就模拟微波而言，由于它对多路反射信号的影响非常敏感，一般无法在室内如音乐厅及演播室等使用。在室外转播中使用模拟微波，当运动拍摄时，为了得到较好的信号接收效果，通常采用定向跟踪，这样就得配备有经验的天线操作员。

此外，模拟微波受环境影响信号衰落较大，摄像机很难在人群等场合拍摄，信号质量会时好时坏，甚至会出现信号中断的现象。

近年来，人们将数字电视地面传输（DVB—T）技术引入无线摄像，采用COFDM调制技术很好地解决了移动传输中的多径干扰问题。数字微波可以使用全向发射天线，在接收端则利用多个天线进行分集接收，在其有效的覆盖范围内信号质量将保持不变。这种利用数字传输技术的无线微波摄像系统，既可以在室外应用，又可以在室内应用，而且在运动拍摄时也免去了烦琐的天线跟踪。

第 六 节 医疗救护装备

医疗急救装备，是指对事故现场伤员进行现场急救、转移的专业工具。如担架、救护车、氧气袋、急救箱等工具。在相关装备，如急救箱中，还要装备如速效救心丸、杜冷丁、心律平、塞米松、烫伤膏、强心针等药品。

一、普通救护车

救护车，对于人员抢救是必需的。一般的救护车，都配有医生、护士等专业人员，并配有心脏起搏器、输液器、氧气袋等设备，也配有一些急救药品。可以对受伤人员进行紧急处置后，再转移到医院进行正规治疗。

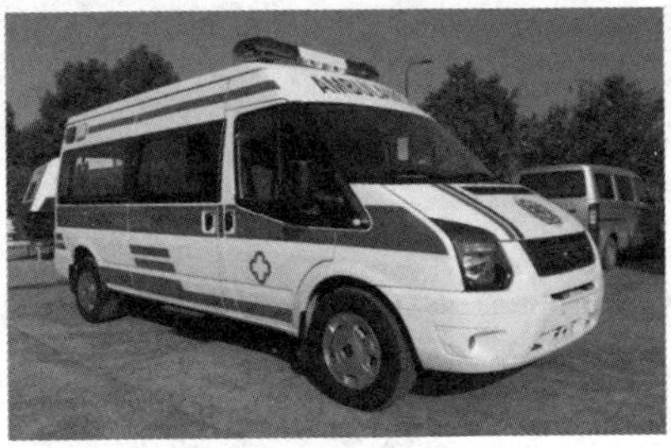

图 8－36　救护车

二、ICU 救护车

ICU(Intensive Care Unit)救护车上的医疗配备就相当于一个小型的 ICU 病房和小型手术室。氧气、吸引器、心脏起搏器呼吸机、全套监护器、药品器材、手术器械等应有尽有，万无一失。

在危险化学品事故发生时，第一时间内现场死亡人数是最多的。创建流动便携式 ICU 病房能有效降低危险化学品事故伤员的死亡率和伤残率。

国内外历次战争数据表明，构成伤后死亡率的各种比例是伤后即刻死亡占 40%，伤后 5min 死亡占 25%，伤后 5—30min 死亡占 15%，伤后 30min 以上死亡占 20%。

另据统计，创伤伤员第一死亡高峰在 1h 之内，其死亡人数占创伤死亡人数的 50%，第二死亡高峰在 2—4h 之内，其死亡人数占创伤死亡人数的 30%。所以对于现场人员急救来说，时间就是生命。传统的急救观念与方法常常使伤员丧失了最宝贵的几分钟、十几分钟的“黄金救命”时间。因此，必须倡导时间就是生命的理念与方法。

(一)流动便携式 ICU 病房的设备配置及药品配置

流动便携式 lCU 病房的设备配置及药品配置应该根据任务的需求决定。

常用 ICU 急救设备如下：带自备电源的多功能除颤仪(包括除颤、心电监护、血氧饱和度、血压、心电图)、便携式呼吸机、便携式吸引器、快速气管通气器械、担架、手术器械包、被褥、氧气瓶、消毒物品箱冰盒 2 个、液体箱 1 箱、杂物箱。

急救箱：应急灯、血压计、听诊器、体温表、手电筒、注射器、心内注射针、敷料盒、棉球盒、供氧器、双头吸氧管、吸痰管、人工呼吸嘴(大、中、小)各 1 个、气管导管、手套、颈托输液器、输血器、碘棉球、止血带等。

药品：肾上腺素、间羟胺、阿托品、山莨菪碱、利多卡因、尼可刹米（可拉明）、杜冷丁、安定、多巴胺、心律平、输氧康等。

（二）人员配置

根据任务的需要，有针对性地做好人员的配置，流动便携式ICU病房医疗救护队人员原则上由各个专业的专家组成，身体健康，全天候的医疗救护队一般为4—5人，人员精干。设队长1人，若针对创伤及局部战争的现场急救，则最好由经过ICU专门训练的外科专家担任，队员包括麻醉、内科、专业护理人员各1人。所有人员应该进行强化培训，达到一专多能。根据具体任务，在医疗救护直升机上配置经过ICU专门训练的普通外科专家1名，骨科专家1名，麻醉专家1名，心血管内科专家1名，专业护士1名。在医疗救护车配置经过ICU专门训练的脑外科专家1名，心血管外科专家1名，烧伤外科专家1名，骨科专家1名，专业护士1名。当然强有力的保障人员是必不可少的。

（三）组织机构

现场急救是一个复杂完整的系统工程。需要一整套合理、高效、科学的管理方法、精干熟练的指挥管理人才和强有力的专家组。流动便携式ICU病房的设备和人员应该受现场急救指挥部统一领导。

以上急救设备、药品和人员应根据具体任务的不同而有所增减。创建安全有效的绿色抢救通道十分重要，包括医疗救护网络、通信网络和交通网络，保证这个通道高效运行。

（四）实施原则和程序

1.原则

对构成危及伤员生命的伤情或病情，应充分利用现场的条件，予以紧急抢救，使伤情稳定或好转，为后送创造条件，尽最大努力确保伤员生命安全。

2.程序

（1）事先准备。根据承担任务的特点和要求，完成医疗救护队的组织建设、业务培训和任务前动员，并对现场流动便携式ICU病房、医疗救护车辆、通信设备、急救设备、药品等进行检查和调试。

（2）任务执行。根据突发事故的现场情况，由现场急救指挥部决定进入医疗救护程序的方式，现场流动便携式ICU病房及医疗救护人员对伤员的伤情进行初步检查。迅速诊断伤情，立即实施最必需的医学急救措施，如进行通畅气道、给氧、止血、心肺复苏、抗休克等，特别必要时实施现场急救手术，尽可能地稳定伤情。及时消除或减轻强烈刺激对伤员造成的心理不适应。主要伤情处置规范按救治规则进行，当伤员病情允许后送时，由现场医疗救护队队长决策，向指挥长报告，在指挥长的统一指挥下，将伤员后送，后送期间需要进行不间断救治。

（3）总结改进。做好伤员的病情和记录交接，后送任务完成后对任务的救治工作进行总结。

（五）制定系统而完整的医疗救护预案

鉴于突发灾害事故、局部战争的医疗救护工作的复杂性和意外伤害的突发性，需要制定突发灾害事故伤员伤病救治规则，医疗救护演练实施细则、现场应急医疗救护处置程序、伤员后送程序和标准、伤员到达医院后的医疗救护程序等。

同时，为了充分发挥便携式ICU病房的作用，必须加强对流动便携式ICU病房医疗救护人员的培训和演练。

三、担架的种类及应用

院前急救时，专业急救人员除在现场采取相应的急救措施外，还应尽快把病人从发病现场搬至救护车，送到医院，这个搬运过程必须使用担架，选择合适的担架对于提高院前抢救质量和水平也是至关重要的。

搬运、护送似乎很简单，是一个体力搬运和交通运输问题似乎与医疗急救无密切的关系。事实却不然！搬运不当可能使危重病人在现场的抢救前功尽弃。不少已被初步救治处理较好的病人，往往在运送途中病情加重恶化了；有些病人，因搬运困难现场耗时过多，而延误最佳抢救时间。于是，无论怎样进步，病人从发病现场的"点"到现代化的救护车、艇、飞机，乃至安全到达医院的运载过程中，都存在现场"第一目击者"或急救人员运用适合的担架方便快捷地搬运病人的问题，万万不可轻视搬运、护送中的每一个细节。人们现已逐步认识到救护搬运是现场急救的重要内容，是连接病人能否获得全面有效救治过程的一个链。

(一)担架的种类

担架是运送病人最常用的工具，担架的种类很多，目前常见的有帆布(软)担架、铲式担架、折叠担架椅、吊装担架、充气式担架、带轮式担架、救护车担架及自动上车担架等。

(二)担架的应用

1.帆布(软)担架

帆布(软)担架较灵活，但仅适用于一些意识清楚的轻症患者，而相当大比例的重症、外伤骨折尤其脊柱伤病人不适用，病人窝在担架中间，对昏迷或呼吸困难的病人不利于保持气道通畅，而且承重性差，适用范围较小。

2.折叠担架椅

折叠担架椅最大优点是便于在狭窄的走廊、电梯间和旋转楼梯搬运病人，储藏空间小，但对危重病人、外伤病人不适宜，操作也较复杂，且主要是国外进口产品，价格较昂贵，不利于推广应用。

3.充气式担架

充气式担架，其主要技术特点是在气囊垫上面设有横或竖气囊脊，气囊垫一面和两侧设有吊带环，通过吊带环设有环形吊带并与抬杠相组成。体积小，质量轻，携带方便，可以折叠使用，减震效果非常明显，可使伤病员以坐、躺姿势被转移，变手抬式担架为肩扛担架，有利于远距离转运伤病员。

4.楼梯担架

楼梯担架，采用设置抬担架人员扶手的高度差，达到顺利上下楼梯的目的。但只适合受伤人员呈坐姿态，不能在人员平躺状态下使用。

5.铲式担架

铲式担架是一种可分离型抢救担架，制作材料主要有高强度工程塑料、铝合金两种，属硬质担架，其特点是：担架两端设有铰链式离合装置，可使担架分离成两部分，在不移动病人的情况下，迅速将病人置于担架内或手术台或病床上，从病人体下抽出担架。

铲式担架具有体积小、质量轻、承重强等特点；操作非常简单、便捷、省力，有利于骨折外伤人员保持肢体的固定，减轻疼痛和防止病情加重，对昏迷病人保持呼吸道通畅体位；另外担架的长度可根据病人身长随意调节，适用于不同身高体重的患者，在普通居民房屋的楼道、走廊等狭小地方基本都能使用，由于铲式担架国内就能生产，价格较低廉。当然也有不足之处，因为中间有空隙，不能用于脊柱伤病员搬运。但只要在中间垫上硬板也能搬运，当然过于狭窄的地方(如长小于 1.8m 宽小于 1m)不便使用。

综上所述，铲式担架虽也有缺点，但比帆布软担架、折叠担架椅等其他担架更具优势，适合在各种急救现场、狭小楼道救护和转送各种伤病员，且价格也适中，应用范围广。

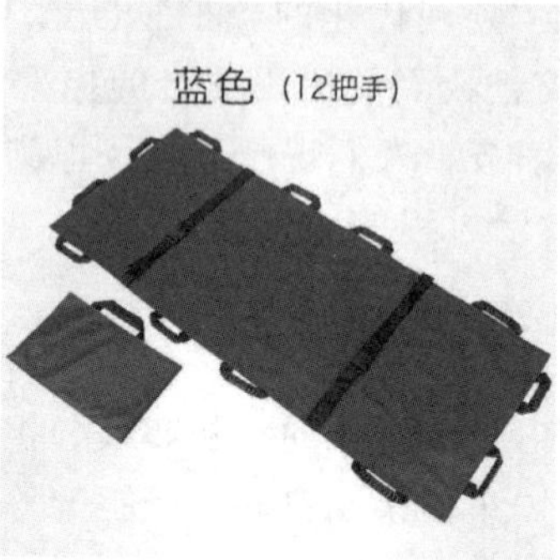

图 8—37　帆布(软)担架

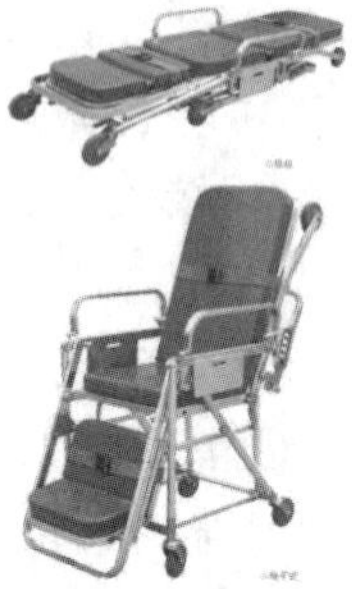

图 8—38　折叠担架椅

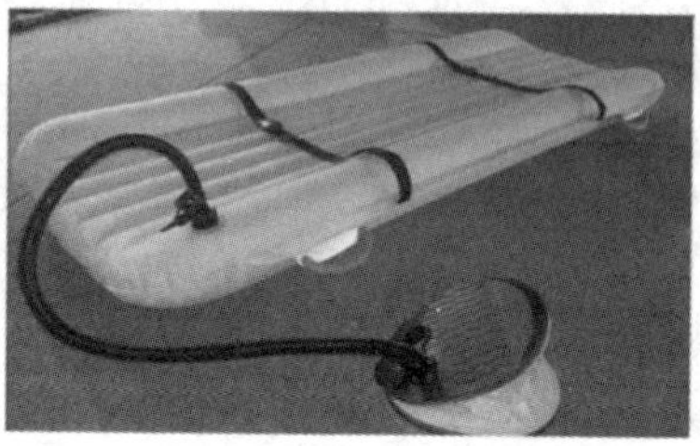

图 8—39　充气式担架

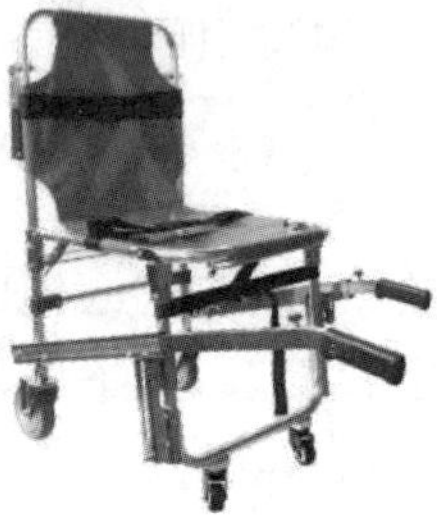

图 8—40　楼梯担架

图 8—41　铲式担架

四、头部固定器

在搬运过程中，用于固定伤患者头部，以避免颈椎再度受到伤害。此类产品还有颈托。

图 8—42　头部固定器

五、夹板

在事故中，如果伤者出现骨折或可能出现骨折的情况下，要对受伤部位用夹板进行固定，再进行搬运，避免伤势恶化。

夹板的种类很多，有高分子夹板、组合夹板、多功能夹板、四肢充气夹板、真空夹板套装等多种类型。

(一)高分子夹板

高分子夹板，由高分子平面夹板塑型成柱面体，利用柱面体的静曲支撑力来稳定受伤部位，从而达到固定效果。

(二)组合夹板

组合夹板，可根据不同骨折固定要求，进行插式组合，灵活固定。

(三)多功能夹板

多功能夹板，可多向调整角度，不需加用其他夹板。夹板铰链可在单向上做任意旋转。X射线可完全穿透，拍片效果良好。

(四)四肢充气夹板

四肢充气夹板，是通过充气进行肢体固定的一种特殊夹板。可以用于骨折的固定，也可以用来止血。

(五)真空夹板套装

真空夹板套装，满足急救所需要的各种夹板功能。真空夹板可以使身体在抽取空气后维持体位，这种设计可以很好地将病人固定，而不会压迫骨折的部位，引起不适或造成进一步的损伤。全套包括一个全身真空夹板、多个四肢真空夹板、负压气筒等。

六、急救训练模拟人

在伤员受伤甚至危及生命的情况下，正确掌握并及时实施急救术，如心肺复苏、担架搬运、头颈固定、夹板固定、止血等，对于伤员的急救，具有非常有效而重要的作用。但是，这些技术必须在实践中进行经常性的练习才能熟练掌握。最好的办法就是用急救训练模拟人进行训练。

急救训练模拟人产品很多，功能从简单到复杂不一而足。简单的一般只用来做心肺复苏之用。复杂的则包括多种功能，如高级综合急救技能训练模拟人（ACS高级生命支持、单片机控制），由数字模拟单片机控制，可与心电机、除颤监护仪、呼吸机等连接操作训练。可以进行气道插管训练、CPR心肺复苏训练、AED心律除颤、体外起搏、脉搏血压训练、静脉输液训练、监护及心电图训练等。

第七节 灭火装备

便携灭火装备——灭火器

火的形成需要三个要件:可燃物、助燃物和火源,三者缺一,火即无法形成。对火灾扑救,通常采用窒息(隔绝空气)、冷却(降低温度)和拆除(移去可燃物)三种方法。

灭火器是一种可由人力移动的轻便灭火器具。它能在其内部压力作用下将所充装的灭火剂喷出,用来扑灭火灾。由于它的结构简单,操作方便,使用面广,对扑灭初起火灾有一定效果,因此,在工厂、企业、机关、商店、仓库,以及汽车、轮船、飞机等交通工具上,几乎到处可见,已成为群众性的常规灭火武器。

火灾事故,特别是石油化工火灾事故,具有易发、多发、发展速度快的明显特点,因此,不仅需要消防车等大型消防装备,更需要大量的轻便灭火器具,用于扑灭初期火灾,这对石油化工企业的火灾处置具有非常重要的作用。因此,首先选型要对,根据不同的火灾类型,正确选用灭火器的配置类型;其次要数量足,根据保护距离、保护面积、防火单元等配置足够数量的灭火器;最后要会使用,要根据不同类型的灭火器及火灾场合,正确使用灭火器,只有如此,才能充分满足火灾应急处置需要。

(一)火灾的种类

依据 GB50140－2005《建筑灭火器配置设计规范》的规定,火灾可分为五类。

1.A 类火灾

固体物质火灾。如木材、棉、毛、麻、纸张及其制品等燃烧的火灾。

2.B 类火灾

液体火灾或可熔化固体物质火灾。如汽油、煤油、柴油、原油、甲醇、乙醇、沥青、石蜡等燃烧的火灾。

3.C 类火灾

气体火灾。如煤气、天然气、甲烷、乙烷、丙烷、氢气等燃烧的火灾。

4.D 类火灾

金属火灾。如钾、钠、镁、钛、锆、锂、铝镁合金等燃烧的火灾。

5.E 类火灾(带电火灾)

物体带电燃烧的火灾。如发电机房、变压器室、配电间、仪器仪表间和电子计算机房等在燃烧时不能及时或不宜断电的电气设备带电燃烧的火灾,必须用能达到电绝缘性能要求的灭火器来扑救。

灭火器的灭火级别由数字和字母组成，数字表示灭火级别的大小，字母(A 或 B)表示灭火级别的单位及适用扑救火灾的种类。

(二)灭火器的分类

灭火器的种类很多，按其移动方式可分为：手提式、推车式和投掷式；按驱动灭火剂的动力来源可分为：储气瓶式、储压式、化学反应式；按所充装的灭火剂则又可分为：泡沫、干粉二氧化碳、酸碱、清水、六氟内烷灭火器。

(三)灭火器选择

灭火器选择的综合考虑因素为：灭火器配置场所的火灾种类、灭火有效程度、对保护物品的污损程度、设置点的环境温度、使用灭火器人员的素质。

灭火器类型的选择要求如下：

1.A 类火灾场所应选择水型灭火器、磷酸铵盐干粉灭火器、泡沫灭火器或卤代烷灭火器。

2.B 类火灾场所应选择泡沫灭火器、碳酸氢钠干粉灭火器、磷酸铵盐干粉灭火器、二氧化碳灭火器、灭 B 类火灾的水型灭火器或卤代烷灭火器。极性溶剂的 B 类火灾场所应选择灭 B 类火灾的抗溶性灭火器。

3.C 类火灾场所应选择磷酸铵盐干粉灭火器、碳酸氢钠干粉灭火器、二氧化碳灭火器或卤代烷灭火器。

4.D 类火灾场所应选择扑灭金属火灾的专用灭火器。在无此类灭火器和灭火剂的情况下，可采用干砂或铸铁屑未来替代。

5.E 类火灾场所应选择磷酸铵盐干粉灭火器、碳酸氢钠干粉灭火器、卤代烷灭火器或二氧化碳灭火器，但不得选用装有金属喇叭喷筒的二氧化碳灭火器。

说明：本规定主要是为了防止因选配灭火器不当而造成不必要的电击伤人或设备事故。

6.在同一灭火器配置场所，当选用同一类型灭火器时，宜选用操作方法相同的灭火器。

7.在同一灭火器配置场所，当选用两种或两种以上类型灭火器时，应采用灭火剂相容的灭火器。

8.在非必要配置卤代烷灭火器的场所不得选用卤代灭火器，宜选用磷酸铵盐干粉灭火器或轻水泡沫灭火器等其他类型灭火器。

说明：为了保护大气臭氧层和人类生态环境，在非必要场所应当停止再配置卤代烷灭火器。

(四)工业建筑灭火器配置场所的危险等级

工业建筑灭火器配置场所的危险等级，根据其生产、使用、储存物品的火灾危险性、可燃物数量、火灾蔓延速度以及扑救难易程度等因素，划分为以下三级：

1.严重危险级

火灾危险性大、可燃物多、起火后蔓延迅速或容易造成重大火灾损失的场所。

2.中危险级

火灾危险性较大、可燃物较多、起火后蔓延较迅速的场所。

3.轻危险级

火灾危险性较小、可燃物较少、起火后蔓延较缓慢的场所。

(五)灭火器的使用方法

四氯化碳灭火器是一种老消防产品,不仅灭火效率低,而且在灭火时由于高温的作用,产生有毒光气,属窒息性毒剂,对人畜都有危害。国外早已禁止使用,我国也已禁止生产、销售四氯化碳灭火器。

由于1211和1301灭火剂是破坏臭氧层很强的物质,而臭氧层的破坏将会影响生态环境和人类健康,我国在1987年签署了联合国环境署(UNEP)的《关于消耗臭氧层物质的蒙特利尔协议书》,旨在控制和淘汰这类物质,我国政府承诺2006年停止1211灭火剂的生产,2010年停止1301灭火剂的生产。

1.二氧化碳灭火器的使用方法

灭火时只要将灭火器提到或扛到火场,在距燃烧物5m左右,放下灭火器拔出保险销,一手握住喇叭筒根部的手柄,另一只手紧握启闭阀的压把。对没有喷射软管的二氧化碳灭火器,应把喇叭筒往上扳70°—90°。使用时,不能直接用手抓住喇叭筒外壁或金属连线管,防止手被冻伤。灭火时,当可燃液体呈流淌状燃烧时,使用者将二氧化碳灭火剂的喷流由近而远向火焰喷射。当可燃液体在容器内燃烧时,使用者应将喇叭筒提起。从容器的一侧上部向燃烧的容器中喷射。但不能将二氧化碳射流直接冲击可燃液面,以防止将可燃液体冲出容器而扩大火势,造成灭火困难。

在室外使用二氧化碳灭火器时,应选择在上风方向喷射;在室内窄小空间使用时,灭火后操作者应迅速离开,以防窒息。

2.手提式干粉灭火器的使用方法

灭火时,可手提或肩扛灭火器快速奔赴火场,在距燃烧处5m左右,放下灭火器。如在室外,应选择站在上风方向喷射。

使用的干粉灭火器若是储气瓶式,操作者应一手紧握喷枪,另一手提起储气瓶上的开启提环。如果储气瓶的开启是手轮式的,则向逆时针方向旋开,并旋到最高位置,随即提起灭火器。

当干粉喷出后,迅速对准火焰的根部扫射灭火。使用的干粉灭火器若是储压式,操作者应先将开启把上的保险销拔下,然后握住喷射软管前端喷嘴部,另一只手将开启压把压下,打开灭火器进行灭火。灭火器在使用时,一手应始终压住压把,不能放开,否则会中断喷射。干粉灭火器扑救可燃、易燃液体火灾时,应对准火焰根部扫射,若被扑救的液体火灾呈流淌状燃烧,则应对准火焰根部由近而远,并左右扫射,直至把火焰全部扑灭。如果可燃液体在容器内燃烧,使用者应对准火焰根部左右晃动扫射,使喷射出的干粉流覆盖整个容器开口表面;当火焰被赶出容器时,使用者仍应继续喷射,直至将火焰全部扑灭。在扑救容器内可燃液体火灾时,应注意不能将喷嘴直接对准液面喷射,防止喷流的冲击力使可燃液体溅出从而扩大火势,造成灭火困难。如果可燃液体在金属容器中燃烧时间过长,容器的壁温已高于扑救可燃液体的自燃点,此时极易造成灭火后再复燃的现象,若与泡沫类灭火器联用,则灭火效果更佳。

使用磷酸铵盐干粉灭火器扑救固体可燃物火灾时,应对准燃烧最猛烈处喷射,并上下、左右扫射。如条件允许,使用者可提着灭火器沿着燃烧物的四周边走边喷,使干粉灭火剂均匀地喷在燃烧物的表面,直至将火焰全部扑灭。

3.推车式干粉灭火器的使用方法

推车式干粉灭火器的使用方法与手提式干粉灭火器的使用方法相同。

初起火灾范围小、火势弱，是用灭火器灭火的最佳时机。因此，正确合理地配置灭火器显得非常重要。

4.手提式泡沫灭火器的使用方法

可手提筒体上部的提环，迅速奔赴火场。这时应注意不得使灭火器过分倾斜，更不可横拿或颠倒，以免两种药剂混合而提前喷出。当距离着火点10m左右，即可将筒体颠倒过来，一只手紧握提环，另一只手扶住筒体的底圈，将射流对准燃烧物。在扑救可燃液体火灾时，如已呈流淌状燃烧，则将泡沫由远而近喷射，使泡沫完全覆盖在燃烧液面上；如在容器内燃烧，应将泡沫射向容器的内壁，使泡沫沿着内壁流淌，逐步覆盖着火液面。切忌直接对准液面喷射，以免由于射流的冲击，反而将燃烧的液体冲散或冲出容器，扩大燃烧范围。在扑救固体物质火灾时，应将射流对准燃烧最猛烈处。灭火时随着有效喷射距离的缩短，使用者应逐渐向燃烧区靠近，并始终将泡沫喷在燃烧物上，直到扑灭。使用时，灭火器应始终保持倒置状态，否则会中断喷射。

手提式泡沫灭火器存放应选择干燥、阴凉、通风并取用方便之处，不可靠近高温或可能受到曝晒的地方，以防止碳酸分解而失效；冬季要采取防冻措施，以防止冻结；并应经常擦除灰尘疏通喷嘴，使之保持通畅。

5.推车式泡沫灭火器的使用方法

使用时，一般由两人操作，先将灭火器迅速推拉到火场，在距离着火点10m左右处停下，由一人施放喷射软管后，双手紧握喷枪并对准燃烧处；另一人则先逆时针方向转动于轮，将螺杆升到最高位置，使瓶盖开足，然后将筒体向后倾倒，使拉杆触地，并将阀门手柄旋转90°，即可喷射泡沫进行灭火。如阀门装在喷枪处，则由负责操作喷枪者打开阀门。

灭火方法及注意事项与手提式化学泡沫灭火器基本相同，可以参照。由于该种灭火器的喷射距离远，连续喷射时间长，因而可充分发挥其优势，用来扑救较大面积的储槽或油罐车等处的初起火灾。

6.空气泡沫灭火器适应火灾及使用方法

使用时可手提或肩扛迅速奔到火场，在距燃烧物6m左右，拔出保险销，一手握住开启压把，另一手紧握喷枪，用力捏紧开启压把，打开密封或刺穿储气瓶密封片，空气泡沫即可从喷枪口喷出。灭火方法与手提式化学泡沫灭火器相同，但空气泡沫灭火器使用时，应使灭火器始终保持直立状态，切勿颠倒或横卧使用，否则会中断喷射。同时应一直紧握开启压把，不能松手，否则也会中断喷射。

7.酸碱灭火器适应火灾及使用方法

(1)适应范围

适用于扑救A类物质燃烧的初起火灾，如木、织物、纸张等燃烧的火灾。它不能用于扑救B类物质燃烧的火灾，也不能用于扑救C类可燃性气体或D类轻金属火灾，同时也不能用于带电物体火灾的扑救。

(2)使用方法

使用时应手提筒体上部提环，迅速奔到着火地点。绝不能将灭火器扛在背上，也不能过分倾斜，以防两种药液混合而提前喷射。在距离燃烧物6m左右，即可将灭火器颠倒过来，并摇晃几次，使两种药液加快混合；一只手握住提环，另一只手抓住筒体下的底圈将喷出的射流对准燃烧最猛烈处喷射。同时随着喷射距离的缩减，使用人应向燃烧处推进。

8.六氟丙烷手提式灭火器使用方法

自从世界各国共同签署了《蒙特利尔公约议定书》后，卤代烷 1211 和 1301 灭火器在全球范围内遭到了全面禁止。与此同时，世界各国开发出一系列卤代烷灭火器的替代产品。由上海某公司研究开发的安灭净六氟丙烷灭火器，是其中一种新型洁净气体灭火器，该公司也是国内第一家能够生产洁净气体灭火器的生产厂家。

六氟丙烷灭火器的灭火范围：适用于扑救易燃、可燃液体、气体以及带电设备的火灾，也能对固体物质表面火灾进行扑救（如竹、纸、织物等），尤其适用于扑救精密仪表、计算机、珍贵文物以及贵重物资仓库的火灾，也能扑救飞机、汽车、轮船、宾馆等场所的初起火灾。

六氟丙烷手提式灭火器就是采用六氟丙烷灭火剂的一种新型灭火器。六氟丙烷手提式灭火器的优点：在规定的灭火浓度下对人体完全无害，与 1211 相比，其可见不良反应最低值为 15%，而 1211 为 1%，可见六氟丙烷安全得多。可以在有人工作的场所安全地使用。

由于六氟丙烷的沸点为－1.5℃，喷放时不会引起设备表面温度急剧下降（如二氧化碳），对精密设备和其他珍贵财物无任何伤害。

根据大量已经得到认证的灭火试验结果，证明六氟丙烷手提式灭火器能够有效地扑灭 A 类火灾、B 类火灾、C 类火灾和电气火灾。从关于 A 类火灾、B 类火灾、C 类火灾和 D 类火灾的定义可以看出，一般的民用建筑和工业建筑内发生的火灾都应该属于 A 类火灾、B 类火灾和 C 类火灾。所以，六氟丙烷手提式灭火器可以适用于目前绝大多数的场所。

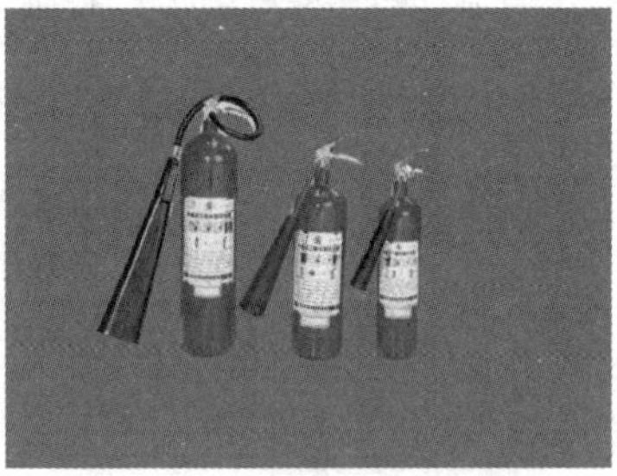

图 8－43　**二氧化碳灭火器**

图 8－44　**手提式干粉灭火器**

图 8－45　**推车式灭火器**

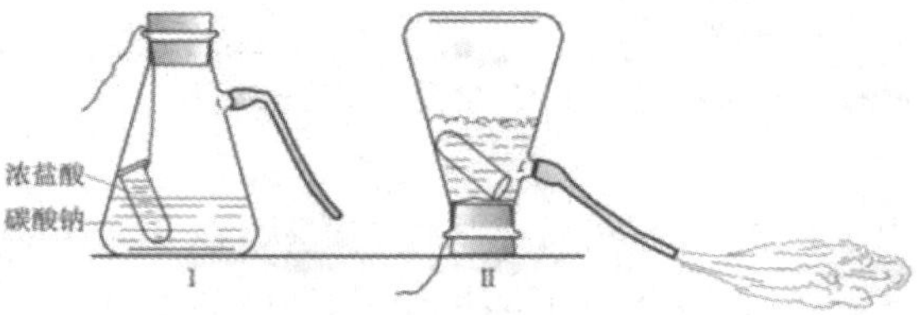

图 8－46　**泡沫灭火器原理**

第八节　辅助灭火装备

一、消防栓

图 8—47　消防栓

消防栓是用来连接消防水网与消防水龙带的固定式供水接口。

在消防栓上可直接连接消防水带通过消防水枪灭火，也可通过连接消防水带为消防车补给消防水，这是消防栓的两个主要功能。

传统的消防栓，就是地下一端与消防管网连接，另一端装设规格不一的活接口，并加盖端盖护好接口。一般不防撞，不能带压维修。

现在最先进的是二段释压开启防撞调压型消防栓。该型是引进技术，保留了国外同类产品的优点，并对其中关键部分进行了改进，更具有实用性，并获国家专利的新产品。其性能优于一般传统消防栓，传统式的消防栓如在保压 1.0MPa，紧急使用时，以双手开启，不易打开，甚至将开关把手扭裂。该产品在任何情况下能灵活快速启闭，同时节省消防栓前面的阀门。消防栓如被撞断后立即止水，不影响同管线其他消防栓的正常使用，并可立即修复损坏的配件。该消防栓还带调压装置，可自由调节压力，出口处带有球阀，方便紧急时快速连接消防带，可带压维修。

二、消防泵

图 8—48　消防泵

(一)消防泵分类

1.根据工作压力分类

根据工作压力可分为低压、中低压、高低压消防泵。

2.根据工作原理分类

根据工作原理可分为离心泵、水环泵、串并联消防泵、多级串联式消防泵。

3.根据使用状态分类

根据使用状态可分为固定消防泵、手抬机动消防泵、卧式消防泵、立式消防泵等。

4.根据动力提供方式分类

根据动力提供方式可分为柴油机消防泵、汽油机消防泵、电动消防泵。

5.根据具体使用功能分类

根据具体使用功能,可分为供水泵、泡沫泵、喷淋泵、稳压泵等。

(二)消防泵功能

可供输送不含固体颗粒的清水及物理化学性质类似于水的液体之用。主要用于消防系统增压送水,也可应用于厂矿给排水。

三、消防照明

消防照明,是在夜晚、室内、井下等黑暗场所灭火抢险使用。

消防照明,包括普通照明工具与防爆照明工具两大类。其中,防爆照明工具因不同的使用场所有很多特殊的要求。石油化工、煤炭等生产,从生产原料、中间产品到成品以及作业环境都有易燃易爆物,这一特性决定了在石油化工、煤炭等生产事故应急救援工作中,必须使用防爆灯具。

(一)防爆灯具分类

防爆灯具种类很多,具体有以下几种类型:

1.按设置方式分类

按设置方式可分为固定式应急工作灯,便携式工作灯。固定式应急工作灯又可分为防爆马路灯、防爆平台灯、防爆警示灯、防爆视孔灯、防爆障碍灯、防爆行灯、防爆吸顶灯等。

便携式工作灯,有手提灯、手电筒等种类。

2.按防爆型式分类

按防爆型式可分为隔爆型"d"、增安型"e"、本质安全型"i"、正压型"p"、充油型"o"、充砂型"q"、无火花型"n"、浇封型"m"、气密型"h"、特殊型"s"、粉尘防爆型"DP"。

3.按灯泡充装介质分类

按灯泡充装介质可分为防爆白炽灯、防爆汞灯、防爆钠灯等。

4.按照功能分类

按照功能可分为防爆式、防爆防腐式、防水防爆防腐式、防触电防爆多功能式等。

(二)防爆灯具的结构

防爆照明灯具,外壳一般为塑料外壳、铸铝金外壳,铸铝金外壳因其抗腐蚀老化性强,洁净美观,因此越来越广泛地运用。

供电电源有多种方式:一是内装免维护镍镉电池组,在充电完成后能提供数小时到十几小时的照明,在有220V交流电的情况下,也可通过变压器进行持续供电;二是普通电池供电,这种情况下,供电时间往往较短;三是自备发电机供电。外接线,一般有两种方式:一是穿钢管布线;二是电缆布线。

灯泡,有多种充装介质,如汞、钠等。

(三)防爆灯具的选择

1.对危险场所进行危险性分类

对危险场所进行危险性分类，是选用防爆灯具及其他防爆电气的第一步。只有对危险场所进行了危险性分类，才能根据危险性类别选择相应的防爆照明灯具及相关防爆电气设备。

(1)危险场所分类的目的。危险场所分类是对可能出现爆炸性气体环境的场所进行分析和分类的方法。场所分类的目的，是使用于该类爆炸危险场所的防爆电气设备的选型和安装具有足够的安全性和良好的经济性。因为在使用可燃性物质的危险场所，要保证爆炸性气体环境永不出现是困难的。同样，要确保使用于危险场所的电气设备永不成为点燃源也是困难的。因此，危险性大的场所(出现爆炸性气体环境可能性大的场所)应选择安全性能高的防爆电气设备类型。反之，对于危险稍小的场所(出现爆炸性气体环境可能性稍小的场所)，可选择安全性稍低(但仍具有足够安全性)、价格相对便宜的防爆电气设备类型。

(2)危险场所分类工作的主要内容

危险场所分类工作主要有两方面的内容：

一是根据爆炸性气体环境出现的频率和持续时间把危险场所分为三个区域。

0 区:爆炸性气体环境连续出现或长时间存在的场所；

1 区:在正常运行时，可能出现爆炸性气体环境的场所；

2 区:在正常运行时，不可能出现爆炸性气体环境，如果出现也是偶尔发生，并且仅是短时间存在的场所。

二是确定危险场所存在的数量和范围。因为仅仅确定某处危险场所的区域类别还不够，还必须确定这类危险场所在设备内部和周围存在的数量，而且要确定每类危险场所的空间范围，也就是说要对场所的空间范围进行准确的定量。

(3)危险场所分类的方法。危险场所分类方法的核心问题是对场所中可能出现爆炸性气体环境基本概率的分析，这需要有经验的专业人员的研究和参与，同时，要积累和收集场所中每台设备的运行状况和场所环境因素等资料。因此，场所分类应由熟悉可燃性物质性能、设备和工艺状况的专业人员与从事安全、电气及其他相关工程技术人员讨论确定。

具体方法如下：

一是查找和确定释放源。

场所中存在可燃性气体或蒸气才有可能形成爆炸性气体环境。因此，首先必须查找场所中的含有可燃性物质的储存设备加工设备或输送管道是否可能向场所中释放出可燃性气体或蒸气，或者空气是否可能进入容器内与可燃性气体或蒸气混合形成爆炸性混合物。

每一台设备(如储罐、管道、泵、压缩机等)，如果其内部含有可燃性物质，就应该被视为潜在的释放源。如果它们不可能含有可燃性物质，那么很明显它们的周围就不会形成爆炸性混合物。如果该类设备虽含有可燃性物质，但不可能逸出或泄漏到场所中，则可以不视为释放源(如设置于某一空间的无接缝的管道)。

如果已确认设备会向场所中释放可燃性物质，则应先确定释放频率和持续时间，并据此确定释放源的等级。

连续级释放源:连续释放或预计长期释放的释放源。如固定顶的油罐上部空间和排气口；敞开的可燃性液体容器的液面附近处等，均应视为连续级释放源。

1级释放源:在正常运行时,预计可能周期性或偶尔释放的释放源。如正常运行时,预计会向周围场所释放可燃性物质的泵、压缩机或阀门的密封处;含有可燃性液体的容器上的排水口处;正常运行时,预计可燃性物质可能释放到周围场所中的取样点;正常运行时,预计会释放可燃性物质的泄压阀、排气孔或其他开孔等均应视为1级释放源。

2级释放源:在正常运行时,预计不可能释放,如果释放也仅是偶尔和短期释放的释放源。如正常运行时,不可能泄漏的压缩机或阀门的密封处;正常运行时,不可能泄漏的法兰、连接件或管道接头;正常运行时,不可能向周围场所释放可燃性物质的取样点等均应视为2级释放源。

二是确定危险场所的危险类型。

划分危险场所的区域类型主要依据场所中的释放源等级和通风条件。

一般来说,连续级释放源形成0区危险场所;1级释放源形成1区危险场所;2级释放源形成2区危险场所。

同时应根据通风条件确定区域划分。如通风良好时,可降低危险场所的区域类别。反之,如通风不良时,可提高危险场所的区域类别。这是因为释放到周围场所中的可燃性气体或蒸汽,会借助通风形成的空气流动或扩散,使其浓度稀释至爆炸下限以下。

三是确定危险场所的区域范围。

影响危险场所区域范围的有可燃性气体或蒸汽的释放速率、气体的爆炸下限、相对密度、通风条件等诸多因素,因此要对它们的影响综合分析后,确定危险场所的区域范围。危险场所分类确定了,就可以明确选择相应的防爆灯具了。

2.分析工作环境的其他主要危险因素

对易燃易爆工作环境进行其他危险因素分析,主要包括腐蚀性、潮湿性、打击性等,根据这些因素,可以选择相应的复合功能的灯具。

3.考察相关产品的价格

同类进口产品,往往价格较贵,而其性能并不优于国内一些知名同类产品,而国内同类产品,往往质量参差不齐,价格也差别很大。因此,应进行综合比较确定。一般而言,国内的知名产品已经完全能够满足要求。

(四)防爆灯具的安装

不同的防爆灯具,有不同的安装要求,因此,应严格按照说明书的安装要求,进行规范安装,对一些外壳接地、安装牢固等要求,必须切实做到。如若不然,防爆灯具,可能无益有害。

(五)防爆灯具使用安全注意事项

1.严禁带电拆开灯具。

2.安装和维护灯具时,必须切断电源。

3.使用时,灯具表面有一定温升,属正常现象,透明件中心温度较高,不得触摸。

4.必须使用相应产品专门配备的镇流器。

5.灯头壳内装有减震泡沫,第一次安装使用时务必取出。

6.更换灯泡时,应使用同一型号的灯泡。

7.携带或运输包装时,必须将开关锁定,以防在运输途中开关误动。

8.经常检查并保证灯头壳与套筒体之间结合紧密,以增强防水、防爆和抗冲击的能力。

9.在腐蚀性环境或海水中使用后应将电筒表面擦拭干净。

10.更换灯泡、擦拭玻璃时,必须将灯具电源关断并待灯具冷却后进行。

11.电筒出现故障时,必须交由专业人员进行维护。

四、三项射流水枪

三项射流水防炮采用双单元手持式水枪枪体,整合泡沫与水溶液持续在泡沫、水射流中心处喷洒干粉,此技术特性在传统水枪中无法实现。泡沫、水射流可调节为全雾至直流,并设置冲洗功能。水、泡沫与干粉操作均设置独立流量阀,最大射程(水、泡沫联用,三相联用)近百米。控制方式有遥控、手动、液压三种。

五、排烟装备

(一)水驱动排烟机

1.水驱动排烟机的功能

水驱动排烟机是利用高压水作动力,驱动水动机运转,带动风扇排烟,具有防爆功能,质量轻,移动方便。每小时排烟量可达数万立方米。

2.水驱动排烟机的使用与维护

水驱动排烟机适用于有进风和出风的火场建筑物,利用排烟机的正压,把新鲜空气通过建筑物进风口吹进建筑物内,把烟雾从建筑物内吹出,清除火场烟雾,使消防员能够进入建筑物内的火场进行灭火。根据需要可以调节风扇出风口的角度和风扇的转速。

水驱动排烟机使用后,要清除进水口及护罩上的污垢,开启轮机底部的排水阀排水,关闭控制阀。经常检查叶片、护罩、螺栓、风扇覆环有无破裂,若有破损,及时更换。

(二)机动排烟机

机动排烟机适用于密封式建筑,如仓库、地下商场、KTV、桑拿室等或火场内部浓烟区。

机动排烟机应保持机体清洁,对紧固件经常进行检查,确保安全好用。

六、逃生装备

(一)接跳救生气垫

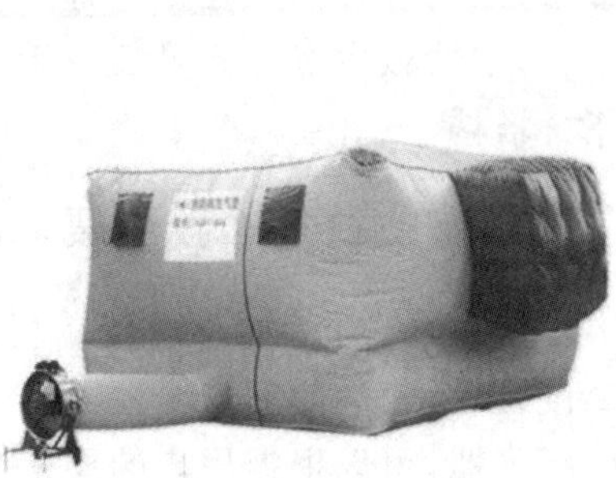

图 8—49 接跳救生气垫

接跳救生气垫是一种高空逃生的接跳救生设备,即在地面上铺开气垫,充气后,供高处人员跳下,通过缓冲软着陆,保护逃生者的安全。

1.救生气垫种类

救生气垫主要有风扇型救生气垫、气瓶气柱式救生气垫两类。

(1)风扇型救生气垫主要由排烟机、充气垫等组成。充气垫由缓冲包、安全排气口,充气内垫等组成。

(2)气瓶气柱式救生气垫主要由复合气瓶、排气阀、安全排气阀、连接充气软管、气柱、气柱外套等组成。

2.救生气垫基本构成与性能

(1)采用具有阻燃性能的高强纤维材料制成,具有阻燃、耐磨、耐老化、折叠方便、缓冲性好、拆卸简单、使用寿命长等特点。

(2)顶面中央部位设有反光安全警戒标志布,使逃生者在高处易于看准目标。

(3)救生气垫的四周设计有提手,方便提起移动,以便对准获救者。

(4)充气时间短,缓冲效果显著,操作方便,使用安全可靠。

(5)适用接救高度一般为 20m 左右。

(二)柔性救生滑道

柔性救生滑道是一种优良的高处火灾逃生设备。

1.柔性救生滑道分类

柔性救生滑道品种齐全,有固定式、组合式、便携式、多入口共用式,以及儿童专用柔性救生滑道。

2.柔性救生滑道基本结构与功能

(1)带有特殊阻尼套的长条形通道式结构,下落速度平缓、可调,使逃生者下跳的恐惧心理大为减少。

(2)采用最新多功能防火布做成的防火套,最高耐温 600℃,具有良好的抗热辐射性能,特别适合火场使用。

图 8—50 柔性救生滑道

(3)与人体接触的导套在足够承重力(2t)下具有非常小的摩擦系数和优异的抗静电性能,从而使逃生者在下滑过程中由于摩擦和静电造成的不适减少到最小程度。

(4)强度设计使整个装置的安全性、可靠性大为提高;入口圈采用优质不锈钢制成的框架式结构,既保证了强度又保证了刚度。

(5)柔性救生滑道可以使 20 人在 1min 内从高楼上安全撤离,人员不致受到炙烤、燃烧和烟熏的伤害。

(6)任何人无须预先练习都可以成功地使用,而且可以用来营救老幼病残者。

(7)柔性救生滑道亦可装备于消防云梯车、消防登高车、消防训练塔楼、石油钻井平台、机场指挥塔楼。

(三)高空往复式救生缓降器

高空往复式救生缓降器,是利用使用者的自重,从一定的高度,以一定的匀速安全降至地面,并能往复使用的高空逃生缓降器,可以根据用户的要求配置不同长度的绳索。具有操作简便、可靠、安全等特点。

图 8—51 高空往复式救生缓降器

1.高空往复式救生缓降器的适用范围

高空往复式救生缓降器适用于发生火灾、地震等危急情况,使用者从一定高度安全下落地面逃生使用,也可用于高处作业。

2.高空往复式救生缓降器的基本结构与性能特点

(1)高空往复式救生缓降器由调速器、绳索、安全带、安全钩、卷绳盘等组成。

(2)调速器由齿轮传动系统和摩擦减速系统组成,根据使用者体重的不同,能在很短的时间内达到平衡,使下降速度平稳。

(3)绳索为有芯绳索、纯裸钢丝绳等,使用强度高、阻燃耐磨、匀速下降、无空程。

(4)反复使用救生缓降器可连续多次救人运物。

(5)高度不受限制,用途广泛,险情发生时可高楼救人,平常可高空作业。救生缓降器主要适用于发生火灾、地震等危急情况,逃生人员从一定高度下落地面缓慢下降逃生使用。

(6)安全带为合成纤维材质,并可根据使用者胸围大小调整长度。

(7)安全钩有保险装置,防松脱。

七、破拆器具

破拆器具是消防人员在灭火或救人时强行开启门窗、切割结构物或拆毁建筑物,开辟灭火救援通道,清除阴燃余火及清理火场时的常用装备。根据驱动方式的不同,现有的破拆器具可分为手动、机动、液压、气动、化学动力等不同种类,且每一种破拆器具都有其相应的适用对象和范围。

(一)机动破拆器具

机动破拆器具由发动机和切割刀具组成,它主要包括手提式动力锯、机动链锯、双轮异向切割锯等器具。

1.手提式动力锯

(1)功能

手提式动力锯可以切割木材、塑料、金属材料、薄型金属板材及复合材料。适用于汽车、火车、飞机、船舶等交通工具的抢险操作,也可用于建筑门窗、金属框架等灾害现场救援。

(2)工作原理

锯片每个刀头在高速运动中通过冲击,刮切及摩擦将被切割物体接触部位削去一层。锯片上多个刀头连续作用,迅速在被切物体上切割出一条缝。同时冲击,刮切及摩擦使刀头与被切物体之间产生很大的相互作用力。刀头与被切物体之间产生的相互作用力的绝大部分通过锯片、轴、壳体和手柄传递给动力锯操作者的手。因此动力锯操作者切割物体时必须慎重,否则容易出现事故。

(3)使用安全注意事项

①未经培训人员不得使用动力锯。

②使用动力锯,必须佩戴合乎安全规定的防护用具。

③使用动力锯时,近处不得有闲杂人员。

④使用动力锯前,检查锯片有无破损和异常松动零件。

⑤动力锯启动和工作时,工具及场地不得有洒落的燃油。

2.机动链锯

(1)基本功能

机动链锯是由轻型汽油发动机、链锯条、导板以及锯把等组成的带状切割器。发动机输出的动力通过离合器传给锯切机构，根据锯链上的刀片类型不同，机动链锯可分为非金属材料切割型和混凝土材料切割型。

机动链锯使用的轻型汽油发动机为单缸、二冲程、风冷式。锯切机构由导板、导轮、锯链等组成，是链锯的切割部分。锯切时启动发动机，发动机输出的动力通过离合器传给锯切机构。离合器的碟合链轮带动锯链沿导板、导轮运动，锯链则沿片状导板内的导槽作高速环状移动，从而使其上的切齿锯切木材等物。

(2)工作原理

以二冲程发动机为动力，通过发动机上旋转的马达带动锯齿形链条沿导板快速滑动，起到锯条的作用。

(3)使用安全注意事项

①严禁单手操作，必须双手操作，牢固把握前后手柄。砍伐切割时应加满油门。

②完成切割后应立即降低转速到怠速(长时间高速无负载工作会导致发动机严重损坏)。

③工作时必须穿戴符合安全规定的安全防护装备。

④工作前必须检查并确定工具上安保装置处于正常状态。

⑤链锯仅用于木材切割，使用推荐配置的导板链条组合，严禁使用有故障的链锯。

⑥确保工作场地附近无他人、动物或其他可能干扰工作的障碍物。

⑦禁止在多雾、暴雨、强风、严寒等恶劣条件下工作。

3.双轮异向切割锯(又称电动双向锯)

(1)基本功能

由轻型汽油机或电动机、动力传输机构、盘形切割刃组成，切割刃为两副，反向旋转切割，可轻松地切割各种混合材料，包括钢材、铜材、铝型材、木材、塑料、电缆等。整个切割过程无反冲力，且被切割物无毛边产生，也不会因摩擦生热而导致切割物表面产生氧化层。

该机广泛应用于消防救灾、应急抢险、公路事故救援、电力电信施工、民用建筑拆卸工作等各种施工现场。

1900r/mini 适合切割较硬材料(一般硬度不高于 HB250)，如钢材、钢管、电缆等。

2900r/mini 适合切割低硬度材料，如铝材(使用润滑油)、木材、墙板、塑料材料等。

(2)工作原理

传统理念上的所谓切割，实际上是用硬的物质来磨削软的材料，所以会产生大量的热量、冲击、振动、形变等，切割速度慢。双向切割锯机，其原理是同一台机器上安装了两张相同直径的锯片，两张锯片以相同的速度反方向旋转，就像剪刀一样可以在任何角度、任何方向工作，切割速度非常快。

(3)使用安全注意事项

①锯机启动时，检查锯片固定是否可靠。

②锯机启动后，只有当听到锯机的声音平稳没有波动时，才可以进行切割。

③严禁超负荷使用。

④穿着紧凑，必须使用防护眼镜。

⑤不使用时或更换部件时一定要切断双向锯的电源。

⑥接入电源必须有接地线。

(二)液压破拆器具

液压破拆器具根据用途不同可分为扩张器、剪切器、顶杆开门器等,其动力源有机动泵和手动泵,附件有液压油管卷盘等。液压破拆器具是使用频率较高的破拆器具,可广泛应用于火灾及交通事故现场的营救工作。

1.液压剪切器具

用于事故救援中剪断门框、汽车框架结构或非金属结构,以救助被夹持或被锁于危险环境中的受害者。

(1)主要结构

液压剪切器主要由剪切刀片、中心锁轴锁头、双向液压锁、手控换向阀及手轮、工作油缸、油缸盖、高压软管及操作手柄等部件构成。

(2)操作程序

①连接剪切器与油泵。

②初次使用先转动换向手轮,另一操作者操作油泵供油,先使剪断器空载往复几次,排出油缸内空气,并充满油。

③被剪材料尽量靠近剪刀根部。

④转动换向阀可控制剪刀开合。

⑤工作完毕后,使剪切器反向运行一小段距离,以放掉高压油。

⑥使用完毕后,剪刀口呈微开形状,卸掉高压油管,盖好防尘盖。

2.液压扩张器具

液压扩张器是液压驱动的破拆器具,在发生事故时,具有扩张和牵拉功能,可用于分离金属和非金属结构、支起重物等。

3.扩张、挤压和牵拉操作

(1)操作人员应一手持主把手,另一手持手柄并以拇指和食指操作摆动式开关进行扩张。

(2)按标识向右(张开)或左(闭合)转动摆动式开关时,扩张器分别进行扩张或闭合动作。无论处于右位或左位,当松开摆动式开关时,它均能自动回弹至中位。此时,机动泵输出的液压油不流向扩张器油缸,扩张臂既不扩张,也不闭合,处于自锁状态。

(3)扩张:闭合扩张臂,将并拢的扩张尖头插入扩张间隙进行扩张工作。如果间隙太小,应先插入一个扩张尖头,闭合扩张臂,夹扁物体一侧,使间隙加大,再插入并拢的扩张尖头进行扩张。扩张尖头上的锯形齿用于防滑,圆弧部分用于扩张分离棒管型材。

(4)挤压:扩张尖头闭合时可夹扁封堵油、气、水管等。

(5)牵拉:将扩张器平放张开,两根链条的搭扣分别固定在扩张尖头的两个孔上,链条另一侧缠绕须牵引的物体,闭合扩张臂进行牵拉动作。

(6)工作完成后,将扩张臂略微张开,以免油缸中有高压油。

4.液压顶撑杆

液压顶杆用于支起重物,支撑力及支撑距离比扩张器大,但支撑对象空间应大于顶杆的闭合距离。

(1)主要结构

液压顶杆主要由撑顶头、活塞杆、摆动式开关、手柄、工作油缸、液压软管、带锁快速接头及底座等部件构成。

(2)扩张撑顶操作

①操作人员应持手柄并以拇指和食指操作摆动式开关进行撑顶。

②按标识向右(张开)或左(闭合)转动摆动式开关时,救援顶杆分别进行扩张或闭合动作。无论处于右位或左位,当松开摆动式开关时,它均能自动回弹至中位。此时,机动泵输出的液压油不流向救援顶杆油缸,活塞杆既不扩张,也不闭合,处于自锁状态。

③将救援顶杆张开到适当长度,放入被撑顶部位,进行撑顶工作。

④撑顶工作完成后,将活塞杆置于略张位置,以免油缸中有高压油。

5.手动液压泵

(1)主要结构

手动液压泵主要由高压泵、低压泵、出油单向阀、安全阀低压限压阀、滤油器、油箱壳、回油单向阀、出油管接头、回油管接头、手控卸压开关、锁钩、手压柄等组成。

(2)操作使用

①检查油箱液压油面,其高度不得低于油箱高度的2/3。

②松开油箱盖上的通气孔,使油箱与大气相通。

③连接液压动力器具的油管,检查系统外部各部分是否有松动、破损等异常现象,确认正常后即可操作(正常保养下可免此项)。

④关闭手控卸压开关。

⑤打开锁钩,上下均匀摇动手柄,油泵即按负载大小提供所需压力。

⑥工作完毕后,首先缓慢松开手控卸压阀,然后将油泵与配套工具脱开。

⑦将油箱盖拧紧。

⑧用锁钩将手柄锁紧。

⑨操作过程应防尘、除尘。

6.机动液压泵

(1)主要结构

机动液压泵主要由汽油发动机、液压柱塞泵、滤清器、吸油阀、低压限压阀、手控卸压开关、高压出油口、低压回油口、液压油箱、油门开关、放油堵等组成。

(2)操作使用

①将机动泵放置在接近水平的平面上,工作状态下倾斜角不大于15°,非工作状态下倾斜角不大于30°。

②检查油箱液压油面,其高度不得低于量油刻度尺的1/2。

③逆时针松开手控卸压阀(卸油位置)。

④按汽油发动机说明,检查并启动汽油机。汽油机油箱内加满油时,可供液压泵连续工作0.5h。需长时间作业时,应准备备用汽油。

⑤启动汽油机后先将油门置于中小负荷位置,确认已将配套液压动力工具连接好后,方可顺时针旋紧手控卸压阀(工作位置)。根据情况需要调整发动机油门位置,一般不应超过75%的负荷开度,转速一般不超过3000次/min。

⑥工作完毕后,首先将发动机油门置于小负荷位置或关闭位置,然后逆时针旋松手控卸压阀卸压,再将动力工具与泵脱开。

7.液压器具维护保养

(1)液压器具应由专人操作及维护,必须经过培训上岗。

(2)系统各铅封部分不允许随意松动和调整,以免发生危险。除操作部位外,其他液压部件的调整与维修,应由专业人员在严格清洁的环境中进行。

(3)工作液应选用规定的液压油,不允许用其他工作介质替代。

(4)系统工作环境温度范围为－20℃—50℃。

(5)连接软管为专用高压软管,其爆破压力不低于 2 倍的工作压力。

(6)使用液压软管时弯曲半径应大于 200mm,严禁骤然折弯以免损坏软管。

(7)非工作状态下快速接头上应装上防尘帽,接头的连接和分离必须在液压管内无压状态下进行,以免发生危险。

(8)暴露在外的系统连接部和运动件应注意清洁。

(9)运输和使用过程中应防止外界剧烈碰撞和冲击。

(10)不使用时应将各部分脱开,并保存在干燥和温度适宜的环境。

(11)每星期至少使机动泵空载工作 2 次,每次持续时间为 5min,以确保其工作可靠性。

(12)整个系统宜每 2 年进行一次大的保养,更换系统所有的密封胶圈,以防其老化影响工作。

(三)化学破拆器具

1.丙烷切割器

丙烷切割器主要由丙烷气瓶、氧气瓶、减压器、丙烷气管、氧气管、割矩等组成。用于切割低碳钢、低合金钢构件等。

点燃丙烷对切割物预热,接着按下快风门,高压高速氧单独喷出,使金属氧化并吹走。

切割条件:

(1)切割部分局部达到氧化温度。

(2)氧化物熔点要比金属母材熔点低。

(3)氧化物流动性好。

2.氧气切割器

由氧气瓶、气压表、电池、焊条、切割枪、防护眼镜和手套等组成,具有体积小、质量轻、快捷安全和低噪声的特点。焊条在纯氧中燃烧,能熔化大部分物质,对生铁、不锈钢、混凝土、花岗石、镍、钛及铝同时有效。

3.便携式无燃气快速切割器

便携式无燃气快速切割器主要用于消防、公安、特种部队、石油和天然气输送管道等部门。在火灾现场、野外作业、水下切割或其他紧急而又无电源、无可燃气体(如乙炔等)情况下,采用便携式无燃气快速切割器,小巧轻便(总重 12kg 左右),便于携带。可快速切割、拆卸钢结构障碍物。如破卸钢窗、铁门、钢栅栏、钢丝网;切割锁销、飞机和舰船舱壁、火车和汽车车厢、石油和天然气输送管道等。

(1)结构组成

无燃气快速切割器由高压氧气瓶、减压阀、蓄电池、切割枪、气割条、导电线、输气管及背架组成。

(2)工作原理

切割器将气割条经蓄电池通电短路产生高温,由氧气助燃,使气割条燃烧形成高温、高压火焰,被切割金属物体在高温火焰和高速氧气的作用下,加温至燃点而燃烧,燃烧后产生的液态残渣被高压气流冲出,燃烧产生燃烧热,又加热下面新的金属至燃点,又燃烧……直至金属物体被完全切断。

(3)操作使用

①切割准备。先检查设备是否完好,并接好气路、蓄电池电路,调整好减压阀上氧气压力至0.3—0.6MPa。

②点火。戴上防护镜,手握切割枪,另一电极板碰击短路而点燃火焰。

③切割。将点火后的气割条末端迅速移往待切割物体,距物体表面2—3mm处,进行切割。

④停机。切割完毕后,将压住扳机的食指移开即可关闭氧气,气割条熄火停止切割,然后解下背架,关闭氧气阀门。

⑤氧气灌装。氧气基本用完后要及时到氧气站充灌氧气(充灌氧气前,氧气瓶内气压不少于2—3MPa),以备用。充灌氧不能超过15MPa。

⑥蓄电池充电。蓄电池基本放完电后要及时充电以备用。

(4)使用注意事项

①在使用或搬运切割器时应注意轻装轻卸,特别是氧气瓶严禁强力冲击。

②防止蓄电池摔落。

③气阀、输气管等氧气通道严禁沾染油脂,一旦沾染,要立即做去脂处理;要严格检查高压输气软管,如有严重碰伤折裂时,要及时更换。

④切割器要定期检测,特别是氧气瓶,要定期到压力容器检验部门检验其强度和气密性,以保证切割器在使用操作时的安全。

⑤切割器使用后,要关闭氧气瓶阀门,卸下减压阀。

⑥切割器各连接处,要检查其密封性,不得渗漏。

⑦要保持电线各连接端的清洁,以保证良好的导电性。

第九章

事故现场抢险技术

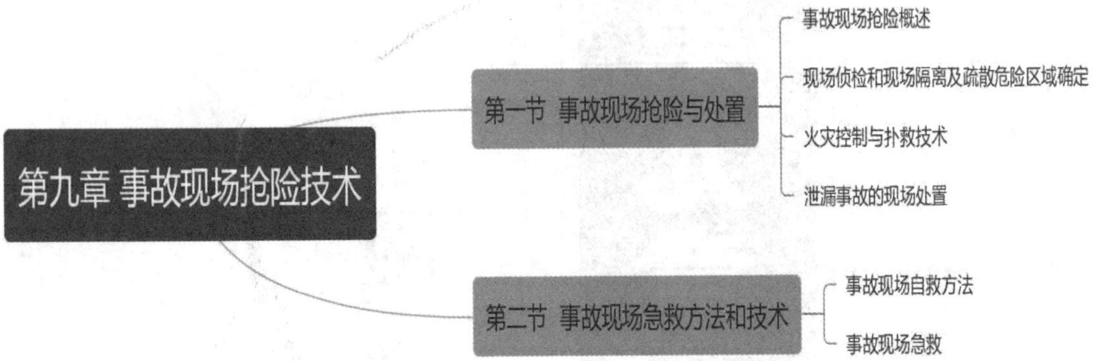
第九章 事故现场抢险技术
第一节 事故现场抢险与处置
事故现场抢险概述
现场侦检和现场隔离及疏散危险区域确定
火灾控制与扑救技术
泄漏事故的现场处置
第二节 事故现场急救方法和技术
事故现场自救方法
事故现场急救

第一节 事故现场抢险与处置

一、事故现场抢险概述

(一)事故现场抢险的概念

事故现场抢险是指事故发生后,为了遏制事故的发展,减少人员、财产损失,降低环境污染,消除危害后果而采取的有效应急措施。

事故现场抢险特别是危险物质事故现场抢险是近年来产生的一门新兴的安全工程类专业和职业,是安全科学技术的重要组成部分,其主要目标是控制事故(危险物质、危险化学品事故)的发生与发展,并且尽可能地消除事故,减轻事故造成的损失和破坏。

(二)事故现场抢险的准备

事故现场抢险特别是危险化学品事故的现场抢险是一项很危险和技术性很强的工作,所以,为保障抢险人员的安全,必须把抢险人员的专业技能培训放在首位,才能使事故现场抢险处置工作做到有备无患。

1.从事事故抢险作业人员应具备的基本条件

(1)至少应具有高中或中专的学历。

(2)身体健康,无残疾且无可能影响本岗位正常工作的职业禁忌病症。

(3)从事事故应急抢险处置相关工作三年以上经历。

2.事故抢险人员的专业技能培训

对事故抢险人员的专业技能培训应从以下几个方面展开。

(1)危险化学品(危险物质)理论学习。应熟练掌握常见危险化学品的危险特性、处置方法和程序要求等。

(2)相关法律、法规、技术标准和规范的学习。

(3)现场抢险技术的学习。要学习个人防护技术、破拆技术、救生技术、逃生技术、堵漏技术、洗消技术、泄漏物收集及处理技术。

(4)事故抢险装备器材的使用操作训练。主要包括:个人防护器材训练;防火防爆器材训练;侦检器材训练;堵漏器材训练;洗消器材训练;救援转输器材训练。

(5)模拟训练。模拟危险化学品事故现场抢险的泄漏、爆炸和污染等科目进行有针对性的训练和演习,增强实际抢险救援能力。

3.事故现场抢险准备工作内容

根据事故现场抢险工作的性质、特点，要做好以下4个方面的准备工作：安全防护；现场组织指挥；事故了解；抢险救援实施准备。

(1)安全防护。进入事故现场危险区域之前，必须按照要求和规定的程序，穿戴好个人防护装备，做最终的交叉安全检查确认，确保个人安全防护；进入事故现场抢险的各种工程车、消防车、救援车等车辆必须停靠在安全位置，尤其要注意风向，确保停靠在泄漏现场的上风或侧风向，在实施抢险时，具体的部位也应选择上风或侧风向。

(2)现场组织指挥。对重大以上的事故，应成立现场救援指挥部，对现场救援工作实施统一的组织指挥，积极协调各个方面如医疗、行业救援队、公安消防、军队等的抢险救援行动。其下设组织机构应包括：危险源控制组，负责紧急状态下的现场抢险作业；伤员抢救组，在现场附近的安全区域设立临时医疗救护点，对受伤人员做紧急救治；灭火救援组，负责现场灭火、现场伤员的搜救、设备冷却、被污染区域的洗消等，主要由专兼职消防队组建；安全疏散组，负责现场及周围人员的疏散、周围物资转移、进行防护指导等，由地方公安局组建。

(3)事故了解。主要是指事故现场救援指挥部应收集现场情况，特别是指挥员(总指挥、副总指挥等)到场后应立即向事故单位技术人员和知情人员询问了解现场情况，或马上现场组织侦检观察。

(4)抢险救援实施准备。主要包括：组成现场警戒组，设立警戒区域，设立隔离带等；组成救人组，进行现场人员搜寻、现场急救、对受伤人员进行登记和标记；组成堵漏小组，封堵泄漏；组成掩护组，为现场实施抢险提供掩护和保障条件；设立洗消站(点)，及时消除泄漏余毒，对进出现场危险区域的所有人员、物资、装备、地面、物体等染毒体一律进行洗消和检测。

(三)事故现场抢险的程序

在事故抢险中，尽管由于发生事故的单位、地点、化学介质的不同，抢险的程序会存在差异，但一般来说，可由接报、调集抢险力量、设点、询情、侦检、隔离、疏散、防护、现场急救、泄漏处置、现场洗消、火灾控制、撤点等步骤组成。其中一些环节可能贯穿于事故抢险的整个过程，如接报、侦检、警戒等，而有些环节则视情况而定，如洗消；有时又需要多个环节同时进行，有时要将有关环节适当延迟。

1.接报

接报是指接到执行事故抢险的指示或要求救援的请求报告。接报是实施抢险救援工作的第一步，对成功实施抢险救援起到重要的作用。接报人一般应由事故单位的生产调度部门或总值班室担任。接报人应做好以下几项工作。

(1)问清报告人姓名、单位部门和联系电话。

(2)问明事故发生的时间、地点、事故单位、事故原因、主要毒物、事故性质(毒物外逸、爆炸、燃烧)、危害波及范围和程度、对救援的要求，同时做好电话记录。

(3)按应急救援程序，派出救援队伍。

(4)向上级有关部门报告。

(5)保持与应急救援队伍的联系，并视事故发展状况，必要时派出后继梯队予以增援。

2.迅速调集抢险救援力量

根据接报时了解的事故的规模、危害和发生的场所，迅速确定和派出第一拨救援力量。并注意考虑同时调集其他社会抢险救援力量,带足有关的抢险救援器材,如空气呼吸器、洗消、照明、堵漏等器材。

3.设点

设点是指各救援队伍进入事故现场,选择有利地形(地点)设置现场救援指挥部或救援、急救医疗点。

各救援点的位置选择关系到能否有序地开展救援和保护自身的安全。救援指挥部救援和医疗急救点的设置应考虑以下几项因素。

(1)地点:应选在上风向的非污染区域,需注意不要远离事故现场,便于指挥和救援工作的实施。

(2)位置:各救援队伍应尽可能在靠近现场救援指挥部的地方设点并随时保持与指挥部的联系。

(3)路段:应选择交通路口,利于救援人员或转送伤员的车辆通行。

(4)条件:指挥部、救援或急救医疗点,可设在室内或室外,应便于人员行动或伤员的抢救,同时要尽可能利用原有通信、水和电等资源,有利于救援工作的实施。

(5)标志:指挥部、救援或医疗急救点,均应设置醒目的标志,方便救援人员和伤员识别。悬挂的旗帜应用轻质面料制作,以便救援人员随时掌握现场风向。

4.询情和侦检

采取现场询问情况(询情)和现场侦检的方法,充分了解和掌握事故的具体情况、危害范围、潜在的险情(如爆炸、中毒等)。

侦检是危险物质事故抢险处置的首要环节。侦检是指利用检测仪器检测事故现场危险物质的浓度、强度以及扩散、影响范围,并做好动态监测。根据事故情况的不同,可以派出若干侦察小组,对事故现场进行侦察,每个侦察小组至少应有两个人。

5.隔离与疏散

(1)建立警戒区域。事故发生后,应根据化学品泄漏扩散的情况或火焰热辐射所涉及的范围建立警戒区,并在通往事故现场的主要干道上实行交通管制。建立警戒区域时应注意以下几项。

①警戒区域的边界应设警示标志,并由专人警戒。

②除消防、应急处理人员以及必须坚守岗位的人员外,其他人员禁止进入警戒区。

③泄漏逸出的化学品为易燃品时,区域内应严禁火种。

(2)紧急疏散。迅速将警戒区及污染区内与事故应急处理无关的人员撤离,以减少不必要的人员伤亡。紧急疏散时应注意以下事项。

①如事故物质有毒时,需要佩戴个体防护用品或采用简易有效的防护措施,并有相应的监护措施。

②应向侧上风方向转移,明确专人引导和护送疏散人员到安全区,并在疏散或撤离的路线上设立哨位,指明方向。

③不要在低洼处滞留。

④要查清是否有人留在污染区与着火区。

注意:为使疏散工作顺利进行,应至少有两个畅通无阻的紧急出口,并有明显标志。

6.防护

根据事故物质的毒性及划定的危险区域,确定相应的防护等级,并根据防护等级按标准配备相应的防护器具。

7.现场急救

在事故现场,化学品对人体可能造成的伤害有中毒、窒息、冻伤、化学灼伤、烧伤等。进行急救时,无论是患者还是救援人员都需要进行适当的防护。

8.泄漏处置

危险物质泄漏后,不仅污染环境,对人体造成伤害,如遇可燃物质,还有引发火灾爆炸的可能。因此,对泄漏事故应及时、正确处理,防止事故扩大。泄漏处理一般包括泄漏源控制及泄漏物处理两大部分。

9.火灾控制

危险化学品容易发生火灾、爆炸事故,但不同的化学品以及在不同情况下发生火灾时,其扑救方法差异很大,若处置不当,不仅不能有效扑灭火灾,反而会使灾情进一步扩大。从事化学品生产、使用、储存、运输的人员和消防救护人员平时应熟悉和掌握化学品的主要危险特性及其相应的灭火措施,并定期进行防火演习,加强紧急事态时的应变能力。

10.现场洗消

洗消是消除染毒体和污染区毒性危害的主要措施。危险化学品事故发生后,事故现场及附近的道路、水源都有可能受到严重污染,若不及时进行洗消,污染会迅速蔓延,造成更大危害。因此危险化学品灾害事故处置中洗消是个非常重要且必不可少的环节。

11.撤点

撤点指应急救援工作结束后,离开现场或救援后的临时性转移。

(1)在救援行动中应随时注意气象和事故发展的变化,一旦发现所处的区域有危险,应立即向安全区域转移。

(2)在转移过程中应注意安全,保持与救援指挥部和各救援队的联系。救援工作结束后,各救援队撤离现场前应取得现场救援指挥部的同意。

(3)撤离前要做好现场的清理工作,并注意安全。

(四)事故现场控制与安排

事故应急处置工作由许多环节构成,其中现场控制和安排既是一个重要的环节,也是应急管理工作中内容最复杂、任务最繁重的部分。现场控制和安排在一定程度上决定了应急处置的效率与质量。科学合理的现场控制不仅能大大降低事故造成的损失,也是一个国家和地区的政府部门应急处置能力的重要体现。

1.事故现场控制与安排应遵循的基本原则

(1)快速反应原则。无论是火灾爆炸还是有毒物质泄漏事故都会对人民群众的生命和财产安全以及正常的社会秩序构成严重威胁,而且事故所具有的突发性等特点,决定了在现场处置过程中任何时间上的延误都有可能加大应急处置工作的难度,以至于使事故的损失扩大,引发更为严重的后果。因此,在应急处置过程中必须坚持做到快速反应,力争在最短的时间内到达现场、控制事态减少损失,以最高的效率与最快的速度救助受害人,并为尽快恢复正常的工作秩序、社会秩序和生活秩序创造条件。

事故发生之后,现场处置并没有一个固定的模式,一方面要遵循事故处置的一般原则;另一方面也需要根据事故的性质与所影响的范围灵活掌握、灵活处理。有的事故在爆发的瞬间就已结束,没有继续蔓延的条件,但大多数事故在救援和处置过程中可能还会继续蔓延扩大,如果处置不及时,很可能带来灾难性的后果甚至引发其他事故。事故现场控制的作用,首先体现在防止事故继续蔓延扩大方面。因此,必须在第一时间内作出反应,以最快的速度和最高的效率进行现场控制。因此,快速反应原则是事故应急处置中的首要原则。

(2)救助原则。事故发生后会产生数量和范围不确定的受害者。受害者的范围不仅包括事故中的直接受害人,甚至还包括直接受害人的亲属、朋友以及周围其他利益相关的人员。受害人所需要的救助往往是多方面的,这不仅体现在生理上,很多时候也体现在心理和精神层面上。例如,火灾、爆炸和恐怖袭击等灾难性事故的现场往往会有大量的伤亡人员(直接受害者),他们会在生理和心理上承受双重打击;同时,事故的幸存者和亲历者虽然没有明显的心理创伤,但也会产生各种各样的负面心理反应。因此,事故应急处置的部门和人员在进行现场控制的同时应立即展开对受害者的救助,及时抢救护送危重伤员、救援受困群众、妥善安置死亡人员、安抚在精神与心理上受到严重冲击的受害人。

(3)人员疏散原则。在大多数事故应急处置的现场控制与安排中,把处于危险境地的受害者尽快疏散到安全地带,避免出现更大伤亡的灾难性后果,是一项极其重要的工作。在很多伤亡惨重的事故中,没有及时进行人员安全疏散是造成群死群伤的主要原因。

无论是自然灾害还是人为的事故,或者其他类型的事故,在决定是否疏散人员的过程中,需要考虑的因素一般如下。

①是否可能对群众的生命和健康造成危害,特别是要考虑到是否存在潜在危险性。

②事故的危害范围是否会扩大或者蔓延。

③是否会对环境造成破坏性的影响。

(4)保护现场原则。按照一般的程序,事故应急处置工作结束之后,或在应急处置过程的适当时机,调查工作就需要介入,以分析事故的原因与性质,发现、收集有关的证据,澄清事故的责任者。现场处置工作中所采取的一切措施都要有利于日后对事故的调查。在实践中容易出现的问题是应急人员的注意力都集中在救助伤亡人员或防止灾难的蔓延扩大上,而忽略了对现场与证据的保护,结果在事后发现其中有犯罪嫌疑需要收集证据时,现场已遭到破坏,给调查工作带来被动。因此,必须在进行现场控制的整个过程中,把保护现场作为工作原则贯彻始终。虽然对事故的应急处置与调查处理是不同的环节与过程,但在实际工作中没有明确的界限,不能把两者截然分开。

(5)保护应急参与人员安全的原则。美国"9·11"事件的应急处置工作有很多值得总结的经验,但同时也给人们留下了许多值得思考的问题。美国"9·11"事件中300多名警察与消防人员牺牲,造成牺牲的原因很多,有现场指挥的失误,也有在紧急情况下信息不充分的问题。在事故的应急处置过程中,应当明确的一个基本目标是保证所有人的安全,既包括受害人员和潜在的受害人员,也包括应急处置的参与人员。现场的应急指挥人员应尽可能使现场应急的决策科学化与最优化,避免付出不必要的牺牲和代价。

2.现场控制的基本方法

在事故现场处置过程中,对现场的控制是必不可少的,需要作出一系列的应急安排,其目的是防止事故的进一步蔓延扩大,使人员伤亡与财产损失降低到最低程度。但由于事故发生的时间、环境和地点不同,因而其现场也有不同的环境与特点,所需要的控制手段及应急资源也不相同。这些差别决定了在不同的事故现场应该采取不同的控制方法。

事故现场控制的一般方法可分为以下几种。

(1)警戒线控制法。警戒线控制法是指由参加现场处置工作的人员对需要保护的重大或者特别重大的事故现场站岗警戒,防止非应急处置人员与其他无关人员随意进出现场,干扰应急处置工作正常进行的特别保护方法。在重特大事故现场或其他相关场所,根据事故的性质、规模、特点等不同情况或需要,应安排公安机关的警察、保安人员或企业事业单位的保卫人员等应急参与人员实施警戒保护。对于范围较大的事故现场,应从其核心现场开始,向外设置多层警戒线。如在重庆开县的井喷事故中,公安机关就设置了三层封锁线。

在事故现场设置警戒线,一方面是为了保证处置工作的顺利进行,使应急人员在心理上有一种安全感,同时避免外来的未知因素对现场的安全构成威胁;另一方面也可以避免现场可能存在的各种危险源及周围无关人员的安全。在警戒线的设置范围上,应坚持宜大不宜小,保留必要的警戒冗余度以阻止现场内外人、物、信息的大规模无序流动。在实践中,各国普遍的做法是设置两层以上的警戒线。由内向外,由高密度向低密度布置警戒人员。这种警戒线表面上是虚设的,但是,这种虚设的警戒线至少在心理上可以让处置人员产生一种安全感,从而高效地投入救援工作。警戒线的设立也可以使大部分外部人员或围观群众自觉地远离事故现场,从而为应急处置创造一个较好的外部环境。

(2)区域控制法。在有些事故的应急处置过程中,可能点多面广,需要处置的问题比较多,处置工作必然存在优先安排的顺序问题;也可能由于环境等因素的影响,需要对某些局部区域采取不同的控制措施,控制进入现场的人员数量。区域控制建立在现场概览的基础上,即在不破坏现场的前提下,在现场外围对整个事故发生环境进行总体观察,确定重点区域、重点地带、危险区域和危险地带。现场区域控制遵循的原则是:先重点区域,后一般区域;先危险区域,后安全区域;先外围区域,后中心区域。具体实施区域控制时,一般应当在现场专业处置人员的指导下进行,由事发单位或事发地的公安机关指派专门人员具体实施。

(3)遮盖控制法。遮盖控制法实际上是保护现场与现场证据的一种方法。在事故的处置现场,有些物证的时效性要求往往比较高,天气因素的变化可能会影响取证和检材的真实性;有时由于现场比较复杂,破坏比较严重,再加上应急处置人员不足,不能立即对现场进行勘查、处置,因此需要用其他物品对重要现场、重要物证和重要区域进行遮盖,以利于后续工作的开展。遮盖物一般多采用干净的塑料布、帆布和草席等物品,起到防风、防雨、防日晒以及防止无关人员随意触动的作用。应当注意的是,除非万不得已,一般尽量不要使用遮盖控制法,防止遮盖物沾染某些微量物证或检材,影响取证以及后续的化学物理分析结果。

(4)以物围圈控制法。为了维持现场处置的正常秩序,防止现场重要物证被破坏以及危害扩大,可以用其他物体对现场中心地带周围进行围圈。一般来讲,可以使用一些不污染环境、阻燃隔爆的物体。如果现场比较复杂,还可以采用分区域和分地段的方式进行。

(5)定位控制法。有些事故现场由于死伤人员较多,物体变动较大,物证分布范围较广,采取上述几种现场控制方法,可能会给事发地的正常生活和工作秩序带来一定的负面影响,这就需要对现场特定死伤人员、特定物体、特定物证、特定方位和特定建筑等采取定点标注的控制方法,使现场处置有关人员对整体事件现场能够一目了然,做到定量和定性相结合,有利于下一步工作的开展。定位控制一般可以根据现场大小和破坏程度等情况,首先,按区域和方位对现场进行区域划分,可以有形划分,也可以无形划分,如长方形、矩形、圆形和螺旋形等形式;其次,每一划分区域指派若干现场处置人员,用色彩鲜艳的小旗对死伤人员、重要物体、重要物证和重要痕迹定点标注；最后，根据现场应急处置的需要，在此基础上开展下一步的工作。这也是欧美国家在处置重大事故现场过程中常采用的一种方法。

二、现场侦检和现场隔离及疏散危险区域确定

现场侦检是指采取有效的技术手段查明泄漏危险物质的状况，即事故应急监测。现场侦检是事故(尤其是危险物质事故)现场抢险处置的首要环节。及时准确查明事故现场的情况是有效处置事故的前提条件。对危险物质的正确监测，在突发化学事故应急救援中十分重要，采取有效的技术手段查明泄漏危险物质的状况，可为控制事故的态势提供决策依据。事故应急监测的任务主要是：及时查明事故中的危险物质的种类，即定性检测；测定危险物质的扩散和浓度分布情况，即定量检测；有条件时可查明导致危险物质事故的客观条件；根据危险物质的浓度分布情况，确定不同程度污染区的边界并进行标志。

(一)事故应急监测的要求及注意事项

1.事故应急监测中的要求

(1)准确。准确查明造成化学事故的危险物质的种类，对未知毒物和已知毒物在事故过程中相互作用而成为新的危险源的检测要慎之又慎。

(2)快速。能在最短的时间内报知监测结果，为及时处置事故提供科学依据。通常对事故预警所用监测方法的要求是快速显示分析结果。但在事故平息后为查明其原因则常常采用多种手段取证，此时注重的是分析结果的精确性而不是时间。

(3)灵敏。监测方法要灵敏，即能发现低浓度的有毒有害物质或快速地反映事故因素的变化。

(4)简便。采用的监测手段应当简捷。可根据监测时机、监测地点和监测人员确定所用的监测手段及仪器的简便程度。通常实施现场快速监测时，应选用较简便的仪器。

2.事故应急监测中的注意事项

(1)注意个人防护。化学事故应急监测不同于一般的环境监测，参加监测的人员必须考虑自身防护问题，否则不但监测不到数据，而且有可能引起中毒甚至危及生命。如1999年12月某地发生环氧乙烷泄漏事故，参加现场监测和救援的人员因穿戴防护器材不当，受到环氧乙烷的毒害，造成数十人中毒。因此，化学事故应急监测中的个人防护问题应引起监测人员和有关部门的高度重视，务必做到预先有准备，掌握正确的防护方法，以保证顺利完成应急监测任务和自身安全。

(2)注意化学因子多重性。在化学事故应急检测中，如有燃烧或爆炸，现场的化学毒物有可能不止一种。因此检出一种有毒危险品，仍不能过早地停止工作，要对可能出现的毒物进行更广泛的检测。需要注意的是，对于采用一些特异性的化学测试方法，它们只能显示有没有某种或某类化学品的存在。试验的阴性结果只表明某一种特殊物质没有以显著性含量存在，而阳性结果不能说明其他有毒危险品不存在。

(二)现场侦检的方法

1.非器材的检判法

(1)感官检测法。这是最简易的监测方法，即用鼻、眼、口、皮肤等人体器官(也可称作人体

生物传感器)感触被检物质的存在,包括察觉危险物质的颜色、气味、状态和刺激性,进而确定危险物质种类的一种方法。感官检测法有以下几种途径。

①根据盛装危险物品容器的漆色和标识进行判断。盛装危险物品的容器或气瓶一般要求涂有专门的漆色并写有物质名称字样及其字样颜色标识。

②根据危险物品的物理性质进行判断。危险物品的物理性质包括气味、颜色、沸点等。不同的危险物品,其物理性质不同,在事故现场的表现也有所不同。各种毒物都具有其特殊的气味。一旦发生泄漏事故后,在泄漏地域或下风方向,可嗅到毒物发出的特殊气味。比如,氰化物具有苦杏仁味,氢氰酸可嗅质浓度为 1.0μg/L;二氧化硫具有特殊的刺鼻味;含硫基的有机磷农药具有恶臭味;硝基化合物在燃烧时冒黄烟;一些化学物质如 HCL 能刺激眼睛流泪;酸性物质有酸味;碱性物质有苦涩味;硫化氢为无色有臭鸡蛋味,浓度达到 1.5mg/m 时就可以用嗅觉辨出,当浓度为 3000mg/m3 时由于嗅觉神经麻痹,反而嗅不出来;氨气为无色有强烈臭味的刺激性气体,燃烧时火焰稍带绿色;氯气为黄绿色有异臭味的强烈刺激性气体;酸碱还能刺激皮肤;沸点低、挥发性强的物质,如光气和氯化氢等泄漏后迅速气化,在地面无明显的霜状物,光气散发出烂干草味,可嗅质量度为 4.4μg/L,氯化氢为强烈刺激味,可嗅质量浓为 2.5μg/L,沸点低、蒸发潜热大的物质,如氢氰酸(HCN)、液化石油气泄漏的地面上则有明显的白霜状物等。

许多危险物品的形态和颜色相同,无法区别,所以单靠感官监测是不够的,仅可以对事故现场进行初步判断。而且这种方法可直接伤害监测人员,这只能是一种权宜之计,单靠感官检测是绝对不够的,并且对于剧毒物质绝不能用感官方法检测。

③根据人或动物中毒的症状进行判断。可以通过观察人员和动物中毒或死亡症状,以及引起植物的花、叶颜色和枯萎的方法,初步判断危险物品的种类。例如,中毒者呼吸有苦杏仁味、皮肤黏膜鲜红、瞳孔散大,为全身中毒性毒物;中毒者开始有刺激感、咳嗽,经 2h 至 8h 后咳嗽加重、吐红色泡痰,为光气;中毒者的眼睛和呼吸道的刺激强烈、流泪、打喷嚏、流鼻涕,为刺激性毒物等。

(2)动植物检测法。利用动物的嗅觉或敏感性来检测有毒有害化物质,如狗的嗅觉特别灵敏,国外利用狗侦查毒品很普遍。美军曾训练狗来侦检化学毒剂,使其嗅觉可检出 6 种化学毒剂,当狗闻到微量化学毒剂时即发出不同的吠声,其检出最低浓度为 0.5—1mg/L。有一些鸟类对有毒有害气体特别敏感,如在农药厂生产车间里养一种金丝鸟或雏鸡,当有微量化学物泄漏时,动物就会立即有不安的表现,以至挣扎死亡。

检测植物表皮的损伤也是一种简易的监测方法,现已逐渐被人们所重视。有些植物对某些大气污染很敏感,如人能闻到二氧化硫气味的浓度为 1—9ppm,在感到明显刺激如引起咳嗽、流泪等时,其浓度为 10—20ppm;而有些敏感植物在 0.3—0.5ppm 时,在叶片上就会出现肉眼能见到的伤斑。HF 污染叶片后其伤斑呈环带状,分布在叶片的尖端和边缘,并逐渐向内发展。光化学烟雾使叶片背面变成银白色或古铜色,叶片正面出现一道横贯全叶的坏死带。利用植物这种特有的"症状",可为环境污染的监测和管理提供旁证。

2.便携式检测仪器侦检法

便携式检测仪器具有携带方便、可靠性高、灵敏性好、安全度高以及选择余地大、测量范围广等特点,能够很好地满足事故现场侦检在准确、快速、灵敏和简便方面的要求,因此便携式检测仪器在事故现场侦检工作中得到了广泛的应用。

便携式检测仪器侦检法包括:便携式仪器分析法,如分光光度法、气相色谱法、袖珍式爆炸性气体和有毒有害气体检测器法等；传感器法，如电学类气体传感器、光学类气体传感器、电化学类气体传感器等；光离子化检测器(PID)气体检测技术；红外光谱法(1R)；气体相色谱法、液体相色谱法(包括质谱联用技术)；其他方法，如 AAS(原子吸收光谱分析法)、AFS(原子荧光分析法)、ICP－AES(电感耦合等离子发射光谱)、ICP－MS(电感耦合等离子质谱，是金属及类金属毒物的有效定性定量方法)、IMS(离子迁移谱法)、SAW(表面声波法，测苯乙烯、甲苯等有机蒸气；CO、SO_2、NO_2、NH_3、氢氰酸、氯化氰、沙林等)。

下面主要介绍在各行业和领域中得到广泛使用和推广的几种便携式检测仪器的使用方法。在介绍仪器之前首先必须搞清楚几个重要的概念和单位。

ppm 指百万分之一体积比浓度，英文全称为 Part Per Million。%VOL 指体积百分比浓度，英文全称为 VOLume Percentage。%LEL 是指爆炸下限，它是针对可燃气体的一个技术词语。可燃气体在空气中遇明火种爆炸的最低浓度，称为爆炸下限(Lower Explosion Limited，LEL)。空气中可燃气体浓度达到其爆炸下限值时，称这个场所可燃气环境爆炸危险度为百分之百，即 100%LEL。如果可燃气体含量只达到其爆炸下限的百分之十，称这个场所此时的可燃气环境爆炸危险度为 100%LEL。对环境空气中可燃气的监测，常常直接给出可燃气环境危险度，即用该可燃气在空气中的含量与其爆炸下限的百分比来表示：%LEL；所以，这种监测有时也被称作“测爆”，所用的监测仪器也称“测爆仪”。具体指标如下：若使用测爆仪时，被测对象的可燃气体浓度≤爆炸下限 20%(体积比，下同)；若使用其他化学分析手段时，当被测气体或蒸气的爆炸下限≥10%时，其浓度应小于 1%；当爆炸下限小于 10%、大于 4%时，其浓度应小于 0.5%；当爆炸下限小于 4%、大于等于 1%时，其浓度应小于 0.2%。若有两种以上的混合可燃气体，应以爆炸下限低者为准。1ppm＝1/1000000 密闭空间，如果将 1 立方米看作一个密闭空间，则 1 立方厘米就是 1ppm。ppm 是极微小的体积单位，一般用在可燃气微小泄漏及有毒气体泄漏检测。

%VOL 是高浓度体积单位，是指被测气体体积与空气体积的百分比，通常用来测定可燃气(天然气、液化石油气、沼气)的体积浓度。根据两者定义：1ppm＝1/1000000VOL，1%VOL＝10000ppm。

(1)智能型水质分析仪。主要用于定量分析水中氰化物、甲醛、硫酸盐、氟、苯酚、二甲苯酚、硝酸盐、磷、氯、铅等共计 23 种有毒有害物质。

(2)有毒有害气体检测仪。检测仪的分类：根据采样方式分为泵吸式和扩散式；根据同时监测样品种类可分为单一监测仪、二合一监测仪、三合一监测仪、四合一监测仪、复合监测仪等。

①检测仪的构成：一般由外壳、电源、传感器池、电子线路、显示屏、计算机接口和必要的附件配件组成(可以是干电池或者充电电池)。

②气体检测器的关键部件为气体传感器，从原理上可以分为三大类：利用物理化学性质的气体传感器，如半导体、催化燃烧、固体导热、光离子化等。利用物理性质的气体传感器，如热导、光干涉、红外吸收等。利用电化学性质的气体传感器，如电流型、电势型等。

对于常见的可燃气 LEL 的检测，现在一般用催化燃烧检测器，氧气及有毒气体检测器一般使用电化学传感器。

③国家标准 GB7665－1987 对传感器的定义是：传感器是能感受规定被测量并按照一定规律转换成可用输出信号的器件或装置。气体传感器是用来检测气体的成分和含量的传感器，一般来说，气体传感器的定义是以检测目标为分类基础的，也就是说，凡是用于检测气体成

分和浓度的传感器都称作气体传感器，不管它是用物理方法，还是用化学方法。比如，检测气体流量的传感器不被看作气体传感器，但是热导式气体分析仪却属于重要的气体传感器，尽管它们有时使用大体一致的检测原理。

5大主要气体传感检测技术是：催化燃烧式传感器—LEL；红外吸收式—LEL、CO2、CH4；电化学式O2，CO，H2S；光离子化PID—VOC；半导体式MOS。

④催化燃烧式气体传感器具有以下特点：高选择性，凡是可以燃烧的，都能够检测；凡是不能燃烧的传感器都没有任何响应。当然，“凡是可以燃烧的，都能够检测”这句话有很多例外，但是，总的来讲，上述选择性是成立的。计量准确，响应快速，寿命较长。传感器的输出与环境的爆炸危险直接相关，在安全检测领域是一类主导地位的传感器。其缺点是：在可燃性气体范围内，无选择性；暗火工作，有引燃爆炸的危险；大部分元素、有机蒸汽对传感器都有中毒作用。

LEL传感器中毒问题。有些化学物质接触到LEL传感器后可以抑制传感器中的催化珠或使其中毒，进而让传感器部分或完全丧失敏感性。中毒可以定义为传感器永久性的性能下降；而抑制效应通常可以通过放置在洁净空气中得以恢复。

最容易使传感器中毒的物质是硅类化合物，几ppm时就会降低传感器的响应；而硫化氢则是最常见的抑制剂。也有很多物质既会造成传感器中毒又是传感器的抑制剂，传感器的中毒机理是很复杂的。

铅化物也会影响LEL传感器的性能，尤其是对高燃点化合物的响应（如甲烷）。高浓度卤代烃会在高温下分解成HCL并残留于传感器的催化珠上，可能会腐蚀传感器和降低信号读数。

⑤电化学气体传感器。电化学气体传感器是由膜电极和电解液灌封而成，通过与被测气体发生反应并产生与气体浓度成正比的电信号来工作（原电池或电解池原理）。

电化学气体传感器的优点是：反映速度快、准确（可用于ppm级），稳定性好，能够定检测量，但寿命较短（大于等于两年），主要适用于毒性气体的检测。目前国际上绝大部分毒气检测采用电化学气体传感器。例如，氨气检测、氯气检测、硫化氢检测、一氧化碳检测、氧气检测、二氧化碳检测、氢气检测、二氧化硫检测等。

(3)光离子化检测器（PID）。光离子化检测器可以检测低浓度的挥发性有机化合物（VOC）和有毒气体。很多发生事故的有害物质都是VOC，因而对VOC检测具有极高灵敏度的PID就在应急事故检测中有着无法替代的用途，随着更加坚固、更加可靠和更加经济实用产品的出现，PID已经成为检测有机化合物的普通工具，PID必将成为应急事故中各类有毒挥发性有机化合物监测的首选仪器。

光离子化检测器可以检测10ppb(parts billion)到10000ppm的VOC和其他有毒气体。PID是一个高度灵敏、适用范围广泛的检测器，可以看成一个“低浓度LEL检测器”。如果将有毒气体和蒸汽看成一条大江，即使你游入大江，LEL检测器可能还没有反应，而PID则在你刚刚湿脚的时候就已经告诉了你。

PID的工作原理。PID使用了一个9.8eV、10.6eV、11.7eV光子能量的紫外线（UV）光源将有机物打成可被检测器测到的正负离子（离子化）。检测器测量离子化了的气体的电荷将其转化为电流信号，电流被放大并显示出ppm浓度值或永久性改变待测气体，这样一来，经过PID检测的气体仍可被收集做进一步的测定。

3.化学侦检法

利用化学品与化学试剂反应后，产生不同颜色、沉淀、荧光或产生电位变化进行侦检的方法称为化学侦检法。用于侦检的化学反应有催化反应、氧化还原反应、分解反应、配位反应、亲电反应和亲核反应等。

(1)试纸法。把滤纸浸泡在化学试剂后晾干，裁成长条、方块等形状，装在密封的塑料袋或容器中，使用时，被测空气通过试剂浸泡过的滤纸，使有害物质与试剂在纸上发生化学反应，产生颜色变化；或者先将被测空气通过未浸泡试剂的滤纸，使有害物质吸附或阻留在滤纸上，然后向试纸上滴加试剂，产生颜色变化；根据产生的颜色深度与标准比色板比较，进行定量。前者多适合于能与试剂迅速起反应的气体或蒸汽态有害物质；后者适用于气溶胶的测定，允许有一定的反应时间，如氯气的联苯指示剂法。

多用途检测纸是利用参加生色反应的特定化学试剂制成的检测纸，可对多种有害气体进行定性或半定量测试。该检测纸的优点是使用、携带方便，可作为有害气体定性检测的辅助手段；缺点是干扰多，易失效。检测纸的主要品种有：检测氨气的酚酞试纸、奈氏试剂试纸；检测有机磷农药的酶底物试纸；检测一氧化碳的氯化钯试纸；检测光气的二苯胺、对二甲胺基苯甲醛试纸；检测氢氰酸的醋酸铜联苯胺试纸；检测硫化氢的醋酸铅和硝酸银试纸；检测甲醛和乙醛的吸附试纸；检测二氧化氮、次氯酸、过氧化氢的邻甲苯胺和碘化钾一淀粉试纸。

有些侦检纸的显色反应并不专一，例如，用氯化汞制备的侦检纸，砷化氢和磷化氢均能使之变成相同颜色，用邻甲苯胺制备的侦检纸遇二氧化氮或二氧化氯都呈现出黄色。这些干扰现象是由其显色反应的本质决定的，在选择或应用侦检纸时应当引起注意。侦检纸检测化学危险物，其变色时间和着色强度与被测化学物质的浓度有关。被测化学物质的浓度越大，显色时间越短，着色强度越强。

(2)侦检粉或侦检粉笔法。侦检粉的优点是使用简便、经济，可大面积使用，缺点是专一性不强、灵敏度差，不能用于大气中有害物质的检测。侦检粉主要是一些染料，如用石英粉为载体，加入德国汉莎黄、永久红 B 和苏丹红等染料混匀，遇芥子气泄漏时呈蓝红色。侦检粉笔是将试剂和填充料混合、压成粉笔状便于携带的侦检器材。它可以直接涂在物质表面或削成粉末撒在物质表面进行检测。如用氯胺 T 和硫酸钡为主要试剂制成的侦检粉笔，可检测氯化氰，划痕处由白色变红，再变蓝。灵敏度达 5ppm。侦检粉笔在室温下可保存三年。侦检粉笔由于其表面积较小，减少了和外界物质作用的机会，通常比试纸稳定性好，也便于携带。

(3)检测管法。包括检测试管法、填充型(气体)检测管法、直接检测管法(速测管法)和吸附检测管法。

①显色反应型(水)检测试管法。该法是将试剂做成细粒或粉状封在毛细玻璃管中，再将其组装在一支聚乙烯软塑料试管中，试管口用一带微孔的塞子塞住。使用时，先将试管用手指捏扁，排出管中的空气，插入水样中，放开手指便自动吸入水样，再将试管中的毛细试剂管捏碎，数分钟内显色，与标准色板比较以确定污染物的浓度，如 Cr(VI)检测管。

②填充型(气体)检测管法。该法是一种内部填化学试剂显示指示粉的小玻璃管，一般选用内径为 2—6mm，长度为 120—180mm 的无碱细玻璃管。指示粉为吸附有化学试剂的多孔固体细颗粒，每种化学试剂通常只对一种化合物或一组化合物有特效。当被测空气通过检测管时，空气中含有的待测有毒气体便和管内的指示粉迅速发生化学反应，并显示颜色。管壁上标有刻度(通常是 mg/m^3)，根据变色环(柱)部位所示的刻度位置就可以定量或半定量地读出

污染物的浓度值,如苯蒸汽快速检测管。

③(气或水)直接检测管法(速测管法)。该法是将检测试剂置于一支细玻璃管中,两端用脱脂棉或玻璃棉等堵塞,再将两端熔封。使用前将检测管两端割开,浸入一定体积的被测水样中,利用毛细作用将水样吸入,也可连接注射器抽入污染的水样或空气样,观察颜色的变化或比较颜色的深浅和长度,以确定污染物的类别和含量。如有一种氯化物检测管,采用铬酸银与硅胶混合制成茶棕色试剂,按上述方法制成检测管。当水中氯化物与铬酸银硅胶试剂接触后,使茶棕色试剂变为白色(产生白色的 AgC),检测管中试剂变色的长度与水中氯化物的含量成正比。因此,可在检测管外壁或说明书中绘制含量刻度标尺,可作氯化物定量。

④(气或水)吸附检测管法。该法是将一支细玻璃管的前端置吸附剂,后端放置用玻璃安瓿瓶封装的试剂,中间用玻璃棉等惰性物质隔开,两端用脱脂棉或玻璃棉等堵塞,再将两端熔封。使用前将检测管两端割开,用唧筒抽入污染水样或空气样使其吸附在吸附剂上,再将试剂安瓿瓶破碎,让试剂与吸附剂上的污染物作用,观察吸附剂的颜色变化,与标准色板比较以确定污染物的浓度。如有一种可测定空气中 HCN 的检测管,是将经试剂处理过的硅胶作吸附剂,与分别装在小安瓿瓶中的碱和苟茚三酮溶液组装成检测管。如有 HCN 存在时吸附剂显蓝紫色,灵敏度可达 0.05mg/L。

(三)现场侦检的实施

在事故现场实施侦检,首先应按照染毒浓度高、密度大、检测干扰小的要求选择好采样和检测点。

可以派出一个侦检小组在远离(在逆风向的较高位置,并且确保他们不会接触危险物质)事故现场的地方测定发生事故的物质。应当派出一个或多个侦检小组到事故区域进行状况评估,用这种方法,应急人员要穿上高级化学防护服(CPC)。当可获得事故数据时,要考虑:所涉及物质的类型和特征;泄漏、反应、燃烧的数量;密闭系统的状况;控制系统的控制水平和转换、处理、中和的能力。

各侦检小组应由三人组成,其中两人负责检测浓度,一人随后记录和标志,其行进队形可根据现场地形特点,采用后三角(前两人后一人)队形向前推进。在较大的场地,担任检测的两名队员,间隔应在 50m 以内,便于相互呼应,负责设置标志的队员(通常由组长担任)紧跟其后。

(四)现场隔离及疏散危险区域确定

1.现场危险区域的确定

危险化学品泄漏事故现场隔离与疏散区域应根据毒物对人的急性毒性数据,适当考虑爆炸极限和防护器材等其他因素综合确定,一般可根据毒物浓度由高到低的分布将现场危险区域划分为重度危险区、中度危险区、轻度危险区和吸入反应区。

(1)重度危险区。重度危险区为半致死区,由某种危险化学品对人体的 LCT(半致死剂量)确定,一般指化学品事故危险源到 LC_{50}(半致死浓度)等浓度曲线边界的区域范围,小则下风向几十米,大则上百米的范围。该区域危险化学品蒸汽的体积分数高于 1%,地面可能有液体流淌,氧气含量较低。人员如无防护并未及时逃离,半数左右的人有严重的中毒症状,不经紧急救治,30min 内有生命危险,只有极少数佩戴氧气面具或隔绝式面具,并穿着防毒衣的人员才能进入该区。

(2)中度危险区。该区为半失能区,由某种危险化学品对人体的 ICT_{50}(半失能剂量)确定,一般指 LC_{50} 等浓度曲线到 IC_{50}(半失能浓度)等浓度曲线的区域范围。该区域中毒人员比较集中,多数都有不同程度的中毒,是应急救援队伍重点救人的主要区域。该区域人员有较严重的中毒症状,但经及时治疗,一般无生命危险;救援人员戴过滤式防毒面具,不穿防毒衣能活动 2—3h。

(3)轻度危险区。该区为中毒区,由某种危险化学品对人体的 PCT(半中毒剂量)确定,一般指 IC50 等浓度曲线到 PCT_{50}(半中毒浓度)等浓度曲线的区域范围。该区域人员有轻度中毒或吸入反应症状,脱离污染环境后经门诊治疗基本能够自行康复。人员可利用简易防护器材继续防护,关键是根据毒物的种类选择防毒口罩浸渍的药物。

(4)吸入反应区。该区指 PC_{50} 等浓度曲线到稍高于车间最高允许浓度的区域范围。该区域内一部分人员有吸入反应症状或轻度刺激,在其中活动能耐受较长时间,一般脱离污染环境后 24h 内恢复正常,救援人员可对群众只做原则指导。

2.危险化学品事故疏散距离的确定

在危险化学品泄漏事故中,必须及时做好周围人员及居民的紧急疏散工作。如何根据不同化学物质的理化特性和毒性,结合气象条件,迅速确定疏散距离是抢救工作的一项重要课题。鉴于我国目前尚无这方面的详细资料,特推荐美国、加拿大和墨西哥联合编制的 ERG2000 中的数据。

疏散距离分为两种:紧急隔离带是以紧急隔离距离为半径的圆,非事故处理人员不得入内;下风向疏散距离是指必须采取保护措施的范围,即该范围内的居民处于有害接触的危险之中,可以采取撤离、密闭住所窗户等有效措施,并保持通信畅通以听从指挥。

3.事故现场分区隔离

为避免人员被污染,对事故现场要实行分区隔离,按国际惯例,常用的分区如下。

(1)热区(hot zone)即污染区、危险区域,是紧邻事故污染现场的区域,一般用红线将其与其外的区域分隔开来,在此区域救援人员必须装备防护装置以避免被污染或受到物理损害。

(2)温区(warm zone)即缓冲区域,围绕热区以外的区域,在此区域的人员要穿戴适当的防护装置避免二次污染的危害,一般以黄色线将其与其外的区域分隔开来,此线也称为洗消线,所有出此区域的人员必须在此线上进行洗消处理。

(3)冷区(cold zone)即安全区域,洗消线外,患者的抢救治疗、支持指挥机构设在此区。

三、火灾控制与扑救技术

危险化学品具有不同程度的燃烧、爆炸、毒害和腐蚀等危险性,其燃烧产物也大多具有较强的毒害性和腐蚀性,极易造成人员中毒、灼伤。因此,扑救危险品化学火灾是一项极其重要而又非常危险的工作。

(一)火灾扑救对策

1.扑救危险化学品火灾总要求

一旦发生火灾,现场每个人都应清楚地知道他们的职责,掌握有关消防设施、人员的疏散程序和危险化学品灭火的特殊要求等内容。

(1)先控制,后消灭。针对危险化学品火灾的火势发展蔓延快和燃烧面积大的特点,积极采取统一指挥、以快制快、堵截火势、防止蔓延、重点突破、排除险情、分割包围、速战速决的灭火战术。

(2)扑救人员应占领上风或侧风位置,以免遭受有毒有害气体的侵害。

(3)进行火情侦察、火灾扑救及火场疏散人员应有针对性地采取自我防护措施,如佩戴防护面具、穿戴专用防护服等。

(4)应迅速查明燃烧范围、燃烧物品及其周围物品的品名和主要危险特性、火势蔓延的主要途径。

(5)正确选择最适合的灭火剂和灭火方法。火势较大时,应先堵截火势蔓延,控制燃烧范围,然后逐步扑灭火势。

(6)对有可能发生爆炸、爆裂、喷溅等特别危险需紧急撤退的情况,应按照统一的撤退信号和撤退方法及时撤退(撤退信号应格外醒目,能使现场所有人员都看到或听到,并应经常预先演练)。

2.采用正确的灭火方法

火灾扑救的首要对策就是采用正确的灭火剂和灭火方法。灭火的基本方法就是为了破坏燃烧必备的基本条件所采取的基本措施。灭火的基本方法有 4 种,即冷却法、隔离法、窒息法和抑制灭火法。

(1)冷却灭火法。冷却灭火法,是根据可燃物质发生燃烧时必须达到一定的温度条件,将灭火剂喷射于燃烧物上,通过吸热使其温度降低到燃点以下,从而使火熄灭的方法。常用的灭火剂是水和二氧化碳。

(2)隔离灭火法。隔离灭火法,是根据发生燃烧必须具备可燃物质这个条件,把着火的物质与周围的可燃物隔离开,或把可燃物从燃烧区移开,燃烧会因缺少可燃物而停止。

(3)窒息灭火法。窒息灭火法是根据可燃物质发生燃烧需要足够的空气(氧)条件,采取适当措施来阻止空气流入燃烧区域,或用不燃物质冲淡空气,使燃烧物得不到足够的氧气而熄灭。如用石棉毯、湿麻袋、湿棉被等覆盖燃烧物来灭火。

(4)抑制灭火法。抑制灭火法是使灭火剂参与燃烧的链式反应,使燃烧过程中产生的游离基消失,形成稳定分子或低活性的游离基,从而使燃烧反应停止。常用的灭火剂有以上各种灭火方法,宜根据燃烧物质的性质、燃烧特点和火场的具体情况选用多数选用干粉、1211。

以上各种灭火方法,宜根据燃烧物质的性质、燃烧特点和火场的情况选用,多数情况下,都是几种灭火方法结合起来使用。

3.不同种类危险化学品的灭火对策

(1)扑救易燃液体的基本对策。易燃液体通常也是储存在容器内或管道中输送的。与气体不同的是,液体容器有的密闭,有的敞开,一般都是常压,只有反应锅(炉、釜)及输送管道内的液体压力较高。液体不管是否着火,如果发生泄漏或溢出,都将顺着地面(或水面)漂散流淌,而且,易燃液体还有比重和水溶性等涉及能否用水和普通泡沫扑救的问题以及危险性很大的沸溢和喷溅问题,因此,扑救易燃液体火灾往往也是一场艰难的战斗。遇易燃液体火灾,一般应采用以下基本对策。

首先应切断火势蔓延的途径,冷却和疏散受火势威胁的压力及密闭容器和可燃物,控制燃烧范围,并积极抢救受伤和被困人员。如有液体流淌时,应筑堤(或用围油栏)拦截飘散流淌的易燃液体或挖沟导流。

及时了解和掌握着火液体的品名、比重、水溶性，以及有无毒害、腐蚀、沸溢、喷溅等危险性，以便采取相应的灭火和防护措施。

对较大的储罐或流淌火灾，应准确判断着火面积。小面积（一般 $50m^2$ 以内）液体火灾，一般可用雾状水扑灭，用泡沫、干粉、二氧化碳、卤代烷（1211、1301）灭火一般更有效。大面积液体火灾则必须根据其相对密度（比重）、水溶性和燃烧面积大小，选择正确的灭火剂扑救。

比水轻又不溶于水的液体（如汽油、苯等），用直流水、雾状水灭火往往无效。可用普通蛋白泡沫或轻水泡沫灭火。用干粉、卤代烷扑救时，灭火效果要视燃烧面积大小和燃烧条件而定，最好用水冷却罐壁。

比水重又不溶于水的液体（如二硫化碳）起火时可用水扑救，水能覆盖在液面上灭火，用泡沫也有效。用干粉、卤代烷扑救时，灭火效果要视燃烧面积大小和燃烧条件而定，最好用水冷却罐壁。

具有水溶性的液体（如醇类、酮类等），虽然从理论上讲能用水稀释扑救，但用此法要使液体闪点消失，水必须在溶液中占很大的比例。这不仅需要大量的水，也容易使液体溢出流淌，而普通泡沫又会受到水溶性液体的破坏（如果普通泡沫强度加大，可以减弱火势），因此，最好用抗溶性泡沫扑救，用干粉或卤代烷扑救时，灭火效果要视燃烧面积大小和燃烧条件而定，也需用水冷却罐壁。

扑救毒害性、腐蚀性或燃烧产物毒害性较强的易燃液体火灾，扑救人员必须佩戴防护面具，采取防护措施。

扑救原油和重油等具有沸溢和喷溅危险的液体火灾。如有条件，可采用取放水、搅拌等防止发生沸溢和喷溅的措施，在灭火同时必须注意计算可能发生沸溢、喷溅的时间和观察是否有沸溢、喷溅的征兆。指挥员发现危险征兆时应立即作出准确判断，及时下达撤退命令，避免造成人员伤亡和装备损失。扑救人员看到或听到统一撤退信号后，应立即撤至安全地带。

遇易燃液体管道或储罐泄漏着火，在切断蔓延把火势限制在一定范围内的同时，对输送管道应设法找到并关闭进、出阀门，如果管道阀门已损坏或是储罐泄漏，首先应迅速准备好堵漏材料，然后先用泡沫、干粉、二氧化碳或雾状水等扑灭地上的流淌火焰，为堵漏扫清障碍，其次再扑灭泄漏口的火焰，并迅速采取堵漏措施。与气体堵漏不同的是，液体一次堵漏失败，可连续堵几次，只要用泡沫覆盖地面，并堵住液体流淌和控制好周围着火源，不必担心点燃泄漏口的液体。

（2）扑救毒害品和腐蚀品的对策。毒害品和腐蚀品对人体都有一定危害。毒害品主要是经口或吸入蒸气或通过皮肤接触引起人体中毒的。腐蚀品是通过皮肤接触使人体形成化学灼伤。毒害品、腐蚀品有些本身能着火，有的本身并不着火，但与其他可燃物品接触后能着火。这类物品发生火灾一般应采取以下基本对策。

灭火人员必须穿防护服，佩戴防护面具。一般情况下采取全身防护即可，对有特殊要求的物品火灾，应使用专用防护服。考虑到过滤式防毒面具防毒范围的局限性，在扑救毒害品火灾时应尽量使用隔绝式氧气或空气面具。为了在火场上能正确使用和适应，平时应进行严格的适应性训练。

积极抢救受伤和被困人员，限制燃烧范围。毒害品、腐蚀品火灾极易造成人员伤亡，灭火人员在采取防护措施后，应立即投入寻找和抢救受伤、被困人员的工作，并努力限制燃烧范围。

扑救时应尽量使用低压水流或雾状水，避免腐蚀品、毒害品溅出。遇酸类或碱类腐蚀品最好调制相应的中和剂稀释中和。

遇毒害品、腐蚀品容器泄漏，在扑灭火势后应采取堵漏措施。腐蚀品需用防腐材料堵漏。

浓硫酸遇水能放出大量的热，会导致沸腾飞溅，需特别注意防护。扑救浓硫酸与其他可燃物品接触发生的火灾，浓硫酸数量不多时，可用大量低压水快速扑救。如果浓硫酸量很大，应先用二氧化碳、干粉、卤代烷等灭火，然后再把着火物品与浓硫酸分开。

(3)扑救放射性物品火灾的基本对策。放射性物品是一类发射出人类肉眼看不见但却能严重损害人类生命和健康的 α 射线、β 射线、γ 射线和中子流的特殊物品。扑救这类物品火灾时必须采取特殊的能防护射线照射的措施。平时生产、经营、储存和运输、使用这类物品的单位及消防部门，应配备一定数量防护装备和放射性测试仪器。遇这类物品火灾一般应采取以下基本对策。

先派出精干人员携带放射性测试仪器，测试辐射(剂)量和范围。测试人员应尽可能地采取防护措施。

对辐射(剂)量超过 0.0387C/kg 的区域，应设置写有"危及生命，禁止进入"的警告标志牌。

对辐射(剂)量小于 0.0387C/kg 的区域，应设置写有"辐射危险，请勿接近"警告标志牌。测试人员还应进行不间断巡回监测。

对辐射(剂)量大于 0.0387C/kg 的区域，灭火人员不能深入辐射源纵深灭火进攻。

对辐射(剂)量小于 0.0387C/kg 的区域，可快速用水灭火或用泡沫、二氧化碳、干粉、卤代烷扑救，并积极抢救受伤人员。

对燃烧现场包装没有被破坏的放射性物品，可在水枪的掩护下佩戴防护装备，设法疏散，无法疏散时，应就地冷却保护，防止造成新的破损，增加辐射(剂)量。

对已破损的容器切忌搬动或用水流冲击，以防止放射性沾染范围扩大。

(4)扑救易燃固体、易燃物品火灾的基本对策。易燃固体、易燃物品一般都可用水或泡沫扑救，相对其他种类的化学危险物品而言是比较容易扑救的，只要控制住燃烧范围，逐步扑灭即可。但也有少数易燃固体、自燃物品的扑救方法比较特殊，如 2,4－二硝基苯甲醚、二硝基萘、萘、黄磷等。

2,4－二硝基苯甲醚、二硝基萘、萘等是能升华的易燃固体，受热产生易燃蒸汽。火灾时用雾状水、泡沫扑救并切断火势蔓延途径，但应注意，不能以为明火焰扑灭即已完成灭火工作，因为受热以后升华的易燃蒸汽能在不知不觉中飘逸，在上层与空气能形成爆炸性混合物，尤其是在室内，易发生爆燃。因此，扑救这类物品火灾千万不能被假象所迷惑。在扑救过程中应不时向燃烧区域上空及周围喷射雾状水，并用水浇灭燃烧区域及其周围的一切火源。

黄磷是自燃点很低在空气中能很快氧化升温并自燃的自燃物品。遇黄磷火灾时，首先应切断火势蔓延途径，控制燃烧范围。对着火的黄磷应用低压水或雾状水扑救。高压直流水冲击能引起黄磷飞溅，导致灾害扩大。黄磷熔融液体流淌时应用泥土、沙袋等筑堤拦截并用雾状水冷却，对磷块和冷却后已固化的黄磷，应用钳子钳入储水容器中。来不及钳时可先用沙土掩盖，但应做好标记，等火势扑灭后，再逐步集中到储水器中。

少数易燃固体和自燃物品不能用水和泡沫扑救，如三硫化二磷、铝粉、烷基铝、保险粉等，应根据具体情况区别处理。宜选用干沙和不用压力喷射的干粉扑救。

(5)扑救压缩或液化气体火灾的基本对策。压缩或液化气体总是被储存在不同的容器内，或通过管道输送。其中储存在较小钢瓶内的气体压力较高，受热或受火焰熏烤容易发生爆裂。

气体泄漏后遇火源已形成稳定燃烧时，其发生爆炸或再次爆炸的危险性与可燃气体泄漏未燃时相比要小得多。遇压缩或液化气体火灾时一般应采取以下基本对策。

扑救气体火灾切忌盲目扑灭火势，在没有采取堵漏措施的情况下，必须保持稳定燃烧。否则，大量可燃气体泄漏出来与空气混合，遇着火源就会发生爆炸，后果将不堪设想。

首先应扑灭外围被火源引燃的可燃物火势，切断火势蔓延途径，控制燃烧范围，并积极抢救受伤和被困人员。

如果火势中有压力容器或有受到火焰辐射热威胁的压力容器，能疏散的应尽量在水枪的掩护下疏散到安全地带，不能疏散的应部署足够的水枪进行冷却保护。为防止容器爆裂伤人，进行冷却的人员应尽量采用低姿射水或利用现场坚实的掩蔽体防护。对卧式储罐，冷却人员应选择储罐四侧角作为射水阵地。

如果是输气管道泄漏着火，应设法找到气源阀门。阀门完好时，只要关闭气体的进出阀门，火势就会自动熄灭。

储罐或管道泄漏关阀无效时，应根据火势判断气体压力和泄漏口的大小及其形状，准备好相应的堵漏材料（如软木塞、橡皮塞、气囊塞、黏合剂、弯管工具等）。

堵漏工作准备就绪后，即可用水扑救火势，也可用干粉、二氧化碳、卤代烷灭火，但仍需用水冷却烧烫的罐或管壁。火扑灭后，应立即用堵漏材料堵漏，同时用雾状水稀释和驱散泄漏出来的气体。如果确认泄漏口非常大，根本无法堵漏，只需冷却着火容器及其周围容器和可燃物品，控制着火范围，直到燃气燃尽，火势自动熄灭。

现场指挥应密切注意各种危险征兆，遇有火势熄灭后较长时间未能恢复稳定燃烧或受热辐射的容器安全阀火焰变亮耀眼、尖叫、晃动等爆裂征兆时，指挥员必须适时作出准确判断，及时下达撤退命令。现场人员看到或听到事先规定的撤退信号后，应迅速撤退至安全地带。

(6)扑救爆炸物品火灾的基本对策。爆炸物品一般都有专门或临时的储存仓库。这类物品由于内部结构含有爆炸性基因，受摩擦、撞击、震动、高温等外界因素激发，极易发生爆炸，遇明火则更危险。遇爆炸物品火灾时，一般应采取以下基本对策。

①迅速判断和查明再次发生爆炸的可能性和危险性，紧紧抓住爆炸后和再次发生爆炸之前的有利时机，采取一切可能的措施，全力制止再次爆炸的发生。

②切忌用砂土盖压，以免增强爆炸物品爆炸时的威力。

③如果有疏散可能，人身安全上确有可靠保障，应立即组织力量及时疏散着火区域周围的爆炸物品，使着火区周围形成一个隔离带。

④扑救爆炸物品堆垛时，水流应采用吊射，避免强力水流直接冲击堆垛，以免堆垛倒塌引起再次爆炸。

⑤灭火人员应尽量利用现场现成的掩蔽体或采用卧姿等低姿射水，采取自我保护措施。消防车辆不要停靠在离爆炸物品太近的水源。

⑥灭火人员发现有发生再次爆炸的危险时，应立即向现场指挥报告，现场指挥应立即作出准确判断，确有发生再次爆炸征兆或危险时，应立即下达撤退命令。灭火人员看到或听到撤退信号后，应迅速撤至安全地带，来不及撤退时，应就地卧倒。

(7)扑救遇湿易燃物品火灾的基本对策。遇湿易燃物品能与潮湿和水发生化学反应，产生可燃气体和热量，有时即使没有明火也能自动着火或爆炸，如金属钾、钠以及三乙基铝（液态）等。因此，这类物品有一定数量时，绝对禁止用水、泡沫、酸碱灭火器等湿性灭火剂扑救。这类物品的这一特殊性给其火灾扑救带来了很大的困难。

通常情况下，遇湿易燃物品由于其发生火灾时的灭火措施特殊，在储存时要求分库或隔离分堆单独储存，但在实际操作中有时往往很难完全做到，尤其是在生产和运输过程中更难以做到，如铝制品厂往往遍地积有铝粉。对包装坚固、封口严密、数量又少的遇湿易燃物品，在储存规定上允许同室分堆或同柜分格储存。这就给其火灾扑救工作带来了更大的困难，灭火人员在扑救中应谨慎处置。对遇湿易燃物品火灾一般采取以下基本对策。

①首先应了解清楚遇湿易燃物品的品名、数量、是否与其他物品混存、燃烧范围、火势蔓延途径。

②如果只有极少量(一般在50g以内)遇湿易燃物品，则不管是否与其他物品混存，仍可用大量的水或泡沫扑救。水或泡沫刚接触着火点时，短时间内可能会使火势增大，但少量遇湿易燃物品燃尽后，火势很快就会熄灭或减少。

③如果遇湿易燃物品数量较多，且未与其他物品混存，则绝对禁止用水或泡沫、酸碱等湿性灭火剂扑救。遇湿易燃物品应用干粉、二氧化碳、卤代烷扑救，只有金属钾、钠、铝、镁等个别物品用二氧化碳、卤代烷无效。固体遇湿易燃物品应用水泥、干砂、干粉、硅藻土和蛭石等覆盖。水泥是扑救固体遇湿易燃物品火灾比较容易的灭火剂。对遇湿易燃物品中的粉尘如镁粉、铝粉等，切忌喷射有压力的灭火剂，以防止将粉尘吹扬起来，与空气形成爆炸性混合物而导致爆炸发生。

④如果有较多的遇湿易燃物品与其他物品混存，则应先查明是哪类物品着火，遇湿易燃物品的包装是否损坏。可先用开关水枪向着火点吊射少量的水进行试探，如未见火势明显增大，证明遇湿物品尚未着火，包装也未损坏，应立即用大量水或泡沫扑救，扑灭火势后立即组织力量将淋过水或仍在潮湿区域的遇湿易燃物品疏散到安全地带分散开来。如射水试探后火势明显增大，则证明遇湿易燃物品已经着火或包装已经损坏，应禁止用水、泡沫、酸碱灭火器扑救，若是液体应用干粉等灭火剂扑救，若是固体应用水泥、干砂等覆盖，如遇钾、钠、铝、镁轻金属发生火灾，最好用石墨粉、氯化钠以及专用的轻金属灭火剂扑救。

⑤如果其他物品火灾威胁到相邻的较多遇湿易燃物品，应先用油布或塑料膜等其他防水布将遇湿易燃物品遮盖好，然后再在上面盖上棉被并淋上水。如果遇湿易燃物品堆放处地势不太高，可在其周围用土筑一道防水堤。在用水或泡沫扑救火灾时，对相邻的遇湿易燃物品应留一定的力量监护。

由于遇湿易燃物品性能特殊，又不能用常用的水和泡沫灭火剂扑救，从事这类物品生产、经营、储存、运输、使用的人员及消防人员平时应经常了解和熟悉其品名和主要危险特性。

(二)火灾扑救注意事项

1.扑救化学品火灾时，应注意以下事项：①灭火人员不应单独灭火；②出口应始终保持清洁和畅通；③要选择正确的灭火剂；④灭火时还应考虑人员的安全。

2.扑救初期火灾的注意事项：①迅速关闭火灾部位的上下游阀门，切断进入火灾事故地点的一切物料；②在火灾尚未扩大到不可控制之前，应使用移动式灭火器或现场其他各种消防设备、器材扑灭初期火灾和控制火源。

3.为防止火灾危及相邻设施，应注意采取以下保护措施：①对周围设施及时采取冷却保护措施；②迅速疏散受火势威胁的物资；③有的火灾可能造成易燃液体外流，这时可用砂袋或其他材料筑堤拦截飘散流淌的液体或挖沟导流将物料导向安全地点；④用毛毡、海草帘堵住下水井、阴井口等处，防止火焰蔓延。

4.特别注意：①扑救危险化学品火灾时绝不可盲目行动，应针对每一类化学品，选择正确的灭火剂和灭火方法来安全地控制火灾；②化学品火灾的扑救应由专业消防队来进行，其他人员不可盲目行动，待消防队到达后，介绍物料介质，配合扑救；③必要时采取堵漏或隔离措施，预防次生灾害扩大；④当火势被控制以后，仍然要派人监护，清理现场，消灭余火；⑤同时要注意把原则性和灵活性处理好。应急处理过程并非按部就班地按固定不变的顺序进行，而是根据实际情况尽可能同时进行。

四、泄漏事故的现场处置

危险化学品事故的发生多与泄漏有关，而流体危险化学品事故引发的直接祸根就是泄漏。当危险化学品介质从其储存的设备、输送的管道及盛装的器皿中外泄时，极易引发中毒、火灾、爆炸及环境污染事故。

（一）泄漏形式

泄漏是一种常见的现象，无处不在。泄漏所发生的部位是相当广泛的，几乎涉及所有的流体输送与储存的物体上。泄漏的形式和种类也是多种多样的，而按照人们的习惯称法多为：漏气、漏汽、漏水、漏油、漏酸、漏碱；法兰漏、阀门漏、油箱漏、水箱漏、管道漏、三通漏、弯头漏、四通漏、变径漏、焊缝漏、轴封漏、反应器漏、换热器漏、填料漏、船漏、车漏、管漏等。跑、冒、滴、漏是人们对各种泄漏形式的一种通俗说法，其实质就是泄漏，涵盖气体泄漏和液体泄漏。

1.按泄漏量分类

液态介质可分为无泄漏、渗漏、滴漏、重漏、流淌5级。

(1)无泄漏：检测不出有泄漏为准。

(2)渗漏：一种轻微泄漏，表面有明显的介质渗漏痕迹，像渗出的汗水一样，故又称为渗汗。擦掉痕迹，几分钟后又出现渗漏痕迹。

(3)滴漏：介质漏呈水球状，缓慢地流下或滴下，擦掉痕迹，5min后再现水球状渗漏。

(4)重漏：介质泄漏较重，连续呈水珠状流下或滴下，但未达到流状程度。

(5)流淌：介质泄漏严重，介质喷涌不断，呈线状流淌。

气态介质可分为无泄漏、渗漏、泄漏、重漏4级。

(1)无泄漏：用小纸条或纤维检查为静止状态，用肥皂水检查无气泡。

(2)渗漏：用小纸条检查微微飘动，用肥皂水检查有气泡，用湿的石蕊试纸检验有变色痕迹，有色气态介质可见淡色烟气。

(3)泄漏：用小纸条检查时飞舞，用肥皂水检查气泡成串，用湿的石蕊试纸检验马上变色，有色气态介质明显可见。

(4)重漏：泄漏气体产生噪声，可听见。

2.按泄漏时间分类

可分为经常性泄漏、间歇性泄漏、突发性泄漏三种。突发性泄漏最危险。

(1)经常性泄漏：从安装运行或使用开始就发生的一种泄漏。因施工质量、安装维修质量不佳造成。

(2)间歇性泄漏:运转或使用一段时间后才发生的泄漏,时漏时停。

(3)突发性泄漏:突然产生的泄漏,危害性很大。往往是由于误操作、超温超压、疲劳破坏和腐蚀等因素所致。

3.按泄漏机理分类

可分为界面泄漏、渗透泄漏、破坏性泄漏三种。破坏性泄漏危险性最大。

(1)界面泄漏:在密封件(垫片、填料)表面和与其接触件的表面之间产生的一种泄漏。

(2)渗透泄漏:介质通过密封件(垫片、填料)本体毛细管渗透出来,这种泄漏发生在致密性较差的植物纤维、动物纤维和化学纤维等材料制成的密封件上。

(3)破坏性泄漏:密封件由于急剧磨损、变形、变质、失效等因素,使泄漏间隙增大而造成的一种危险性泄漏。

4.按泄漏密封部位分类

可分为静密封泄漏、动密封泄漏、关启件泄漏、本体泄漏。其中关启件泄漏最难治理,其次是动密封泄漏。

(1)静密封泄漏:无相对运动密封副间的一种泄漏,如法兰、螺纹、箱体、卷口等结合面的泄漏。相对比较好治理,可用带压密封技术处理。

(2)动密封泄漏:有相对运动密封副间的一种泄漏,如旋转轴与轴座间、往复杆与填料间、动环与静环间等动密封的泄漏。较难治理。

(3)关启件泄漏:关闭件(如阀瓣、闸板、球体、旋塞、滑块等)与关闭座(阀座、旋塞体等)间的一种泄漏。这种泄漏很难治理。

(4)本体泄漏:壳体、管壁、阀体等材料自身产生的一种泄漏,如砂眼、裂缝等缺陷的泄漏。

5.按泄漏危害分类

可分为不允许泄漏、允许微漏、允许泄漏。

(1)不允许泄漏:是指一种用感觉和一般方法检查不出密封部位有泄漏现象的特殊工况,如高易燃易爆、极度危害、放射性介质及非常重要的部位,是不允许泄漏的。

(2)允许微漏:是指允许介质微漏而不至于产生危害的后果。

(3)允许泄漏:是指一定场合下的水和空气类介质存在的泄漏。

6.按泄漏介质流向分类

可分为向外泄漏、向内泄漏、内部泄漏。内部泄漏最难治理。

(1)向外泄漏:介质从内部向外部空间传质的一种现象。

(2)向内泄漏:外部空间的物质向受压体内部传质的一种现象,如空气和液体渗入真空设备容器中。

(3)内部泄漏:密封系统内介质产生传质的一种现象,如阀门在密封系统中关闭后的泄漏。

7.按泄漏介质分类

可分为漏气、漏汽、漏水、漏油等。

泄漏产生的原因可分为纵向和横向两大类。如设计不良、制造不精、安装不正、操作不当、维修不周,可谓纵向原因。如受压系统内外压差、结合面间隙大小、密封结构形式、密封材料性能不同、介质性能(黏度、腐蚀性、浸润性、辐射性、导热性及介质分子大小等)优劣、内外温度高低及变化、轴与孔偏心距、旋转的线速度、往复次数、润滑状态好坏、震动和冲击的大小等因素的影响可谓横向原因。

(二)泄漏控制技术

泄漏控制技术是指通过控制危险化学品的泄放和渗漏,从根本上消除危险化学品的进一步扩散和流淌的措施和方法。泄漏控制技术应树立“处置泄漏,堵为先”的原则。当危险化学品泄漏时,如果能够采用带压密封技术来消除泄漏,那么就可降低甚至省略事故现场抢险中的隔离、疏散、现场洗消、火灾控制和废弃物处理等环节。

1.关阀制漏法

管道发生泄漏,泄漏点如处在阀门之后且阀门尚未损坏,可采取关闭输送物料管道阀门、断绝物料源的措施,制止泄漏。但在关闭管道阀门时,必须设开花或喷雾水枪掩护。

如果泄漏部位上游有可以关闭的阀门,应首先关闭该阀门,如关掉一个阀门还不可靠时,可再关一个处于此阀上游的阀门,泄漏自然会消除;如果反应器、换热容器发生泄漏,应考虑关闭进料阀。通过关闭有关阀门、停止作业或通过采取改变工艺流程、物料走副线、局部停车、打循环、减负荷运行等方法控制泄漏源。若泄漏点位于阀门上游,即属于阀前泄漏,这时应根据气象情况,从上风方向逼近泄漏点,实施带压堵漏。

2.带压堵漏(带压密封技术)

管道、阀门或容器壁发生泄漏,且泄漏点处在阀门以前或阀门损坏,不能关阀止漏时,可使用各种针对性的堵漏器具和方法实施封堵泄漏口,控制泄漏。可以选用的常用堵漏方法有以下几种。

(1)调整消漏法。采用调整操作,调节密封件预紧力或调整零件间相对位置,是一种无须封堵的消除泄漏的方法。

(2)机械堵漏法。

①支撑法。在管道外边设置支持架,借助工具和密封垫堵住泄漏处的方法,称为支撑法。这种方法适用于较大管道的堵漏,是因无法在本体上固定而采用的一种方法。

②顶压法。在管道上固定一螺杆直接或间接堵住设备和管道上泄漏处的方法,称为顶压法。这种方法适用于中低压管道上的砂眼、小洞等漏点的堵漏。

③卡箍法。用卡箍(卡子)将密封垫卡死在泄漏处而达到治漏的方法,称为卡箍法。

④压盖法。用螺栓将密封垫和压盖紧压在孔洞内面或外面达到治漏的一种方法,称为压盖法。这种方法适用于低压、便于操作管道的堵漏。

⑤打包法。用金属密闭腔包住泄漏处,内填充密封填料或在连接处垫有密封垫的方法,称为打包法。

⑥上罩法。用金属罩子盖住泄漏而达到堵漏的方法,称为上罩法。

⑦胀紧法。堵漏工具随流体入管道内,在内漏部位自动胀大堵住泄漏的方法,称为胀紧法。这种方法较复杂,并配有自动控制机构,用于地下管道或一些难以从外面堵漏的场合。

⑧加紧法。液压操纵加紧器夹持泄漏处,使其产生变形而致密,或使密封垫紧贴泄漏处而达到治漏的一种方法,称为加紧法。这种方法适用于螺纹连接处、管接头和管道其他部位的堵漏。

(3)塞孔堵漏法。采用挤瘪、堵塞的简单方法直接固定在泄漏孔洞内,从而达到止漏的一种方法。这种方法实际上是一种简单的机械堵漏法,它特别适用于砂眼和小孔等缺陷的堵漏上。

①捻缝法。用冲子挤压泄漏点周围金属本体而堵住泄漏的方法，称为捻缝法。这种方法适用于合金钢、碳素钢及碳素钢焊缝。不适合于铸铁、合金钢焊缝等硬脆材料以及腐蚀严重而壁薄的本体。

②塞楔法。用韧性大的金属、木头、塑料等材料制成的圆锥体楔或扁楔敲入泄漏的孔洞里而止漏的方法，称为塞楔法。这种方法适用于压力不高的泄漏部位的堵漏。

③螺塞法。在泄漏的孔洞里钻孔攻丝，然后上紧螺塞和密封垫治漏的方法，称为螺塞法。这种方法适用于本体积厚而孔洞较大的部位的堵漏。

(4)焊补堵漏法。焊补方法是直接或间接地把泄漏处堵住的一种方法。这种方法适用于焊接性能好、介质温度较高的管道，不适用于易燃易爆的场合。

①直焊法。用焊条直接填焊在泄漏处而治漏的方法，称为直焊法。这种方法主要适用于低压管道的堵漏。

②间焊法。焊缝不直接参与堵漏，而只起着固定压盖和密封件作用的一种方法，称为间焊法。间焊法适用于压力较大、泄漏面广、腐蚀性强、壁薄刚性小等部位的堵漏。

③焊包法。把泄漏处包焊在金属腔内而达到治漏的一种方法，称为焊包法。这种方法主要适用于法兰、螺纹处，以及阀门和管道部位的堵漏。

④焊罩法。用罩体金属盖在泄漏部位上，采用焊接固定后得以治漏的方法。适用于较大缺陷的堵漏部位。如果必要，可在罩上设置引流装置。

⑤逆焊法。利用焊缝收缩的原理，将泄漏裂缝分段逆向逐一焊补，使其裂缝收缩不漏有利焊道形成的堵漏方法，简称逆焊法，也叫作分段逆向焊法。这种方法适用于低中压管道的堵漏。

(5)粘补堵漏法。利用胶黏剂直接或间接堵住管道上泄漏处的方法。这种方法适用于不宜动火以及其他方法难以堵漏的部位。胶黏剂堵漏的温度和压力与它的性能、填料及固定形式等因素有关，一般耐温性能较差。

①粘堵法。用胶黏剂直接填补泄漏处或涂敷在螺纹处进行黏接堵漏的方法，称为粘堵法。这种方法适用于压力不高或真空管道上的堵漏。

②粘贴法。用胶黏剂涂敷的膜、带和薄软板压贴在泄漏部位而治漏的方法，称为粘贴法。这种方法适用于真空管道和压力很低的部位的堵漏。

③粘压法。用顶、压等方法把零件、板料、钉类、楔塞与胶黏剂堵住泄漏处，或让胶黏剂固化后拆卸顶压工具的堵漏方法。这种方法适用于各种粘堵部位，其应用范围受到温度和固化时间的限制。

④缠绕法。用胶黏剂涂敷在泄漏部位和缠绕带上而堵住泄漏的方法，称为缠绕法。此方法可用钢带、铁丝加强。它适用于管道的堵漏，特别是松散组织、腐蚀严重的部位。

(6)胶堵密封法。使用密封胶(广义)堵在泄漏处而形成一层新的密封层的方法。这种方法效果有限，适用面广，可用于管道的内外堵漏，适用于高压高温、易燃易爆部位。

①渗透法。用稀释的密封胶液混入介质中或涂敷表面，借用介质压力或外加压力将其渗透到泄漏部位，达到阻漏效果的方法，称为渗透法。这种方法适用于砂眼、松散组织、夹碴、裂缝等部位的内处堵漏。

②内涂法。将密封机构放入管内移动，能自动地向漏处射出密封剂，称为内涂法。这种方法复杂，适用于地下、水下管道等难以从外面堵漏的部位。因为是内涂，所以效果较好，

无须夹具。

③外涂法。用厌氧密封胶、液体密封胶外涂在缝隙、螺纹、孔洞处密封而止漏的方法，称为外涂法。也可用螺帽、玻璃纤维布等物固定，适用于在压力不高的场合或真空管道的堵漏。

④强注法。在泄漏处预制密封腔或泄漏处本身具备密封腔，将密封胶料强力注入密封腔内，并迅速固化成新的填料而堵住泄漏部位的方法，称为强注法。此方法适用于难以堵漏的高压高温、易燃易爆等部位。

(7)改道法(改换密封法)。在管道或设备上用接管机带压接出一段新管线代替泄漏的、腐蚀严重的、堵塞的旧管线，这种方法称为改道法。此法多用于低压管道。

(8)其他堵漏法。

①磁压法。利用磁钢的磁力将置于泄漏处的密封胶、胶黏剂、垫片压紧而堵漏的方法，称为磁压法。这种方法适用于表面平坦、压力不大的砂眼、夹碴、松散组织等部位的堵漏。

②冷冻法。在泄漏处适当降低温度，致使泄漏处内外的介质冻结成固体而堵住泄漏的方法，称为冷冻法。这种方法适用于低压状态下的水溶液以及油介质。

③凝固法。利用压入管道中某些物质或利用介质本身，从泄漏处漏出后，遇到空气或某些物质即能凝固而堵住泄漏的一种方法，称为凝固法。某些热介质泄漏后析出晶体或成固体能起到堵漏的作用，同属凝固法的范畴。这种方法适用于低压介质的泄漏。如适当制作收集泄漏介质的密封腔，效果会更好。

(9)综合治漏法。综合以上各种方法，根据工况条件、加工能力、现场情况、合理地组合上述两种或多种堵漏方法，这称作综合性治漏法。如先塞楔子，后黏接，最后由机械固定；先焊固定架，后用密封胶，最后机械顶压等。

3.倒罐

当采用上述关阀断料、堵漏封口(带压密封技术)等堵漏方法不能制止储罐、容器或装置泄漏时，可采取疏导的方法通过输送设备和管道将泄漏内部的液体倒入其他容器、储罐中，以控制泄漏量和配合其他处置措施的实施。常用的倒罐方法有 4 种：压缩机倒罐、烃泵倒罐、压缩气体倒罐、静压差倒罐。

(1)压缩机倒罐。利用压缩机倒罐就是将两装置液相管相接通，事故装置的气相管接到压缩机出口管路上，将安全装置的气相管路接到压缩机的入口管路上，用压缩机来抽吸安全装置的气相压力，经压缩送入事故装置，这样在两装置之间压力差的作用下，将泄漏液体由事故装置倒入安全装置。

该方法的优点：效率高，速度快。缺点：压力的增大会增加事故罐的泄漏量；在寒冷地区，液化石油气的饱和蒸汽压可降到 0.05—0.2MPa 左右，且储罐内的液化石油气单位时间内的气体量较少，很容易造成气化量满足不了压缩机吸入量的要求，使压缩机无法工作，需要附加加热增压设备来提高储罐内压力使压缩机倒罐正常进行。

注意事项：①事故装置与安全装置间的压力差应保持在 0.2—0.3MPa 范围内，为加快倒罐作业，可同时启动两台压缩机；②应密切注意事故装置的压力及液面变化，不宜使事故装置的压力过低，一般应保持在 147—196kPa，以免空气渗入，在装置内形成爆炸性混合气体；③在开机前应用惰性气体对压缩机气缸及管路中的空气进行置换。

(2)烃泵倒罐。该方法是将两装置的气相管相连通，事故装置的出液管接在烃泵的入口，安全装置的进液管接在烃泵的出口，将液态的液化石油气由事故装置导入安全装置。

该方法的优点:工艺流程简单,操作方便,能耗小。缺点:必须保持烃泵入口管路上有一定的静压头,以免液态石油气发生气化。事故装置内的压力及液位差应使烃泵能被液化石油气气体充满。这就使得该方法受到一定的限制,如颠覆于低洼地带的液化石油气槽车,就无法保证静压头。当事故装置内压力低于0.75MPa时,就必须与压缩机联用,提高事故装置内气相压力,以保证入口管路上足够的静压头。

注意事项:①烃泵的入口管路长度不应大于5m,且呈水平略有下倾地与泵体连接,以保证入口管路有足够的静压头,避免发生气阻和抽空;②液化石油气液相管道上任何一点的温度不得高于相应管道内饱和压力下的饱和温度,以防止液化石油气在管道内产生气体沸腾现象,造成"气塞",使烃泵空转;③气、液相软管接通后,应先排净管内空气,并防止空气进入管路系统。软管拆卸时应先泄压,避免造成事故;④根据事故装置的具体情况,确定适合型号的烃泵,以保证烃泵的扬程能满足液体输送压力、高度及管路阻力的要求。

(3)压缩气体倒罐。压缩气体倒罐就是将甲烷、氮气、二氧化碳等压缩气体或其他与液化石油气混合后不会引起爆炸的不凝、不溶的高压惰性气体送入准备倒罐的事故装置中,使其与安全装置间产生一定的压差,从而将液化石油气从事故装置中导入安全装置中。

该方法的优点:工艺流程简单,操作方便。缺点:液化石油气损失较大。

注意事项:①压缩气瓶的压力导入事故装置前应减压,进入容器的压缩气体压力应低于容器的设计压力;②压缩气瓶出口的压力一般控制在比事故装置内液化石油气饱和蒸汽压高1—2MPa范围内。

(4)静压差倒罐。静压差倒罐的原理是将事故装置和安全装置的气、液相管相连通,利用两容器间的位置高低之差产生的静压差,使液化石油气从事故装置中导入安全装置中。

该方法的优点:工艺流程简单,操作方便。缺点:速度慢,两容器间容易达到压力平衡,倒罐不完全。

注意事项:必须保证两装置间有足够的位置高度差才能采用此方法倒罐,一般在两装置温度差别不大(两者饱和蒸气压近似)时,两装置间高度差不应小于15—20m。

4.转移

如果储罐、容器、管道内的液体泄漏严重而又无法堵漏或倒罐时,应及时将事故装置转移到安全地点处置,尽可能减少泄漏的量。首先应在事故点周围的安全区域修建围堤或处置地,然后将事故装置及内部的液体导入围堤或处置地内,再根据泄漏液体的性质采用相应的处置方法。

对油罐车的处理要加强保护。在吊起油罐车时,一定要与吊车司机紧密配合,用水枪冲击钢丝绳与车体的摩擦部位,防止打出火花,用泡沫覆盖车体的其他部位。在油罐事故车拖离现场时,用泡沫对油罐车进行覆盖,并派消防车跟随,防止托运中发生问题。

5.点燃

当无法有效地实施堵漏或倒罐处置时,可采取点燃措施使泄漏出的可燃性气体或挥发性的可燃液体在外来引火物的作用下形成稳定燃烧,控制其泄漏,减低或消除泄漏毒气的毒害程度和范围,避免易燃和有毒气体扩散后达到爆炸极限而引发燃烧爆炸事故。

点燃之前,要做好充分的准备工作,撤离无关人员,担任掩护和冷却等任务的人员要到达指定位置,检测泄漏点周围已无高浓度可燃气体后;点火时,处置人员应在上风向,穿好避火服,使用安全的点火工具操作,如点火棒(长杆)、电打火器等。

(三)泄漏物处置技术

泄漏物处置技术是指采取筑堤围堵与挖掘沟槽、稀释与覆盖、收容(集)、固化、低温冷却、废弃等方法及时对现场泄漏物进行处理,使泄漏物得到安全可靠的处置,防止二次事故的发生。

1.围堤堵截和挖掘沟槽

修筑围堤是控制陆地上的液体泄漏物最常用的收容方法。常用的围堤有环形、直线形、V形等。通常根据泄漏物流动情况修筑围堤拦截泄漏物。如果泄漏发生在平地上,则在泄漏点的周围修筑环形堤。如果泄漏发生在斜坡上,则在泄漏物流动的下方修筑V形堤。储罐区发生液体泄漏时,要及时关闭雨水阀,防止物料沿明沟外流。对于无法移动装置的泄漏,则在事故装置周围修筑围堤或修建处置池。

挖掘沟槽也是控制陆地上液体泄漏物的常用收容方法。通常根据泄漏物的流动情况挖掘沟槽收容泄漏物。如果泄漏物沿一个方向流动,则在其流动的下方挖掘沟槽。如果泄漏物是四散而流,则在泄漏点周围挖掘环形沟槽。

修围堤堵截和挖掘沟槽收容泄漏物的关键除了它们本身的特性外,就是确定围堤堵截和挖掘沟槽的地点。这个点既要离泄漏点足够远,保证有足够的时间在泄漏物到达前修挖好,又要避免离泄漏点太远,使污染区域扩大,带来更大的损失。如果泄漏物是易燃物,操作时要特别小心,避免发生火灾。

2.稀释与覆盖

为减少大气污染,通常是采用水枪或消防水带向有害物蒸汽云喷射雾状水,加速气体向高空扩散,使其在安全地带扩散。在使用这一技术时,将产生大量的被污染水,因此应疏通污水排放系统。

对于可燃物,也可以在现场施放大量水蒸气或氮气,破坏燃烧条件。对于液体泄漏,为降低物料向大气中的蒸发速度,可用泡沫或其他覆盖物品覆盖外泄的物料,在其表面形成覆盖层,抑制其蒸发,降低泄漏物对大气的危害和泄漏物的燃烧性。

泡沫覆盖必须和其他的收容措施如围堤、沟槽等配合使用。通常泡沫覆盖只适用于陆地泄漏物。选用的泡沫必须与泄漏物相容。实际应用时,要根据泄漏物的特性选择合适的泡沫。常用的普通泡沫只适用于无极性和基本上呈中性的物质;对于低沸点,与水发生反应,具有强腐蚀性、放射性或爆炸性的物质,只能使用专用泡沫;对于极性物质,只能使用属于硅酸盐类的抗醇泡沫;用纯柠檬果胶配制的果胶泡沫对许多有极性和无极性的化合物均有效。对于所有类型的泡沫,使用时建议每隔30—60min再覆盖一次,以便有效地抑制泄漏物的挥发。如果需要,这个过程可能一直持续到泄漏物处理完。

3.收容(集)

对于大量液体泄漏,可选择用隔膜泵将泄漏出的物料抽入容器内或槽车内,再进行其他处理。当泄漏量小时,可用沙子、吸附材料、中和材料等吸收中和。

所有的陆地泄漏和某些有机物的水中泄漏都可用吸附法处理。吸附法处理泄漏物的关键是选择合适的吸附剂。常用的吸附剂有:活性炭、天然有机吸附剂、天然无机吸附剂、合成吸附剂。

中和,即酸和碱的相互反应。反应产物是水和盐,有时是二氧化碳气体。现场应用中和法要求最终 pH 值控制在 6—9，反应期间必须监测 pH 值变化。只有酸性有害物和碱性有害物才能用中和法处理。对于泄入水体的酸、碱或泄入水体后能生成酸、碱的物质，也可考虑用中和法处理。对于陆地泄漏物，如果反应能控制，常常用强酸、强碱中和，这样比较经济；对于水体泄漏物，建议使用弱酸、弱碱中和。

常用的弱酸有醋酸、磷酸二氢钠，有时可用气态二氧化碳。磷酸二氢钠几乎能用于所有的碱泄漏，当氨泄入水中时，可以用气态二氧化碳处理。

常用的强碱有碳酸氢钠水溶液、碳酸钠水溶液、氢氧化钠水溶液。这些物质也可用来中和泄漏的氯。有时也用石灰、固体碳酸钠、苏打灰中和酸性泄漏物。常用的弱碱有碳酸氢钠、碳酸钠和碳酸钙。碳酸氢钠是缓冲盐，即使过量，反应后的 pH 值也只是 8.3。碳酸钠溶于水后，碱性和氢氧化钠一样强，若过量，pH 值可达到 1.4。碳酸钙与酸的反应速度虽然比钠盐慢，但因其不向环境加入任何毒性元素，反应后的最终 pH 值总是低于 9.4 而被广泛采用。

对于水体泄漏物，如果中和过程中可能产生金属离子，必须用沉淀剂清除。中和反应常常是剧烈的，由于放热和生成气体会产生沸腾和飞溅，所以应急人员必须穿防酸碱工作服、戴防烟雾呼吸器。可以通过降低反应温度和稀释反应物来控制飞溅。

如果非常弱的酸和非常弱的碱泄入水体，pH 值能维持在 6—9，建议不使用中和法处理。

现场使用中和法处理泄漏物受下列因素限制：泄漏物的量、中和反应的剧烈程度、反应生成潜在有毒气体的可能性、溶液的最终 pH 值能否控制在要求范围内。

4.固化

通过加入能与泄漏物发生化学反应的固化剂或稳定剂使泄漏物转化成稳定形式，以便于处理、运输和处置。有的泄漏物变成稳定形式后，由原来的有害变成了无害，可原地堆放不需进一步处理；有的泄漏物变成稳定形式后仍然有害，必须运至废物处理场所进一步处理或在专用废弃场所掩埋。常用的固化剂有水泥、凝胶、石灰。

水泥固化：通常使用普通硅酸盐水泥固化泄漏物。对于含高浓度重金属的场合，使用水泥固化非常有效。许多化合物会干扰固化过程，如锰、锡、铜和铅等的可溶性盐类会延长凝固时间，并大大降低其物理强度，特别是高浓度硫酸盐对水泥有不利的影响，有高浓度硫酸盐存在的场合一般使用低铝水泥。酸性泄漏物固化前应先中和，避免浪费更多的水泥。相对不溶的金属氢氧化物，固化前必须防止溶性金属从固体产物中析出。

凝胶固化：凝胶是由亲液溶胶和某些增液溶胶通过胶凝作用而形成的冻状物，没有流动性。可以使泄漏物形成固体凝胶体。形成的凝胶体仍是有害物，需进一步处置。选择凝胶时，最重要的问题是凝胶必须与泄漏物相容。

石灰固化：使用石灰作为固化剂时，加入石灰的同时需加入适量的细粒硬凝性材料如粉煤灰、研碎了的高炉炉渣或水泥窑灰等。

5.低温冷却

低温冷却是将冷冻剂散布于整个泄漏物的表面上，减少有害泄漏物的挥发。在许多情况下，冷冻剂不仅能降低有害泄漏物的蒸汽压，而且能通过冷冻将泄漏物固定住。影响低温冷却效果的因素有：冷冻剂的供应、泄漏物的物理特性及环境因素。

冷冻剂的供应将直接影响冷却效果。喷撒出的冷冻剂不可避免地要向可能的扩散区域分散，并且速度很快。整体挥发速率的降低与冷却效果成正比。泄漏物的物理特性如当时温度下泄漏物的黏度、蒸汽压及挥发率，对冷却效果的影响与其他影响因素相比很小，通常可以忽略不计。环境因素如雨、风、洪水等将干扰、破坏形成的惰性气体膜，严重影响冷却效果。

常用的冷冻剂有二氧化碳、液氮和冰。选用何种冷冻剂取决于冷冻剂对泄漏物的冷却效果和环境因素。应用低温冷却时必须考虑冷冻剂对随后采取的处理措施的影响。

6.废弃

将收集的泄漏物运至废物处理场所处置。用消防水冲洗剩下的少量物料，冲洗水排入污水系统处理或收集后委托有条件的单位处理。

第二节 事故现场急救方法和技术

当事故发生了，即便拥有健全的救援网络和快捷的急救运输，但在事故现场缺医少药的情况下，只有受到事故危害的人员自身采取正确的自救以及第一目击者在现场采取正确的急救措施，才可能有效减少伤害把伤病员从死亡线上拉回来。因此普及“自救急救”常识是非常必要的，它是保障人们生命安全的最好的必要防线之一。

一、事故现场自救方法

事故现场自救是指发生事故后，事故单位实施的救援行动以及在事故现场受到事故危害的人员自身采取的保护防御行为。自救是事故现场急救工作最基本最广泛的救援形式。

(一)事故现场自救的基本原则

自救行为的主体是企业及职工本身。由于他们对现场情况最熟悉、反应速度最快，发挥救援的作用最大，事故现场急救工作往往通过自救行为能得到控制或解决。

非抢险人员应当遵循“安全第一，主动、迅速、镇定、向外、离开事故现场”的基本原则。自救是为了保全性命，所以应当选择比较安全的方法，尽快离开事故现场。在选择相应的逃生方法时，哪一种安全系数大就选择哪一种。

在自救的过程中，主动比被动好，要采取积极的态度，不要错失良机。如果选择安全逃生，必须要速度快，迅速比迟缓好。事故的发展速度往往相当快，所以一定要行动敏捷。

自救过程中还要镇定，不慌不乱，树立坚定的求生欲望。向外逃生要比向里好，这样安全系数要高一些。

(二)事故现场自救的基本方法

1.要保持良好的心态

在事故突然发生的异常情况下，特别是火灾发生时烟气及火的出现，多数人心理恐慌，这是最致命的弱点，保持冷静的头脑对防止惨剧的发生是至关重要的。如在以往的火灾中，有些人因盲目逃生，跳楼、惊慌失措找不到疏散通道和安全出口等，失去逃生时机而死亡。在发生事故时，保持心理稳定是逃生的前提，若能临危不乱，先观察事故发展态势，再决定逃生方式，运用学到的避免常识和人类的聪明才智就会化险为夷，把灾难损失降到最低程度。

2.利用疏散通道和安全出口自救逃生

发生事故时，不要惊慌失措，应及时向疏散通道和安全出口方向逃生，疏散时要听从工作人员的疏导和指挥，分流疏散，避免争先逃生，朝一个出口拥挤，堵塞出口。盲目逃生，往往欲速则不达。

3.自制器材逃生

发生火灾等事故时,要学会利用现场一切可以利用的物质逃生,要学会随机应用,如将毛巾、口罩用水浇湿当成防烟工具捂住口、鼻;把被褥、窗帘用水浇湿后,堵住门口阻止火势蔓延;利用绳索或布匹、床单、地毯、窗帘结绳自救。

4.寻找避难所逃生

在无路可逃的情况下,应积极寻找避难处所,如到阳台、楼层平顶等待救援;选择火势、烟雾难以蔓延的房间,如厕所、保安室等;关好门窗,堵塞间隙,房间如有水源要立即将门窗和各种可燃物浇湿,以阻止或减缓火势和烟雾的蔓延速度。无论白天或者夜晚,被困者都应大声呼救,不断发出各种呼救信号以引起救援人员的注意,帮助自已脱离险境。

5.在逃生过程中要防止中毒

火灾发生后,往往会产生大量有毒气体。在逃生过程中应用水浇湿毛巾或衣服捂住口鼻,采用低姿行走,以减小烟气的伤害。匍匐爬行是避免毒气伤害最科学的逃生方法。火灾中如果站着走,走不了多远便会窒息。

(三)火灾事故自救方法

1.绳索自救法

家中有绳索的,可直接将其一端拴在门、窗档或重物上,沿另一端爬下。在此过程中,脚要呈绞状夹紧绳子,双手交替往下爬,并尽量采用手套、毛巾将手保护好。

2.匍匐前进法

由于火灾发生时烟气大多聚集在上部空间,因此在逃生过程中应尽量将身体贴近地面匍匐或弯腰前进。

3.毛巾捂鼻法

火灾烟气具有温度高、毒性大的特点,一旦吸入后很容易引起呼吸系统烫伤或中毒,因此疏散中应用湿毛巾捂住口鼻,以起到降温及过滤的作用。

4.棉被护身法

用浸泡过的棉被或毛毯、棉大衣盖在身上,确定逃生路线后用最快的速度钻过火场并冲到安全区域。如果身上的衣物不慎起火,应迅速将衣服脱下或撕下,或就地滚翻将火压灭。千万不能身穿着火的衣服跑动。如果有水可迅速用水浇灭,但人体被火烧伤时一定不能用水浇以防感染。

5.毛毯隔火法

将毛毯等织物钉或夹在门上,并不断往上浇水冷却,以防止外部火焰及烟气侵入,从而达到抑制火势蔓延速度、增加逃生时间的目的。

6.被单拧结法

把床单、被罩或窗帘等撕成条或拧成麻花状,按绳索逃生的方式沿外墙爬下。

7.跳楼求生法

火场切勿轻易跳楼!在万不得已的情况下,住在低楼层的居民可采取跳楼的方法进行逃生。但要选择较低的地面作为落脚点,并将席梦思床垫、沙发垫、厚棉被等抛下做缓冲物。

8.管线下滑法

当建筑物外墙或阳台边上有落水管、电线杆、避雷针引线等竖直管线时，可借助其下滑至地面，同时应注意一次下滑时人数不宜过多，以防止逃生途中因管线损坏而致人坠落。

9.竹竿插地法

将结实的晾衣竿直接从阳台或窗台斜插到室外地面或下一层平台，两头固定好以后顺竿滑下。

10.攀爬避火法

通过攀爬阳台、窗口的外沿及建筑周围的脚手架、雨棚等突出物以躲避火势。

11.楼梯转移法

当火势自下而上迅速蔓延并将楼梯封死时，住在上部楼层的居民可通过老虎窗、天窗等迅速爬到屋顶，转移到另一家或另一单元的楼梯进行疏散。

12.卫生间避难法

当实在无路可逃时，可利用卫生间进行避难，用毛巾紧塞门缝，把水泼在地上降温，也可躺在放满水的浴缸里躲避。但千万不要钻到床底、阁楼、大橱等处避难，因为这些地方可燃物多，且容易聚集烟气。

13.火场求救法

发生火灾时，可在窗口、阳台或屋顶处向外大声呼叫、敲击金属物品或投掷软物品，白天应挥动鲜艳布条发出求救信号，晚上可挥动手电筒或白布条引起救援人员的注意。

14.逆风疏散法

应根据火灾发生时的风向来确定疏散方向，迅速逃到火场上风处躲避火焰和烟气。

15.“搭桥”逃生法

可在阳台、窗台、屋顶平台处用木板、竹竿等较坚固的物体搭在相邻建筑上，以此作为跳板过渡到相对安全的区域。

二、事故现场急救

事故现场急救是指发生事故时，在医护人员或救护车未到达前，利用现场的人力、物力，对事故现场的伤员实施及时、有效的初步救助或救护所采取的一切医学救援行动和措施。化学事故现场会出现不同程度的人员烧伤、中毒、化学品致伤和复合伤等伤害。事故发生后的几分钟、十几分钟是抢救危重伤员的最重要时刻，医学上称之为“救命的黄金时刻”。

（一）事故现场急救概述

1.现场急救的目的和意义

(1)挽救生命。通过及时有效的抢救措施，如对心跳呼吸停止的病人进行心肺复苏以达到挽救生命的目的。

(2)减少伤残。当发生危险化学品事故特别是重大或灾害性事故时，不仅可能出现群体性化学中毒、化学烧伤，往往还可能发生各类外伤及复合伤，诱发潜在的疾病或原来某些疾病恶化，现场急救时正确地对伤病员继续冲洗、包扎、复位、固定、搬运及其他相应处理可以大大降低伤残率。

(3)稳定病情。在现场对伤病员进行对症、支持及相应的特殊治疗与处置，以使病情稳定，为进一步的抢救治疗打好基础。

(4)减轻痛苦。通过一般及特殊的急救和护理达到稳定伤病员情绪、减轻病人痛苦的目的。

事故现场抢救的关键就是两个字:“抢”和“救”。“抢”是抢时间,时间就是生命。“救”就是现场急救,对伤病员的救援措施和手段要正确,表现出精良的技术水准和随机应变的工作能力。

2.现场急救的基本原则

事故现场急救,必须遵循“先救人、后救物,先救命、后治疗,先危重、后较轻”和“争分夺秒,防救兼顾”的原则,同时还应注意以下几点。

(1)救护者应做好个人防护。事故发生后,毒烟会经呼吸系统和皮肤侵入人体。因此,救护者必须摸清毒烟的种类、性质和毒性,在进入毒区抢救之前,首先要做好个体防护,选择并正确佩戴好合适的防毒面具和防护服。

(2)切断毒物来源。救护人员在进入事故现场后,应迅速采取果断措施切断毒物的来源,防止毒物继续外逸。对已经逸散出来的有毒气体或蒸气,应立即采取措施降低其在空气中的浓度,为进一步开展抢救工作创造有利条件。

(3)迅速将中毒者(伤员)移离危险区。迅速将中毒者(伤员)转移至空气清新的安全地带。在搬运过程中要沉着、冷静,不要强抢硬拉,防止造成骨折。如已有骨折或外伤,则要注意包扎和固定。

(4)采取正确的方法,对患者进行紧急救护。把患者从现场中抢救出来后,不要慌里慌张地急于打电话叫救护车,应先松解患者的衣扣和腰带,维护呼吸道畅通,注意保暖;去除患者身上的毒物,防止毒物继续侵入人体。对患者的病情进行初步检查,重点检查患者是否有意识障碍、呼吸和心跳是否停止,然后检查有无出血、骨折等。根据患者的具体情况,选用适当的方法,尽快开展现场急救。

(5)尽快将患者送就近医疗部门治疗。就医时一定要注意选择就近医疗部门,以争取抢救时间。但对于一氧化碳中毒者,应选择有高压氧舱的医院。

3.现场急救的注意事项

进行急救时,无论是伤病员还是救援人员都需要进行适当的防护。这一点非常重要!特别是把患者从严重污染的场所救出时,救援人员必须加以预防,避免成为新的受害者。

要将受伤人员小心地从危险的环境转移到安全的地点,应至少 2—3 人为一组集体行动,以便互相监护照应,所用的救援器材必须是防爆的。

急救处理要程序化,可采取如下步骤:先除去伤病员污染衣物→然后冲洗→共性处理→个性处理→转送医院。要注意对伤员污染衣物的处理,防止发生继发性损害。

在危险化学品事故现场急救时,还需特别注意以下几个方面的事项。

(1)危险化学品事故造成的人员伤害具有突发性、群体性、特殊性和紧迫性特点,现场医务力量和急救的药品、器材相对不足,应合理使用有限的救护资源,在保证重点伤员得到有效救治的基础上,兼顾到一般伤员的处理。在急救方法上可采取对群体性伤员实行简易分类后的急救处理,即由经验丰富的医生负责对伤员的伤情进行综合评判,按轻、中、重简易分类,对分类后的伤员除了标上醒目的分类识别标志外,在急救措施上按照先重后轻的治疗原则,实行共性处理和个性处理相结合的救治方法。

(2)注意保护伤员的眼睛。

(3)对救治后的伤员实行一人一卡,将处理意见记录在卡上,并别在伤员胸前,以便做好交接,有利于伤员的转诊救治。

(4)合理调用救护车辆。在现场医疗急救过程中,常因伤员多造成车辆不够用,因此合理调用车辆迅速转送伤员也是一项重要的工作。在救护车辆不足的情况下,对危重伤员可以在医务人员的监护下,由监护型救护车护送,而中度伤员实行几个人合用一辆车,轻伤员可用公交车或卡车集体护送。

(5)合理选送医院。伤员转送过程中,实行就近转送医院的原则。但在医院的选配上,应根据伤员的人数和伤情,以及医院的医疗特点和救治能力,有针对性地合理调配,特别要注意避免危重伤员的多次转院。

(6)妥善处理好伤员的污染衣物。及时清除伤员身上的污染衣物,对清除下来的污染衣物集中妥善处理,防止发生继发性损害。

(7)统计工作。统计工作是现场医疗急救的一项重要内容,特别是在忙乱的急救现场,更应注意统计数据的准确性和可靠性,也为日后总结和分析积累可靠的数据。

(二)中毒和窒息的现场救治

1.迅速将患者救离现场

中毒往往发生急骤、病情严重,因此,必须全力以赴、分秒必争、及时抢救。中毒事件发生后,应迅速将污染区域内的所有人员转移至毒害源上风向的安全区域,以免毒物的进一步侵入。这是现场急救的一项重要措施,它关系到下一步的急救处理和控制病情的发展,有时还是抢救成功的关键。

(1)平地抢救。两人抬或一人背;有肺水肿的患者,最好是两人抬或用担架抬。

(2)由下而上的抢救方法(如在地沟、设备、储藏室、塔内发生中毒时)。用安全绳将患者往上吊,但应注意要有人保护,且在没有脱离危险区域之前应给患者戴上过滤式或隔离式防毒面具;抢救人员须戴上空气(氧气)呼吸器并捆扎安全绳,如遇酸碱容器,救护人员还应穿戴好防酸碱护具,上边的救护人员应站在固定好的支架上,以防滑倒;上下过程应预先设好信号进行联系。

(3)由上而下的抢救方法(如在高空管架和塔顶发生中毒时)。从走廊或爬梯上往下抬时,必须将患者的头部保护好,应采用脚在前头在后的方式;当用安全绳往下吊时,必须把安全绳悬挂在稳固的支架上,用布带固定患者防止摔落,下面要有人接应。

(4)现场医务人员要根据患者病情迅速将病员进行分类,做出相应的标志,以保证医护人员对危重伤员的救治;同时要加强对一般伤员的观察,定期给予必要的检查和处理,以免贻误救治时机。医务人员在进行现场救治时,要根据实际情况佩戴适当的个体防护装置。在现场要严格按照区域划分进行工作,不要到污染区域。

2.采取适当方法进行紧急救护

(1)迅速将患者移至空气新鲜处,松开衣领、紧身衣物、腰带及其他可妨碍呼吸的一切物品,取出口中假牙和异物,保持呼吸道畅通,有条件时给氧。注意保暖、静卧,若有呕吐则应侧卧,以防呕吐物吸入气管。同时,密切注意患者的病情变化,如有呼吸、心跳停止者,应立即在现场进行人工呼吸和胸外心脏挤压术,不要轻易放弃。但对氰化物等剧毒物质中毒者,不要进行口对口(鼻)人工呼吸。

(2)防止毒物继续吸收。皮肤接触强腐蚀性和易经皮肤吸收引起中毒的物质(脂溶性)时，应立即脱去污染的衣服(包括贴身内衣)鞋袜、手套，立即用大量流动清水或肥皂彻底清洗。清洗时，要注意头发、手足、指甲及皮肤皱褶处。冲洗时间不少于10—15min。忌用热水冲洗。但有一些遇水能发生化学反应的物质，如四氯化钛、石灰、电石等，则不能立即用水清洗，应先用布、纸或棉花将其去除后再用水清洗，以免加重损伤。此外，也可以用“中和剂”(弱酸性和弱碱性溶液)清洗。不要使用化学解毒剂。

眼睛受污染时，应用大量流动清水彻底冲洗。冲洗时应将眼睑提起，注意将结膜囊内的化学物质全部冲洗掉，同时要边冲洗边转动眼球。冲洗时间不少于15min。不要使用化学解毒剂。

吸入中毒患者，应立即送到空气新鲜处，安静休息，保持呼吸道通畅，必要时给予吸氧。呼吸能力减弱时，要马上进行人工呼吸。

口服中毒者，发生痉挛或昏迷时，非专业医务人员不可随便进行处理。除此以外的其他情形，则可采取下述方法处理。毫无疑问，进行应急处理的同时，要立刻找医生治疗，并告知其引起中毒的化学药品的种类、数量、中毒情况(包括吞食、吸入或沾到皮肤等)以及发生时间等有关情况。

①为了降低胃中药品的浓度，延缓毒物被人体吸收的速度并保护胃黏膜，可饮食下述任一种物品：牛奶、打溶的鸡蛋、面粉、淀粉、土豆泥的悬浮液以及水等。

②如果一时找不到上述物品，可于500mL蒸馏水中，加入约50g活性炭。用前再添加400mL蒸馏水，并把它充分摇动润湿，然后给患者分次少量吞服。一般10—15g活性炭，大约可吸收1g毒物。

③用手指或匙子的柄摩擦患者的喉头或舌根，使其呕吐，催吐要反复数次，直至呕吐物纯为饮入的清水为止。在催吐前给患者饮水500—600mL(空胃不易引吐)。食入石油产品或出现昏迷、抽搐、惊厥未控制前也不能催吐。

若用这个方法还不能催吐时，可在半酒杯水中，加入15mL吐根糖浆(催吐剂之一)，或在80mL热水中，溶解一茶匙食盐，给予饮服(但吞食酸、碱之类腐蚀性药品或烃类液体时，因有胃穿孔或胃中的食物一旦吐出而进入气管的危险，因而，遇到此类情况不可催吐)。绝大部分毒物于4h内，即从胃转移到肠。

④用毛巾之类东西，盖上患者身体进行保温，避免从外部升温取暖。

注：把两份活性炭、一份氧化镁和一份丹宁酸混合均匀而成的物品，称为万能解毒剂。用时可将2—3茶匙此药剂，加入一酒杯水做成糊状，即可服用。

(3)意识丧失者的处理。意识丧失的患者，要注意瞳孔、呼吸、脉搏及血压的变化，及时除去口腔异物，有抽搐发作时，要及时使用安定或苯巴比妥类止痉剂。

(4)特效解毒药物的应用。对某些有特效解毒药物的中毒，解毒治疗越早效果越好。如氰化物中毒后，应立即吸入亚硝酸异戊酯，同时静脉缓注3%的亚硝酸钠10—5mL；或用2mL4—DMAP肌内注射，随后用50%硫代硫酸钠20mL缓慢静脉注射。苯胺中毒要及早应用1%亚甲蓝，按1—2mg/kg体重，稀释后缓慢静脉注射。有机磷酸酯类中毒要及时应用阿托品和肟类解毒剂。

3.迅速将患者送往就近医疗部门做进一步检查和治疗

现场救援中,医务人员要尽快查清毒源,明确诊断,以利针对性处理。在病因一时不明的情况下,应根据临床表现,边抢救边对事件的原因进行查找,以免延误救治时机。治疗的要点是维持心脑肺功能,保护重要脏器,以及对症支持治疗。经现场初步抢救后,在医护人员的密切监护下,将患者转移到附近医院进行进一步的处理。在护送途中,应密切观察患者的呼吸、心跳、脉搏等生命体征,某些急救措施,如输氧、人工心肺复苏术等也不能中断。

第十章

案例与应急处置

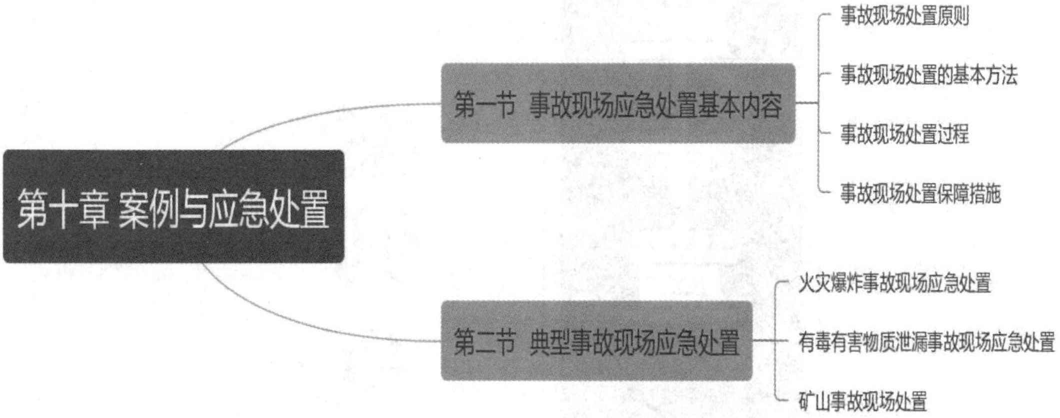
第十章 案例与应急处置
第一节 事故现场应急处置基本内容
事故现场处置原则
事故现场处置的基本方法
事故现场处置过程
事故现场处置保障措施
第二节 典型事故现场应急处置
火灾爆炸事故现场应急处置
有毒有害物质泄漏事故现场应急处置
矿山事故现场处置

第一节　事故现场应急处置基本内容

事故现场应急处置包括许多环节，对事故现场控制和安排是其中很重要的一个环节，由于这个环节工作内容复杂繁重，且现场控制与安排成功与否直接决定了整个事故应急处置的效率和质量。因此，科学合理地对事故现场处置不仅能大大降低事故造成的损失，也是国家和地区政府部门应急处置能力的重要体现。

对发生事故的现场进行处置，要把握好应该遵循的原则，选择科学的处置方法，严谨有序地进行现场应急处置，力争做到居民人身安全和公共财物不波及、事故受灾范围不扩大、事故灾害持续时间不延续。

所有事故都具有突发、紧急、较强危险性的特性，尤其是火灾爆炸类事故、有毒有害物质泄漏及中毒事故、矿山安全类事故。针对这类事故的现场处置主要体现在对事故现场的控制与安排上。

一、事故现场处置原则

(一)快速反应原则

灾害事故都会对公众生命和财产安全及正常社会秩序构成严重威胁，尤其是火灾、爆炸、有毒有害物质泄漏和矿山事故。这些灾害事故的突发特性导致了现场处置过程中对时间把握上的难度，任何延误都可能带来不可估量的损失和严重后果。因此，事故现场的处置必须把握快速反应的原则。

事故发生后，现场处置工作并没有固定模式，一方面要遵循事故处置的一般原则；另一方面也需要根据事故性质与所影响的范围灵活掌握、灵活处理。有的事故在爆发的瞬间就已结束，没有继续蔓延的条件，但大多数事故在救援和处置过程中可能还会继续蔓延扩大，如果处置不及时，很可能带来灾难性的后果以及引发其他事故。事故现场控制的作用，首先体现在防止事故继续蔓延扩大方面。因此，事故现场处置必须在第一时间作出反应，以最快的速度和最高的效率进行现场控制。由此可见，快速反应原则是事故应急处置中的首要原则。

(二)救助原则

事故发生后会产生数量和范围不确定的受害者。受害者的范围包括事故中的直接受害人、间接受到伤害的群体和个人.受害人所需要的救助往往是多方面的，一般体现在生理上、心理上和精神层面上。例如，火灾、爆炸和恐怖袭击等灾难性事故的现场往往会有大量的伤亡人员(直接受害人)，他们会在生理和心理上承受双重打击；同时，事故的幸存者和亲历者虽然没有明显的心理创伤，但也会产生各种各样的负面心理反应。因此，事故应急处置的部门和人员在进行现场控制的同时应立即展开对受害者的救助，及时抢救护送危重伤员、救援受困群众，妥善安置死亡人员、安抚在精神与心理上受到严重冲击的人。

（三）人员疏散原则

在大多数事故应急处置现场，把处于危险境地的受害者尽快疏散到安全地带，避免出现更大伤亡的灾难性后果，是一项极其重要的工作。在很多伤亡惨重的事故中，没有及时进行人员安全疏散是造成群死群伤的主要原因。

无论是自然灾害还是人为的事故，或者其他类型的事故，在决定是否疏散人员的过程中，需要考虑的因素一般有：

1.是否可能对群众的生命和健康造成危害，特别是要考虑是否存在潜在的危险性。

2.事故的危害范围是否会扩大或蔓延。

3.是否会对环境造成破坏性的影响。

（四）保护现场原则

按照一般的程序，事故应急处置工作结束之后，或在应急处置过程的适当时机，调查工作就需要介入，以分析事故的原因与性质，发现、收集有关证据，查清事故的责任者。现场处置工作中所采取的一切措施都要有利于日后对事故的调查。在实践中容易出现的问题是应急人员的注意力都集中在救助伤亡人员，或防止灾难的蔓延扩大上，而忽略了对现场与证据的保护，结果在事后发现其中有犯罪嫌疑需要收集证据时，现场已遭到破坏，给调查工作带来被动。因此，必须在进行现场处置的整个过程中，把保护现场作为原则贯彻始终。虽然对事故的应急处置与调查处理是不同的环节和过程，但在实际工作中没有明确的界限，不能把两者截然分开。

（五）保护应急参与人员安全原则

美国“9·11”事件的现场应急处置工作有很多值得总结的经验，但是同时也给人们留下了许多值得思考的问题。美国“9·11”事件300多名警察与消防人员牺牲，造成牺牲的原因很多，有现场指挥的失误，也有在紧急情况下信息不充分的问题。不过人们思考最多的一个问题是对于警察、消防人员与其他应急机构等经常参与安全危机事件的应急处置的人员来说，不必要的代价是否值得付出？在“9·11”事件之前，人们在价值观念上推崇那些为了人民群众的安全和利益不怕流血牺牲的人，在一些事故的应急现场，也会经常听到一些指挥决策人员发出“不惜任何代价要……”(包括应急参与人员的生命)之类的指令，结果造成更大的伤亡和损失。这种理念精神在某种情况之下是值得提倡和发扬的，但在应急过程中，如果没有科学的方法与态度，这种精神就可能成为一种盲目的、不负责任的冲动。从理性的角度考虑，在事故的应急处置中，应当明确的一个基本目标是保证所有人的安全，既包括受害人和潜在的受害人，也包括应急处置的参与人员，而且首先要保证应急参与人员的安全，不能为了执行一个不负责任的命令而牺牲无辜的应急人员的安全。事故现场的应急指挥人员在指导思想上也应当充分地权衡各种利弊得失，尽可能使现场的应急决策科学化与最优化，避免付出不必要的牺牲和代价。

二、事故现场处置的基本方法

在事故现场处置过程中，要做出一系列应急安排防止事故进一步蔓延扩大，使人员伤亡与财产损失降低到最低程度。但是由于事故发生时间、环境、地点不同，事故类型、影响范围和损坏程度都不尽相同，进而其现场处置方法也有区别。事故现场控制一般有以下方法：

（一）警戒线控制处置法

警戒线控制处置法是指由参加现场处置工作的人员对需要保护的重大或者特别重大的事故现场站岗警戒，防止非应急处置人员与其他无关人员随意进出现场，干扰应急处置工作正常进行的特别保护法。在重特大事故现场或其他相关场所，根据事故的性质、规模、特点等不同情况或需要，应安排公安机关的警察、保安人员或企业事业单位的保卫人员等应急参与人员实施警戒保护。对于范围较大的事故现场，应从其核心现场开始，向外设置多层警戒线。

事故现场设置警戒线的作用：一方面为了保证现场处置工作的顺利进行，使应急人员在心理上有种安全感，同时避免外来的未知因素对现场的安全构成威胁；另一方面为了避免现场可能存在的各种危险源危及周围无关人员的安全。警戒线的设置在范围上应坚持宜大不宜小的原则，在实践中，各国普遍的做法是设置两层以上的警戒线。

（二）区域控制处置法

在有些事故的应急处置过程中，可能点多面广，需要处置的问题比较多，处置工作必然存在优先安排的排序问题；也可能由于环境等因素的影响，需要对某些局部区域采取不同的控制措施，控制进入现场的人员数量。区域控制建立在现场概况的基础上，即在不破坏现场的前提下，在现场外围对整个事故发生环境进行总体观察，确定重点区域、重点地带、危险区域和危险地带。现场区域控制遵循的原则是：先重点区域，后一般区域；先危险区域，后安全区域；先外围区域，后中心区域。具体实施区域控制时，一般应在现场专业处置人员的指导下进行，由事发单位或事发地的公安机关指派专门人员具体实施。

（三）遮盖控制处置法

遮盖控制处置法实际上是保护现场与现场证据的一种方法。在事故处置现场，有些物证的时效性要求往往比较高，天气因素的变化可能会影响取证的真实性；有时由于现场比较复杂，破坏比较严重，再加上应急处置人员不足，不能立即对现场进行勘查、处置，因此需要用其他物品对重要现场、重要物证和重要区域进行遮盖，以利于后续工作的开展。遮盖物一般多采用干净的塑料布、帆布和草席等物品，起到防风、防雨、防日晒及防止无关人员随意触动的作用。应当注意的是，除非万不得已，一般尽量不要使用遮盖控制处置法，防止遮盖物沾染某些微量物证或检材，影响取证及后续的化学物理分析。

（四）以物围圈控制处置法

为了维持现场处置的正常秩序，防止现场重要物证被破坏及危害扩大，可以用其他物体对现场中心地带周围进行围圈。一般来讲，可以使用一些不污染环境、阻燃隔爆的物体。如果现场比较复杂，还可以采用分区域和分地段的方式进行。

(五)定位控制处置法

有些事故现场由于死伤人员较多,物体变动较大,物证分布范围较广,采取上述几种现场控制方法,可能会给事发地的正常生活和工作秩序带来一定的负面影响,这就需要对现场特定死伤人员、特定物体、特定物证、特定方位和特定建筑等采取定点标注的控制方法,使现场处置有关人员对整体事件现场能够一目了然,做到定量和定性相结合,有利于下一步工作的开展。定位控制一般可以根据现场大小和破坏程度等情况,首先按区域和方位对现场进行区域划分,可以有形划分,也可以无形划分,如长条形、矩形、圆形和螺旋形等形式。然后,每一划分区域指派若干现场处置人员,用色彩鲜艳的小旗对死伤人员、重要物体、重要物证和重要痕迹定点标注。最后,根据现场应急处置需要,在此基础上开展下一步的工作。这也是欧美国家在处置重大事故现场过程中常采用的一种方法。

三、事故现场处置过程

在事故抢险中,尽管由于发生事故的单位、地点、化学介质的不同,抢险程序会存在差异,但一般都是由接报、调集抢险力量、设点、询情、侦检、隔离、疏散、防护、现场急救、泄漏处置、现场洗消、火灾控制、撤点等步骤组成。其中事故现场处置一般按照设点、询情和侦检、隔离与疏散、防护、现场急救、泄漏处置、火灾控制、现场洗消和撤点的程序进行。

(一)现场设点

设点是指救援队伍进入事故现场,选择有利地形(地点)设置现场救援指挥部或救援、急救医疗点。

各救援点的位置选择关系到能否有序地开展救援和保护自身安全。救援指挥部、救援和医疗急救点的设置应考虑以下几项因素。

1.地点:应选在上风向的非污染区域,需注意不要远离事故现场,便于指挥和救援工作的实施。

2.位置:各救援队伍应尽可能在靠近现场救援指挥部的地方设点并随时保持与指挥部的联系。

3.路段:应选择交通路口,利于救援人员或转送伤员的车辆通行。

4.条件:指挥部、救援或医疗急救点,可设在室内或室外,应便于人员行动或伤员的抢救,同时要尽可能利用原有通信、水和电等资源,有利于救援工作的实施。

5.标志:指挥部、救援或医疗急救点,均应设置醒目的标志,方便救援人员和伤员识别。悬挂的旗帜应用轻质面料制作,以便救援人员随时掌握现场方向。

(二)询情和侦检

采取现场询问情况和现场侦检的方法,充分了解和掌握事故的具体情况、危害范围、潜在的险情(如爆炸、中毒等)。

侦检是危险物质事故抢险处置的首要环节。侦检是指利用检测仪器检测事故现场危险物质的浓度、强度及扩散、影响范围,并做好动态监测。根据事故情况的不同,可以派出若干侦察小组,对事故现场进行侦察,每个侦察小组至少应有两个人。

(三)隔离与疏散

1.建立警戒区域。事故发生后,应根据化学品泄漏扩散的情况或火焰热辐射所涉及的范围建立警戒区,并在通往事故现场的主干道上实行交通管制。

建立警戒区域时应注意以下几项。

警戒区域的边界应设警示标志,并有专人警戒;除消防、应急处理人员及必须坚守岗位的人员外,其他人员禁止进入警戒区;泄漏溢出的化学品为易燃品时,区域内应严禁火种。

2.紧急疏散。迅速将警戒区及污染区内与事故应急处理无关的人员撤离,以减少不必要的人员伤亡。紧急疏散时应注意以下事项:如事故物质有毒时,需要佩戴个体防护用品或采用简易有效的防护措施,并有相应的监护措施;应向侧上风方向转移,明确专人引导和护送疏散人员到安全区,并在疏散或撤离的路线上设立哨位,指明方向;不要在低洼处滞留;要查清是否有人留在污染区与着火区。

(四)防护

根据事故物质的毒性及划定的危险区域,确定相应的防护等级,并根据防护等级按标准配备相应的防护器具。

(五)现场急救

在事故现场,化学品对人体可能造成的伤害为:中毒、窒息、冻伤、化学灼伤、烧伤等。进行急救时,无论是患者还是救援人员都需要进行适当的防护。

(六)泄漏处置

危险物质泄漏后,不仅污染环境,对人体造成伤害,如遇可燃物质,还有引发火灾爆炸的可能。因此对泄漏事故应及时、正确处理,防止事故扩大。泄漏处理一般包括泄漏源控制及泄漏物质处理两大部分。

(七)火灾控制

危险化学品容易发生火灾、爆炸事故,但不同的化学品及在不同情况下发生火灾时,其扑救方法差异很大,若处置不当,不仅不能有效扑灭火灾,反而会使灾情进一步扩大。从事化学品生产、使用、储存、运输的人员和消防救护人员平时应熟悉和掌握化学品的主要危险特性及其相应的灭火措施,并定期进行防火演习,加强紧急事态时的应变能力。

(八)现场洗消

洗消是消除染毒体和污染区毒性危害的主要措施。危险化学品事故发生后,事故现场及附近的道路、水源都有可能受到严重污染,若不及时进行洗消,污染会迅速蔓延,造成更大危害。

(九)撤点

撤点是指应急救援工作结束后,离开现场或救援的临时性转移。

四、事故现场处置保障措施

发生事故后，为提高现场处置效率，需有良好的保障措施，完善的事故现场保障措施可以使现场救援事半功倍。

(一)现场的通信与信息保障

建立健全安全生产事故应急救援综合信息网络系统和信息报告系统；建立完善救援力量和资源信息数据库；规范信息获取、分析、发布、报送格式和程序，保证应急机构之间的信息资源共享，为应急决策提供相关信息支持。

(二)救援装备保障

各专业应急救援队伍和企业按照相关规定，并根据实际情况和需要配备必要的应急救援装备。专业应急救援指挥机构应当掌握本专业的救援装备情况。

(三)交通运输保障

交通部门应对各类运输工具的数量、车型或船型进行统计并建立动态数据库。应保障公路和水运设施的完好、畅通，公路设施和水运设施受损时要迅速组织有关部门和专业队伍进行抢修，尽快恢复良好状态，做好运输保障工作。公安部门负责紧急处置交通安全保障的组织与实施，依法实施道路交通管制。

(四)应急队伍保障

各级政府和大、中型企业应当依法组建和完善救援队伍，加强现有应急救援队伍建设。各级、各行业事故应急救援机构负责检查并掌握相关应急救援力量的建设和准备情况。

(五)医疗卫生保障

事故发生后，必须快速组织医疗救护人员对伤员进行应急救治，尽最大可能减少伤亡。在各级政府部门卫生局指导下，医疗急救中心负责院前急救转运工作，各级医院负责后续救治，红十字会等群众性救援组织和队伍应积极配合专业医疗队伍，开展群众性卫生救护工作。同时要根据事故的特性和需要，做好疾病控制、消毒隔离和卫生防疫准备，并严密组织实施。

(六)物资保障

各级政府的发改委、商务局等部门负责组织、协调救援物资的储备、调拨和紧急供应，食品药品监督管理局负责药品的储存、供应。紧急处置工作中救援物资的调用，由安全生产应急救援指挥中心组织协调，各相关职能部门负责实施。

各级政府、有关部门和企业应当建立应急救援设施、设备、救治药品和医疗器械等储备制度，储备必要的应急物资和装备。各专业应急救援机构根据实际情况，负责监督应急物资的储备情况，掌握应急物资的生产加工能力及储备情况。

（七）资金保障

生产经营单位应当做好事故应急救援必要的资金准备。安全生产事故应急救援资金首先由事故责任单位承担，事故责任单位暂时无力承担的，视情况由事故责任单位所在政府或政府协调解决。

（八）应急避难场所保障

根据防灾、避灾的要求，城市建设部门应根据城市发展和应对突发事件的特殊情况，在大型城市广场、公园、绿地、学校操场和人防设施等项目建设时应考虑增加应急避难场所的功能。

（九）技术储备保障

各级政府安委会办公室成立安全生产专家组，为安全生产事故应急救援提供技术支持和保障。要充分利用安全生产技术支撑体系的专家和机构，研究事故应急救援重大问题，开发应急技术和装备。

第二节 典型事故现场应急处置

一、火灾爆炸事故现场应急处置

应急人员到达火灾爆炸事故现场后必须尽快成立指挥部，进行信息收集和事故评价，在“以人为本”的前提下，作出正确决策，研究制订灭火方案，作出快速反应。

根据实际情况可以将现场处置分为灭火、控制火灾而不扑灭、完全撤离三种情况。

有些火灾之所以称为典型火灾，是因为它具有以下特征：

在火灾的发生中，人的行为起到了决定性作用；起火源和起火物的种类特殊；起火特征和现场特征特殊；火灾发生的场所特殊；火灾发生的原因特殊。

(一)火灾爆炸事故现场处置总要求

1.先控制，后灭火。针对火灾事故的发火源性质、燃烧面积等现场火情，进行侦察分析，做到针对特点、统一指挥、以快治快、堵截火势、防止蔓延、重点突破、排除险情、分割包围、速战速决。

2.扑救人员应占领上风或侧风位置，以免遭受有毒有害气体的侵害。

3.进行火情侦察、火灾扑救及火场疏散人员应有针对性地采取自我防护措施。

4.应迅速查明燃烧范围、燃烧物品及其周围物品的品名和主要危险特性、火势蔓延的主要途径。

5.正确选择最适应的灭火剂和灭火方法。火势较大时，应先堵截火势蔓延，控制燃烧范围，然后逐步扑灭火势。

6.对有可能发生爆炸、爆裂、喷溅等特别危险需紧急撤退的情况，应按照统一的撤退信号和撤退方法及时撤退。

(二)火灾爆炸事故现场的灭火方法

火灾扑救的首要对策就是采用正确的灭火剂和灭火方法。灭火的基本方法就是为了破坏燃烧必备的基本条件所采取的基本措施。基本方法如下：

1.冷却灭火法。灭火原理是根据可燃物质发生燃烧时必须达到一定的温度这个条件，将灭火剂喷射于燃烧物上，通过吸热使其温度降低到燃点以下，使火焰熄灭的方法，比如水和二氧化碳。

2.隔离灭火法。灭火原理是隔离燃烧发生必须具备可燃物质的这个条件，燃烧会因为缺少可燃物质而停止。

3.窒息灭火法。灭火原理是根据可燃物质发生燃烧时必须有足够的空气(氧气)这个条件,采取措施使燃烧得不到充足的氧气而熄灭。

4.抑制灭火法。灭火原理是使灭火剂参与燃烧的链式反应,使燃烧过程中产生的游离基消失,形成稳定分子或低活性的游离基,从而使燃烧反应停止,比如干粉、1211。

(三)不同种类危险化学品的灭火对策

1.扑救易燃液体的基本对策。首先应切断火势蔓延的途径,冷却和疏散受火灾威胁的压力及密闭容器和可燃物,控制燃烧范围,并积极抢救受伤和被困人员。如有液体流淌,应筑堤(或用围油栏)拦截飘散流淌的易燃液体或挖沟导流。

及时了解和掌握着火液体的品名、相对密度、水溶性,以及有无毒害、腐蚀、沸溢、喷溅等危险性,以便采取相应的灭火和防护措施。

较大的储罐或流淌火灾,应准确判断着火面积。小面积(50 m^2 以内)液体火灾,一般用雾状水扑灭。用泡沫、干粉、二氧化碳、卤代烷(1211、1301)灭火一般更有效。大面积液体火灾则必须根据其相对密度(比重)、水溶性和燃烧面积大小,选择正确的灭火剂扑救。

比水轻又不溶于水的液体(汽油、苯等),用直流水、雾状水灭火往往无效。可用普通蛋白泡沫或轻水泡沫灭火。用干粉、卤代烷扑救时,灭火效果要视燃烧面积大小和燃烧条件而定,最好用水冷却罐壁。

具有水溶性的液体(如醇类、酮类等),虽然从理论上讲能用水稀释扑救,但用此法要使液体闪点消失,水必须在溶液中占很大的比例。这不仅需要大量的水,也容易使液体溢出流淌,而普通泡沫又会受到水溶性液体的破坏,因此,最好用抗溶性泡沫扑救,用干粉或卤代烷扑救时,灭火效果要视燃烧面积大小和燃烧条件而定,也需用水冷却罐壁。

扑救毒害性、腐蚀性或燃烧产物毒害性较强的易燃液体火灾。扑救人员必须佩戴防护面具,采取防护措施。

扑救原油和重油等具有沸溢和喷溅危险的液体火灾,如有条件,可采用取放水、搅拌等防止发生沸溢和喷溅的措施,在灭火同时必须注意计算可能发生沸溢、喷溅的时间,并观察是否有沸溢、喷溅的征兆。指挥员发现危险征兆时应立即作出准确判断,及时下达撤退命令,避免造成人员伤亡和装备损失。扑救人员看到或听到统一撤退信号后,应立即撤至安全地带。

易燃液体管道或储罐泄漏着火,在切断蔓延途径把火势限制在一定范围内的同时,对输送管道应设法找到并关闭进、出阀门,如果管道阀门已损坏或是储罐泄漏,应迅速准备好堵漏材料,然后先用泡沫、干粉、二氧化碳或雾状水等扑灭地上的流淌火焰,为堵漏扫清障碍,其次再扑灭泄漏口的火焰,并迅速采取堵漏措施。与气体堵漏不同的是,液体一次堵漏失败,可连续堵几次,只要用泡沫覆盖地面,并堵住液体流淌和控制好周围着火源,不必点燃泄漏口的液体。

2.扑救毒害品和腐蚀品的对策。毒害品和腐蚀品对人体都有一定的危害。毒害品主要经口和吸入蒸汽或通过皮肤接触引起人体中毒。腐蚀品是通过皮肤接触人体形成化学灼伤。毒害品、腐蚀品有的本身能着火,有的本身并不能着火,但与其他的可燃物品接触后能着火。这类物品发生火灾一般采取以下基本对策。

灭火人员必须穿防护服,佩戴防护面具。一般情况下采取全身防护即可,对有特殊要求的物品火灾,应使用专门的防护服。考虑到过滤式防毒面具范围的局限性,在扑救毒害物品火灾时应尽量使用隔绝式氧气或空气面具。为了在火场上能正确地使用和适应,平时应进行严格的适应性训练。

积极抢救受伤和被困的人员，限制燃烧范围。毒害品、腐蚀品火灾极易造成人员伤亡，灭火人员在采取防护措施后应立即投入到寻找和抢救受伤、被困人员的工作，并努力限制燃烧范围。

扑救时应尽量使用低压水流或雾状水，避免腐蚀品、毒害品溅出。遇酸类或碱类腐蚀品最好调制相应的中和剂稀释中和。

遇毒害品、腐蚀品容器泄漏，在扑灭火势后应采取堵漏措施。腐蚀品需要用防腐材料堵漏。

浓硫酸遇水能放出大量的热，会导致沸腾飞溅，需特别注意防护。扑救浓硫酸与其他可燃性物品接触发生的火灾，浓硫酸数量不多时，可用大量低压水快速扑救。如果浓硫酸量很大，应先用二氧化碳、干粉等灭火，然后再把着火物品与浓硫酸分开。

3.扑救放射性物品火灾的基本对策。放射性物品是一类发射出人类肉眼看不见但却能严重损害人类生命和健康的各种射线和中子流的特殊物品。扑救这类物品火灾时必须采取特殊的能防护射线照射的措施。平时生产、经营、储存和运输、使用这类物品的单位及消防部门，应配备一定数量防护装备和放射性测试仪器。遇这类物品火灾一般应采取以下基本对策。

先派出精干人员携带放射性测试仪器，测试辐射(剂)量和范围。测试人员应尽可能地采取防护措施。

对辐射(剂》量超过 0.038 7 C/kg 的区域，应设置写有“危及生命，禁止进入”的文字说明的警告标志牌。

对辐射(剂)量小于 0.038 7 C/kg 的区域，应设置写有“辐射危险，请勿接近”的警告标志牌。测试人员还应进行不间断巡回监测。

对辐射(剂)量大于 0.038 7 C/kg 的区域，灭火人员不能深入辐射源纵深灭火进攻。对辐射(剂)量小于 0.0387 C/kg 的区域，可快速用水灭火或用泡沫、二氧化碳、干粉、卤代烷扑救，并积极抢救受伤人员。

对燃烧现场包装没有被破坏的放射性物品，可在水枪的掩护下佩戴防护装备，设法疏散，无法疏散时，应就地冷却保护，防止造成新的破损，增加辐射(剂)量。

对已破损的容器切忌搬动或用水流冲击，以防止放射性污染范围扩大。

4.扑救易燃固体、易燃物品火灾的基本对策。易燃固体、易燃物品一般都可用水或泡沫扑救，相对其他种类的化学危险物品而言是比较容易扑救的，只要控制住燃烧范围，逐步扑灭即可。但也有少数易燃固体、自燃物品的扑救方法比较特殊，如 2,4—二硝基苯甲醚、二硝基萘、萘、黄磷等。

2,4—二硝基苯甲醚、二硝基萘、萘等是能升华的易燃固体，受热产生易燃蒸汽。火灾时可用雾状水、泡沫扑救并切断火势蔓延途径，但应注意，不能以为明火焰扑火即已完成火火工作，因为受热以后升华的易燃蒸汽能在不知不觉中飘逸，在上层与空气能形成爆炸性混合物，尤其是在室内，易发生爆燃。因此，扑救这类物品火灾千万不能被假象所迷惑。在扑救过程中应不时向燃烧区域上空及周围喷射雾状水，并用水浇灭燃烧区域及其周围的一切火源。

黄磷是自燃点很低、在空气中能很快氧化升温并自燃的自燃物品。遇黄磷火灾时，首先应切断火势蔓延途径，控制燃烧范围。对着火的黄磷应用低压水或雾状水扑救。高压直流水冲击能引起黄磷飞溅，导致灾害扩大。黄磷熔融液体流淌时应用泥土、沙袋等筑堤拦截并用雾状水冷却，对磷块和冷却后已固化的黄磷，应用钳子钳入储水容器中。来不及做时可先用沙土掩盖,但应做好标记,等火势扑灭后,再逐步集中到储水容器中。

少数易燃固体和自燃物品不能用水和泡沫扑救,如三硫化二磷、铝粉、烷基铝、保险粉等,应根据具体情况区别处理。宜选用干沙和不用压力喷射的干粉扑救。

5.扑救压缩或液化气体火灾的基本对策。压缩或液化气体总是被储存在不同的容器内,或通过管道输送。其中储存在较小钢瓶内的气体压力较高,受热或受火焰熏烤容易发生爆裂。气体泄漏后遇火源已形成稳定燃烧时,其发生爆炸或再次爆炸的危险性与可燃气体泄漏未燃时相比要小得多。遇压缩或液化气体火灾时一般应采取以下基本对策。

扑救气体火灾切忌盲目扑灭火势,在没有采取堵漏措施的情况下,必须保持稳定燃烧,否则大量可燃气体泄漏出来与空气混合,遇火源就会发生爆炸,后果将不堪设想。

首先应扑灭外围被火源引燃的可燃物火势,切断火势蔓延途径,控制燃烧范围,并积极抢救受伤和被困人员。

如果火势中有压力容器或有受到火焰辐射热威胁的压力容器,能疏散的应尽量在水枪的掩护下疏散到安全地带,不能疏散的应部署足够的水枪进行冷却保护。为防止容器爆裂伤人,进行冷却的人员应尽量采用低姿射水或利用现场坚实的掩蔽体防护。对卧式储罐,冷却人员应选择储罐四侧角作为射水阵地。

如果是输气管道泄漏着火,应设法找到气源阀门。阀门完好时,只要关闭气体的进出阀门,火势就会自动熄灭。

储罐或管道泄漏关阀无效时,应根据火势判断气体压力和泄漏口的大小及其形状,准备好相应的堵漏材料(如软木塞、橡皮塞、气囊塞、黏合剂、弯管工具等)。

堵漏工作准备就绪后,即可用水扑救火势,也可用干粉、二氧化碳、卤代烷灭火,但仍需用水冷却烧烫的罐或管壁。火扑灭后,应立即用堵漏材料堵漏,同时用雾状水稀释和驱散泄漏出来的气体。如果确认泄漏口非常大,根本无法堵漏,只需冷却着火容器及其周围容器和可燃物品,控制着火范围,直到燃气燃尽,火势自动熄灭。

现场指挥应密切注意各种危险征兆,遇有火势熄灭后较长时间未能恢复稳定燃烧或受热辐射的容器安全阀火焰变亮、耀眼、尖叫、晃动等爆裂征兆时,指挥员必须适时作出准确判断,及时下达撤退命令。现场指挥人员看到或听到事先规定的撤退信号后,应迅速作出撤退判断,及时下达撤退命令。现场人员看到或听到事先规定的撤退信号后,应迅速撤退至安全地带。

6.扑救爆炸物品火灾的基本对策。爆炸物品一般都有专门或临时的储存仓库。

这类物品由于内部结构含有爆炸性基因,受摩擦、撞击、震动、高温等外界因素激发,极易发生爆炸,遇明火则更危险。遇爆炸物品火灾时,一般应采取以下基本对策。

(1)迅速判断和查明再次发生爆炸的可能性和危险性,紧紧抓住爆炸后和再次发生爆炸之前的有利时机,采取一切可能的措施,全力制止再次爆炸的发生。

(2)切忌用沙土盖压,以免增强爆炸物品爆炸时的威力。

(3)如果有疏散可能,人身安全确有可靠保障,应立即组织力量及时疏散着火区域周围的爆炸物品,使着火区周围形成一个隔离带。

(4)扑救爆炸物品堆垛时,水流应采用吊射,避免强力水流直接冲击堆垛,以免堆垛倒塌引起再次爆炸。

(5)灭火人员应尽量利用现场现成的掩蔽体或尽量采用卧姿等低姿身射水,尽可能地采取自我保护措施。消防车辆不要停靠在离爆炸物品太近的水源附近。

(6)灭火人员发现有发生再次爆炸的危险时,应立即向现场指挥报告,现场指挥应立即作出准确判断,确有发生再次爆炸征兆或危险时,应立即下达撤退命令。灭火人员看到或听到撤退信号后,应迅速撤至安全地带,来不及撤退时,应就地卧倒。

7.扑救遇湿易燃物品火灾的基本对策。遇湿易燃物品受潮或遇水能发生化学反应,产生可燃气体和热量,有时即使没有明火也能自动着火或爆炸,如金属钾、钠及三乙基铝(液态)等。因此,这类物品有一定数量时,绝对禁止用水、泡沫、酸碱灭火器等湿性灭火剂扑救。这类物品的这一特殊性给其火灾时的扑救带来了很大的困难。

通常情况下,遇湿易燃物品由于其发生火灾时的灭火措施特殊,在储存时要求分库或隔离分堆单独储存,但在实际操作中有时往往很难完全做到,尤其是在生产和运输过程中更难以做到,如铝制品厂往往遍地积有铝粉。对包装坚固、封口严密、数量又少的遇湿易燃物品,在储存规定上允许同室分堆或同柜分格储存。这就给其火灾扑救工作带来了更大的困难,灭火人员在扑救中应谨慎处置。对遇湿易燃物品火灾一般采取以下基本对策。

(1)应了解清楚遇湿易燃物品的品名、数量、是否与其他物品混存、燃烧范围、火势蔓延途径。

(2)如果只有极少量(一般在 50 g 以内)遇湿易燃物品,则不管是否与其他物品混存,仍可用大量的水或泡沫扑救。水或泡沫刚接触着火点时,短时间内可能会使火势增大,但少量遇湿易燃物品燃尽后,火势很快就会熄灭或减少。

(3)如果遇湿易燃物品数量较多,且未与其他物品混存,则绝对禁止用水或泡沫、酸碱等湿性灭火剂扑救。遇湿易燃物品应用干粉、二氧化碳、卤代烷扑救,只有金属钾、钠、铝、镁等个别物品用二氧化碳、卤代烷无效。固体遇湿易燃物品应用水泥、干沙、干粉、硅藻土和蛭石等覆盖。水泥是扑救固体遇湿易燃物品火灾比较容易得到的灭火剂。对遇湿易燃物品中的粉尘如镁粉、铝粉等,切忌喷射有压力的灭火剂,以防止将粉尘吹扬起来,与空气形成爆炸性混合物而导致爆炸发生。

(4)如果有较多的遇湿易燃物品与其他物品混存,则应先查明是哪类物品着火,遇湿易燃物品的包装是否损坏。可先用开关水枪向着火点吊射少量的水进行试探,如未见火势明显增大,证明遇湿物品尚未着火,包装也未损坏,应立即用大量水或泡沫扑救,扑灭火势后立即组织力量将淋过水或仍在潮湿区域的遇湿易燃物品疏散到安全地带分散开来。

如射水试探后火势明显增大,则证明遇湿易燃物品已经着火或包装已经损坏,应禁止用水、泡沫、酸碱灭火器扑救,若是液体应用干粉等灭火剂扑救,若是固体应用水泥、干沙等覆盖,如遇钾、钠、铝、镁轻金属发生火灾,最好用石墨粉、氯化钠及专用的轻金属灭火剂扑救。

(5)如果其他物品火灾威胁到相邻的较多遇湿易燃物品,应先用油布或塑料膜等其他防水布将遇湿易燃物品遮盖好,然后再在上面盖上棉被并淋上水。如果遇湿易燃物品堆放处地势不太高,可在其周围用土筑一道防水堤。在用水或泡沫扑救火灾时,对相邻的遇湿易燃物品应留一定的力量监护。

由于遇湿易燃物品性能特殊,又不能用常用的水和泡沫灭火剂扑救,从事这类物品生产、经营、储存、运输、使用的人员及消防人员平时应经常了解和熟悉其品名和主要危险特性。

二、矿山事故现场处置

由于矿山发生事故种类较多,发生的事故具有针对性、特殊性,因此矿山事故现场处置也具有很强的特殊性、针对性、较强的专业性。发生事故现场的第一救援力量往往是井下现场受灾自救的生产班组和矿山救护人员。

矿山生产可能会发生的事故有：瓦斯煤尘爆炸事故、火灾事故、水灾事故、顶板事故、煤矿机电事故、爆炸材料事故、煤矿地质灾害事故。

(一)瓦斯煤尘爆炸事故现场处置

1.事故特征

(1)瓦斯事故主要有瓦斯窒息、瓦斯爆炸、煤尘爆炸。

(2)事故多发生采空区、采掘工作面、主要运输大巷、回风巷中。

(3)瓦斯、煤尘爆炸事故没有季节性，一旦发生爆炸，会造成巨大的财产损失和人员伤亡。

(4)瓦斯、煤尘爆炸发生前的征兆为感觉到附近空气有颤动的现象发生，有时还发出嘶嘶的空气流动声，这可能是爆炸前爆源要吸入大量氧气所致，这就是其爆炸前的预兆。

2.现场应急组织与职责

(1)现场应急形式及人员构成情况。基层单位现场应急组织以班组为单位，由全班组人员组成。现场应急组织组长由班组长担任，成员为全体班组人员。

(2)现场应急组织机构、人员的具体职责。现场应急组织组长职责：

①负责查看事故性质、范围和发生原因等情况。

②快速报告给调度室。

③带领全班组人员，开展自救、互救工作。

现场应急组织成员职责：

在班组长的带领下开展自救、互救工作。尽可能采取措施防止事故扩大，减少人员伤亡。

3.发生瓦斯煤尘爆炸事故现场处置措施

(1)发生瓦斯煤尘爆炸或燃烧时，遇灾人员在爆炸或燃烧瞬间屏住呼吸，立即戴好自救器或脸朝下卧倒在水沟里，用湿毛巾堵住口、鼻，积极进行自救。

(2)事故发生后，当班瓦斯员、安全员或班组长迅速组织人员沿避灾路线撤至安全地点，并立即汇报矿调度，同时尽可能迅速了解事故的性质、程度、范围。

(3)矿调度接到汇报以后，立即通知有关领导和部门成立应急指挥部，依据灾情制订应急方案，下达指令组织抢救。同时通知灾区和受威胁地区人员沿指定路线撤退。

(4)瓦斯煤尘燃烧初期，现场人员要积极组织扑灭，并切断电源，火势发展很快，不能尽快扑灭时，现场人员应迅速撤离。

(5)瓦斯煤尘爆炸摧毁的通风设施，应急指挥部在确认无二次爆炸危险时，要组织人员及时进行恢复，防止通风系统紊乱。

(6)发生瓦斯煤尘燃烧事故时，采取措施如下：如果瓦斯煤尘燃烧火势较小，要利用现有条件直接灭火，火势较大无法靠近或瓦斯浓度超限且呈上升趋势时，立即撤人，由救护队进行灭火。

采煤工作面发生瓦斯煤尘事故时，必须立即停止采煤工作面供电，工作面下风侧人员立即戴自救器逆风流撤至采区进风巷，从进风井升井；工作面事故点上风侧人员迅速戴自救器逆风流撤至采区进风巷，从进风井升井；严禁从回风巷和回风井撤人。救灾通风方式为：风井主要通风机正常运转，救灾人员由进风井、采区进风巷和工作面进风巷到事故地点救灾。

煤层集中回风巷或煤层掘进工作面发生瓦斯煤尘事故时，切断通往巷内的电源，巷内人员立即戴上自救器，逆风流撤到进风井升井，严禁从回风巷逃生。在救灾同时必须保持局部通风机正常运转，尽量保持原有通风状态。救灾人员从进风巷到达事故地点进行救灾。如瓦斯浓度急剧上升，又不能控制时，撤出全部人员采取封闭灾区措施。严格监控风流状态和瓦斯浓度，风流出现脉动现象时，立即撤出全部人员。

(二)火灾事故现场处置

1.事故特征

(1)矿井分为内因火灾和外因火灾，内因火灾主要是煤层自燃，外因火灾主要是设备着火。

(2)内因火灾多发生在采空区或通风不良的巷道中。外因火灾多发生在机电硐室、采掘工作面或地面煤场中。

(3)火灾事故没有季节性，一旦发生火灾还可能会引起一氧化碳中毒、窒息或引发瓦斯煤尘爆炸，造成很大的损失和人员伤亡。

(4)火灾的发生有一定的征兆，一般表现为：

①空气温度、湿度持续性升高，有时出现雾气或巷道壁出汗。

②巷道出现煤炭和坑木干馏的火灾气味。

③自巷道流出的水和空气温度增高。

④人体有不舒适感，如头痛、闷热、四肢无力等。电器、电缆发热，有胶皮味。

2.现场应急组织与职责

(1)现场应急形式及人员构成情况。基层单位现场应急组织以班组为单位，由全班组人员组成。现场应急组织组长由班组长担任，成员为全体班组人员。

(2)现场应急组织机构、人员的具体职责。现场应急组织组长职责如下：

①负责查看事故性质、范围和发生原因等情况。

②快速报告给调度室。

③带领全班组人员，开展自救、互救工作。

现场应急组织成员职责：

在班组长的带领下开展自救、互救工作。尽可能采取措施防止事故扩大，减少人员伤亡。

3.应急处置

(1)事故应急处置程序。现场发生火灾事故后，现场人员必须立即撤退并向矿调度室汇报。

(2)现场应急处置措施

①井下 旦发生火灾，要立即切断电源。火势蔓延前，班组长迅速组织人员用水、沙、灭火器灭火。电源未切断时，用沙、土、干粉灭火器、二氧化碳灭火器扑灭火源，组织人员撤出着火点周围易燃物品。在灭火的同时班组长亲自或派专人向矿调度指挥中心汇报。

②火势蔓延较快，现场人员一时无法扑灭时，班组长指挥人员按应急措施执行，按规定路线撤退。撤入路线要避开火烟影响区，以最短距离进入进风巷道，逆风流方向撤离，且派专人或电话通知有关人员采取相应措施，避免邻近地区人员受火灾威胁。

③救灾人员下井救灾需佩戴氧气呼吸器，从发生火灾点的进风侧进入灾区抢救。

④处理火灾时，须检查瓦斯、一氧化碳等有害气体浓度，观察风流、有害气体变化情况。当

瓦斯浓度高，有爆炸危险时，救灾人员要撤到安全地点。采取控制风流、密闭巷道等措施，消除瓦斯危害，杜绝发生瓦斯爆炸。密闭巷道过程中，要稳定通风系统，确定封堵顺序，监视风流状态，如出现风流脉动现象，要立即撤出人员。

⑤进风井口、井底车场、运输大巷发生火灾，先撤出进风侧人员，然后采取反风措施处理。采区硐室或采掘工作面发生火灾，在瓦斯浓度不高的情况下，硐室可采取风流短路或断风等辅助措施灭火。采掘工作面火灾，首先，稳定通风系统，保证工作面风量，防止瓦斯超限，降低有害气体对采掘工作面人员的伤害。待所有人员撤到安全地区后，当火势不大时，立即组织现场直接灭火。如果火势较大瓦斯浓度较高时，根据火灾性质、瓦斯浓度变化趋势，结合现场实际条件，采取恰当的灭火方案，由救护队进行。

⑥灭火方法：用水、沙、灭火器直接灭火，消灭火源；砌筑密闭墙封闭火区，隔绝空气；打钻注浆灭火；均压灭火。（注：油料着火、电气着火未切断电源时，不能用水灭火，可以用沙、土、干粉灭火器灭火。）

⑦不能直接灭火的地区，封闭时需检查 CH_4、CO、CO_2 等有害气体的浓度和变化情况，火区封闭必须由矿山救护队施工。

⑧处理火灾时的通风方法：采区皮带巷着火时应封堵或减少进风，打开临近火源点的联络巷风门，使烟雾从无人行进巷道排出，灾区风流短路，救灾人员从进风侧救灾灭火。

采区主巷着火时，打开采面运输巷中部车场风门，减少采面风量，救灾人员从进风侧进入灭火，对采用下行风的工作面，运输巷着火应在上部平巷控制风量。工作面及进风巷着火时，当工作面人员未全部撤离时，不能降低工作面风量。

发生火灾时，对主通风机须派人监护，保证正常运转，改变通风机工作时，由救灾指挥部确定，只有有利于控制灾变，有利于灭火时，才能改变，严防因负压改变引起烟火逆转扩大灾情。

为防止风流逆转和火烟侵袭其他巷道，无论是火灾发生在上行风流还是下行风流中，都应尽快切断向火区供风的主干支和侧支风流，以降低火风压，消除排烟巷障碍物，降低排烟巷阻力，防止旁侧支路的烟雾逆转；火灾发生在下行风流中，采用直接灭火方法时，必须有可靠的防火风压逆转的措施（可以在风路上布置消防集中水幕）和灭火人员能迅速摆脱高温烟火危害的条件，否则，消防人员不可在火源的上风侧灭火。要在发生火灾的巷道中增置强力喷雾区，以减小火风压。

井下发生火灾，必须对主通风机进行正确调度，防止灾情扩大。

封闭火区时，对采用先进后回或先回后进、同时封闭，要根据火区是否与瓦斯积聚区连通、老塘瓦斯情况、着火点下风侧易燃物情况、通风系统的稳定性、风流中瓦斯浓度变化趋势等具体情况来确定。

4.主要地点发生火灾时的处理方法

(1)主井或副井底及车场发生火灾，在确保着火点上风侧无人员时，回风井主要通风机反风。采区人员可通过回风井升井。救灾人员由回风井进入火区救灾。

(2)采区轨道巷和采区皮带巷发生火灾时，在确保着火点上风侧无人员时，回风井主要通风机返风。采区人员可通过回风井升井。救灾人员由回风井进入火区救灾。根据火灾发生的地点，若其下风侧有连通回风巷的风门时，可通知风门就近人员立即打开两道风门，使风流短路。

(3)回风井和采区回风巷发生火灾时，风井主要通风机保持正常运转，通风方式不变，救灾人员由进风井经进风巷进入灾区救灾。

(4)采煤工作面发生火灾时，如火势不大，要积极组织直接灭火。如火势较大，要戴上自救器，用衣物蒙头，尽一切可能越过火区撤到火区上风侧，逆风流从进风巷撤到进风井升井，严禁顺风流从采区回风巷撤离。救灾人员由进风井进入灾区救灾。

(5)煤层集中回风巷和煤层掘进工作面发生火灾。如火势不大，要积极组织直接灭火。如火势较大，要戴上自救器，用衣物蒙头，尽一切可能越过火区撤到火区上风侧，逆风流撤到进风井巷，严禁顺风流从回风巷撤离。如果不能越过时，要断开风筒，用风筒或构筑临时避灾硐室，打开压风装置呼吸，有规律敲打管路，等待救援，局部通风机保持正常运转，工作面内全部停电，救护队进行现场灭火救灾，严格监控瓦斯浓度及变化趋势，防止引爆瓦斯，造成新的伤亡。

(三)水灾事故现场处置

1.事故特征

(1)水灾事故主要有地表水溃入井下、老空突水、灾害性天气等。

(2)事故多发生在采煤工作面、掘进迎头中。

(3)水灾事故有季节性，一般发生在汛期，一旦发生，会造成人员伤亡。

(4)井下水灾事故的预兆：煤层发潮发暗；巷道壁挂汗、挂红；煤层变凉；工作面温度降低、有雾气；顶板来压，淋水加大；有水声；工作面有害气体增加；打钻时钻孔底松软或有水。

2.现场应急组织与职责

(1)现场应急形式及人员构成情况。基层单位现场应急组织以班组为单位，由全班组人员组成。现场应急组织组长由班组长担任，成员为全体班组人员。

(2)现场应急组织机构、人员的具体职责。现场应急组织组长职责：

①负责查看事故性质、范围和发生原因等情况。

②快速报告给调度室。

③带领全班组人员，开展自救、互救工作。

现场应急组织成员职责：

在班组长的带领下开展自救、互救工作。尽可能采取措施防止事故扩大，减少人员伤亡。

3.应急处置

(1)事故应急处置程序。现场发生水害事故后，现场人员必须立即撤退并向矿调度室汇报。

(2)现场应急处置措施。

①水灾事故处理原则。在生产过程中，当采掘工作面或其他地点发现有挂红、挂汗、空气变冷、出现雾气、水叫、顶板淋水加大、顶板来压、底板鼓起或产生裂隙出现渗水、水色发浑、有臭鸡蛋味等突水征兆时，必须停止作业，采取措施，立即报告调度室，并发出警报，撤出所有受水威胁地区人员。

发生突水后，区队长、班组长要立即向矿调度室汇报突水地点、涌水量、影响范围等情况。矿救灾指挥部下令撤出受水害威胁地区的人员，组织人员抢救。

②透水后现场人员撤退时注意事项。透水后，应迅速观察和判断透水的地点、水源、涌水量、发生原因、危害程度等，班组长要指挥现场人员沿规定的避水灾路线撤退到透水地点以上的水平，而不能进入透水点附近及下方的独头巷道。

行进中,应靠近巷道一侧,抓牢支架或其他固定物体,尽量避开压力水头和泄水流,并注意防止被水中滚动的矸石和木料撞伤。

如透水后破坏了巷道中的照明和路标,迷失行进方向时,遇险人员应朝着有风流通过的上山巷道方向撤退。

在撤退沿途和所经过的巷道交叉口,应留设指示行进方向的明显标志,以提示救护人员的注意。

人员撤退到竖井,需从梯子间上去时,应遵守秩序,禁止慌乱和争抢,行动中手要抓牢,脚要蹬稳,切实注意自己和他人的安全。

如唯一的出口被水封堵无法撤退时,应有组织地在独头工作面躲避,等待救护人员的营救,严禁盲目潜水逃生等冒险行为。

(3)被矿井水灾围困时的避灾自救原则。

①当现场人员被涌水围困无法退出时,应迅速进入预先做好的躲避洞中避灾,或选择合适地点快速建筑临时躲避洞避灾,迫不得已时,可爬上巷道中高冒空间待救,进入躲避洞避灾前应在硐室外留设明显标志。

②在避难期间,遇险人员要稳定情绪,做好长时间避灾的准备,除轮流担任岗哨观察水情外,其余人员均应静卧,以减少体力和空气消耗。

③避灾时,应用敲击的方法有规律、间断地发出呼救信号,向营救人员指示躲避处的位置。

④救灾人员通过积水巷时,必须选择熟悉水性人员,佩戴呼吸器通过,救出人员后利用一切可能蓄水的下山废巷向下疏水。

⑤组织排水时必须恢复通风并切断水淹区的电源。

(4)制定完善的矿井各生产地区避灾路线指示图。

4.水灾发生时各地区撤人原则、顺序、影响范围及其他相关事项

(1)当采煤工作面发生突水时,应立即用所处安全位置电话报告矿调度室(如果情况紧急,可先组织撤人稍后汇报),然后沿避水灾路线撤至地面,由调度室通知其他地区作业人员沿避水灾路线撤至地面。根据对各采煤工作面存在水患情况分析,确定发生突水点情况及有可能影响范围,组织人员有序撤至地面及实施救援。

(2)当掘进工作面某一处发生突水时,立即用所处安全位置电话通知矿调度室,由调度室通知其他工作面作业人员分别沿避水路线撤至地面。根据对各掘进工作面水害隐患分析,确定发生突水点情况及有可能影响范围,组织人员有序撤至地面及实施救援。

(四)顶板事故现场处置

1.事故特征

(1)顶板事故主要有工作面片帮、漏顶、冒顶。

(2)事故多发生在采煤工作面、采掘巷道、维修巷道中。

(3)顶板事故没有季节性,一旦发生,会造成人员伤亡。

(4)顶板的预兆:顶板连续发出断裂声;顶板下沉量增加。

(5)煤帮预兆:煤质变得松软,片帮煤增多;电钻打眼时感到钻进省力。

(6)支架预兆:木支柱大量被压劈、压裂或折断,工作面可以连续听见木支柱断裂声。铰接顶梁工作面顶梁楔子会弹出。单体液压支柱会出现“崩柱”现象。

2.现场应急组织与职责

(1)现场应急形式及人员构成情况。基层单位现场应急组织以班组为单位,由全班组人员组成。现场应急组织组长由班组长担任,成员为全体班组人员。

(2)现场应急组织机构、人员的具体职责。现场应急组织组长职责:

①负责查看事故性质、范围和发生原因等情况。

②快速报告给调度室。

③带领全班组人员,开展自救、互救工作。

现场应急组织成员职责:

在班组长的带领下开展自救、互救工作。尽可能采取措施防止事故扩大,减少人员伤亡。

3.应急处置

(1)事故应急处置程序。现场发生顶板事故后,现场人员必须立即向矿调度室汇报。

(2)掘进工作面现场应急处置措施

①掘进巷道发生冒顶事故后,必须立即停止该地区作业,撤出所有人员,跟班区队长、班组长立即清点人数,组织抢救,同时向矿调度室汇报冒顶地点、冒顶高度、长度等情况。

②巷道发生冒顶后,要分析发生冒顶的原因,分析巷道顶板岩性,判断冒顶的范围、大小,根据现场情况和分析结果编制有针对性的专项安全技术措施。

③抢救人员根据救灾指挥部制定的方案和安全措施,采取各种可能的方法,尽快抢救遇险人员。要用呼喊、敲击等方法确定遇难人员位置、人数。大块矸石可用千斤顶、撬棍等工具掀开。顶板如有冒落危险时,必须采取临时支护,防止二次冒落。

④处理冒顶时,必须在可靠的临时支护下作业,严禁空顶作业。

⑤处理冒顶前,应先加固好冒顶区前后的支护。使用棚子支护的,应根据围岩压力大小加密棚距,把棚子扶正扶稳。棚子之间要安装好拉杆等,使支架形成一个联合体,棚子顶帮要背严背实。使用其他支护方式的也需要采取补棚子等加强措施。

⑥应优先考虑采用锚喷支护处理冒顶;对伴有淋水的破碎岩石冒顶处理方法,应优先考虑采用注浆封堵加固法。

⑦发生堵人事故,可采取压风、供水管路通风、沿煤帮掏小洞、打钻孔供风、供食物等方法处理。处理冒顶时必须备足支护材料。

⑧处理冒顶事故必须由有经验的工人进行,棚顶等工作必须有专人观察顶板,处理垮落巷道的方法有木垛法、搭凉棚法、撞楔法、打绕道法。

⑨冒顶处理通过后,完善加强支护和观测措施。

(3)回采工作面冒顶事故处理。

①回采工作面发生冒顶事故,区队长、班组长立即清点人数,组织抢救,并向矿调度室汇报冒顶位置、范围、高度等情况。

②抢救人员根据指挥部门的方案措施,尽快抢救遇险人员,具体处理冒顶的方法,根据现场情况可采取以下相应措施:

a.发生冒顶时,采取掏梁窝、架单腿棚或悬臂梁、小木垛的方法;工作面架前冒顶,根据现场情况,采用打贴帮柱、木架棚顶等措施,由上向下的处理方法。

b.处理冒顶在人员抢救出前,如用溜子出矸,必须在冒顶下方断开溜子,重接机尾,如机组在冒顶下方,必须将机组吊起。

c.处理冒顶时,必须加强通风管理,瓦斯浓度高时要切断电源。必要时采取局扇供风。

d.对抢救出的人员要在现场进行止血、人工呼吸等医术抢救,撤至安全地点后,医务人员进行急救并监护上井。

(五)煤矿机电事故现场处置

1.事故特征

(1)机电事故主要有运输事故、触电事故、供电事故等。

(2)事故多发生在生产用电各环节中。

(3)事故没有季节性,一旦发生就会有伤亡事故。

2.现场应急组织与职责

(1)现场应急形式及人员构成情况。基层单位现场应急组织以班组为单位,由全班组人员组成。现场应急组织组长由班组长担任,成员为全体班组人员。

(2)现场应急组织机构、人员的具体职责。现场应急组织组长职责:

①负责查看事故性质、范围和发生原因等情况。

②快速报告给调度室。

③带领全班组人员,开展自救、互救工作。

现场应急组织成员职责:在班组长的带领下开展自救、互救工作。尽可能采取措施防止事故扩大,减少人员伤亡。

3.应急处置

(1)事故应急处置程序。现场发生事故后,现场人员必须立即向矿调度室汇报。

(2)现场应急处置措施。发生运输事故后,要立即向调度室汇报事故地点、事故现场情况。调度必须停止一切与抢救事故无关的活动,立即做好向事故地点运送救灾人员的准备,并随时待命。

抢救人员根据救灾指挥部的指示和安全措施,采用各种可能的办法抢救遇险人员,被车辆压住的可用千斤顶、撬杠等工具掀开,救出伤员。

被抢救出的人员有外伤的,先进行止血措施,没外伤的以最快速度监护升井。

一旦发生人身触电事故,相近的人员应立即断开设备或电缆的电源,同时采取措施使触电者脱离设备和电缆。具体方法:用干燥木棍挑开,站在绝缘材料上用干衣服包着手,单手把触电者从载流部分拉开(高压系统触电必须停电后处理)。

触电人员昏迷或呼吸中断,必须立即转移到通风良好的地方并使其平躺,进行人工呼吸。

电火花、电流引起火灾。首先切断电源,再用沙土或干粉灭火器灭火,未切断电源,禁止使用水灭火。

由于上级供电部门及其他各种因素,造成矿井变电所停电,矿井不能进行排水、通风、提升等重要工作,会对矿井安全构成极大威胁,是矿井最严重的危害之一。

一旦发生全矿停电事故,值班员要立即向上级电力调度中心及矿调度指挥中心汇报,并详细检查矿内变电所系统,如主供线路无电,立即通知矿井机电值班负责人、生产调度指挥中心说明情况,机电值班负责人在接到通知后要立即到变电所现场值班室待命,指导恢复供电工作,生产调度指挥中心及时安排井下人员安全撤离到安全地区。

具体恢复供电按照如下项目进行:

①主供线路无电。断开进线开关，拉开上下隔离刀闸并挂“严禁送电”牌。合上备用线路系统总进线开关，依次合上主扇一路、地面生产系统、井下一路，检查保护装置，恢复全矿供电。

②备用线路系统无电，主供线路有电。经与上级供电部门联系，确非本所系统故障，则静等来电，同时，变电所值班员要及时向机电科、矿调度指挥中心汇报。

③主供线路系统和备用线路系统全部无电。一旦发生全矿停电事故，值班员要立即向矿机电科值班室及矿调度指挥中心汇报，并详细检查站内供电系统，与上级供电部门联系，确认主备线路都因故障断电情况下，断开主备线路断路器，拉开隔离刀闸。立即通知矿机电科电气主管、生产调度指挥中心说明情况，机电科值班人员在接到通知后要立即到值班室待命，指导恢复供电工作，启动发电机组，恢复地面主扇及井下排水系统的供电。

(六)爆炸材料事故现场处置

1.事故特征

(1)储存民爆器材的井下存放点发生火灾，或存放点以外发生有可能蔓延到存放点的火灾。

(2)发生燃烧或爆炸，造成人员伤亡。

(3)民爆器材被盗、被抢、丢失及发生其他意外流失。

(4)运输民爆器材途中，发生翻车、燃烧、爆炸或丢失。

2.现场应急组织与职责

(1)现场应急形式及人员构成情况：基层单位现场应急组织以班组为单位，由全班组人员组成。现场应急组织组长由班组长担任，成员为全体班组人员。

(2)现场应急组织机构、人员的具体职责：

现场应急组织组长职责：

①负责查看事故性质、范围和发生原因等情况。

②快速报告给调度室。

③带领全班组人员，开展自救、互救工作。

现场应急组织成员职责：

在班组长的带领下开展自救、互救工作。尽可能采取措施防止事故扩大，减少人员伤亡。

3.应急处置

(1)事故应急处置程序。发生事故(险情)后，矿山(公司)主要领导或分管领导应在最短的时间以最快的方式向上级主管部门、公安、安监、政府办公室报告，并视其情况与消防队、人民医院等部门联系救援，并及时做好情况的续报工作。

安全事故(险情)发生后，当事人或在场人员立即向矿山(公司)主要领导或分管领导报告，并采取有效措施控制势态发展，尽力自救。矿山(公司)领导接到发生事故(险情)报告后，立即命令启动预案，根据事故的情况采取相应的应急救援措施，全力控制势态的扩大。

现场发生事故后，现场人员必须立即向矿调度室、安全科汇报。

(2)现场应急处置措施。民爆物品在存放点发生爆炸后，在场人员应立即封锁现场，并将出事地点、时间、事故情况立即报告调度室、安全科。应急小组赶赴现场，到现场后，待救援组长判断无第二次爆炸发生的前提下，救援伤员，转移其他物资，妥善保存现场重要痕迹和物证，并对事故情况和损失如实汇总上报。

若发生爆炸物品失窃，火药发放人员应立即对现场进行保护，报告矿山（公司）领导和公安机关（电话：110）。安全科立即赶赴现场了解情况，协助公安机关进行破案，并向上级有关部门报告。

若运输民爆物品车辆在途中出现故障及发生交通事故时，驾驶员和押运员应及时封锁现场，将民爆物品转移到安全位置，派专人看守，并在前后安全距离范围内设立警示牌，迅速采取有效抢修措施，尽快使车辆恢复良好状态。发生交通事故时，立即向交警部门和矿山（公司）报告，矿山（公司）立即派得力人员前往出事地点进行处理。

爆破器材爆炸事故发生后应急处置的基本原则：及时、有序、正确地处置，保护人们的生命，减少伤痛和死亡，保护事故现场，防止发生事故蔓延和二次事故。

发生事故后，应及时采取有效措施，防止事故进一步扩大，可以采取如下措施：

①通知灾区附近人员迅速撤离。

②切断灾区内电源，防止产生电火花，引起火灾和爆炸。

③消除堵塞物，以利于救人。

④寻找火源，扑灭爆炸引起的火灾，消除高温点，防止发生二次爆炸。

⑤通知有关领导及矿山救援队立即救援。

⑥在各个可升井井口站岗，严禁人员从井口上下，由安监部门会同公安部门到井下查找爆炸材料。

⑦要做好灾区现场保护，除救人和处理险情紧急需要，一般不得破坏现场。

⑧发生严重事故后，要快速报告地方政府及时协调对交通管制，开设应急救援特别通道，最大限度赢取抢险救援时间。

（七）煤矿地质灾害事故现场处置

1.事故特征

（1）地质灾害事故主要有地面下沉、塌陷、裂纹、岩层移位等。

（2）地质灾害事故一般发生在采空区内，多发生在汛期内。

（3）地质灾害可能造成财产损失和人员伤亡。

2.现场应急组织与职责

（1）现场应急形式及人员构成情况：基层单位现场应急组织以班组为单位，由全班组人员组成。现场应急组织组长由班组长担任，成员为全体班组人员。

（2）现场应急组织机构、人员的具体职责：

现场应急组织组长职责：

①负责查看事故性质、范围和发生原因等情况。

②快速报告给调度室。

③带领全班组人员，开展自救、互救工作。

现场应急组织成员职责：

在班组长的带领下开展自救、互救工作。尽可能采取措施防止事故扩大，减少人员伤亡。

3.应急处置

（1）事故应急处置程序。巡查小组发现有地质灾害事故后，必须及时汇报地质灾害防治办公室，汇报方式采用电话汇报，必须派专人进行警戒。

汇报内容应包括灾害地点、灾害性质、受灾人数、影响程度、现场情况等。

地质灾害防治办公室接到报告后，立即电话报告调度室、值班矿领导、矿长、总工程师、抢险队和有关人员。

主要领导、值班矿领导、矿长、总工程师、有关人员必须24小时开手机，以便及时进行联系。

矿调度室负责将事故情况如实汇报给政府主管部门。

(2)现场应急处置措施。现场抢险人员立即在队长带领下，利用铲车、镐、锹等工具对塌陷区进行填充。有积水的要排净积水；有裂缝的地方要夯实填平，尽量恢复原貌。设立警戒防止无关人员入内。

(3)地面材料库必须备有以下物资：锹、镐、草麻袋、雨衣、抬筐、扁担、手电筒、应急水泵(功率据矿实际情况定)两台、应急排水胶管。另外还有水泥、黏土等应急物资。

所有应急物资、应急工具及装备没有特殊情况不得使用，每天要有专人进行维护和检查，其他原因使用后必须及时进行补充。

参考文献

[1]赵正宏.应急救援基础知识[M].北京:中国石化出版社,2019.

[2]朱鹏,张益,丁玮.事故管理与应急处置[M].北京:化学工业出版社,2018.

[3]闪淳昌,薛澜.应急管理概论:理论与实践(第二版)[M].北京:高等教育出版社,2020.

[4]陈建宏,杨立兵.现代应急管理理论与技术[M].长沙:中南大学出版社,2013.

[5]陈月,蔡文强.应急管理概论[M].北京:中国法制出版社,2015.

[6]朱鹏,张益,丁玮. 事故管理与应急处置[M].北京:中国石化出版社,2018.

[7]易俊,黄文祥. 事故应急救援[M].北京:中国劳动社会保障出版社,2016.

[8]胡忆沩.危险化学品应急处置[M].北京:化学工业出版社,2009.

[9]孙玉枝,夏登友.危险化学品事故应急救援与处置[M].北京:化学工业出版社,2008.

[10]何凤生.中华职业医学[M].北京:人民卫生出版社,1999.

[11]任引津.实用急性中毒全书[M].北京:人民卫生出版社,2003.

[12]夏元洵.化学物质毒性全书[M].上海:上海科学技术文献出版社,1991.

[13]江泉观,纪云晶,常元勋.环境化学毒物防治手册[M].北京:化学工业出版社,2004.

[14]应急救援系列丛书编委会.危险化学品应急救援必读[M].北京:中国石化出版社,2008.

[15]李建华.灾害抢险救援技术[D].廊坊:中国人民武装警察部队学院,2005.

[16]岳茂兴.灾害事故现场急救[M].北京:化学工业出版社,2006.

[17]岳茂兴.危险化学品事故急救[M].北京:化学工业出版社,2005.

[18]王自齐,赵金垣.化学事故与应急救援[M].北京:化学工业出版社,1997.

[19]丁辉.突发事件应急与本地化防范[M].北京:化学工业出版社,2004.

[20]虞汉华,虞谦.大型城市重大危险源监管与应急救援体系的研究[J].中国安全科学学报,2006(4).

[21]周素梅,吕林,赵锐.个体防护在应急救援中的作用[J].安全,2003(6):42—43.

[22]和丽秋.危险化学品灾害事故中的洗消[J].安防科技,2004(12):28—29.

[23]北京市达飞安全科技开发有限公司.重特大事故应急救援预案编制实用指南[M].北京:煤碳工业出版社,2006.

[24]张东普,董定龙.生产现场伤害与急救[M].北京:化学工业出版社,2005.

[25]邢娟娟等.企业重大事故应急管理与预案编制[M].北京:航空工业出版社,2005.

[26]苗金明.事故应急救援与处置[M].北京:清华大学出版社,2012.

[27]闪淳昌.切实加强应急预案体系建设[J].现代职业安全,2007(1).

[28]樊运晓.应急救援预案编制实务[M].北京:化学工业出版社,2006.

[29]赵正宏.城市化学灾害事故与应急救援体系[J].现代职业安全,2003(6).
[30]赵正宏.危险化学品安全生产基础知识[M].北京:气象出版社,2006.
[31]赵正宏.安全生产“五要素”的理论与实践[M].北京:中国农业出版社,2006.
[32]杨文芬,陈倬为,邓保举.防冲击眼护具[J].劳动保护,2006(7).
[33]赵阳,滕金山.阻燃防护服[J].劳动保护,2006(8).
[34]黄晓莉.烟雾:火灾中的第一杀手[J].中国消防,2005(2).
[35]卢俊吉.DV技术在消防工作中的应用探索[J].中国消防,2005(24).
[36]赵正宏.应急救援装备[M].中国石化出版社,2019(2).